职业教育教材

分析化学

FENXI HUAXUE

张锦慧　主编

化学工业出版社
·北京·

内容简介

《分析化学》在内容设计上以化学分析为主线,向仪器分析拓展,由 10 个模块组成,包括走近分析化学、分析检验前准备、定量分析中的误差及数据处理、酸碱滴定分析法、配位滴定分析法、氧化还原滴定分析法、沉淀滴定和重量分析法、紫外-可见分光光度法、电化学分析法和经典液相色谱分析法,内容由浅入深,循序渐进,充分融入思政与职业素养目标。精选 17 个技能训练任务和 2 个岗课赛证融通专项任务,每个技能训练任务皆有对应的评价表和操作指导视频,可以作为学习者规范分析检验操作的有效载体。教材还配套《学生技能训练工作手册》(活页工单),便于学生技能训练的灵活实施和结果考评。本教材配套数字化资源丰富,可通过扫描二维码即可获取,方便学习者自主学习。教学 PPT 也可从 www.cipedu.com.cn 下载参考。

本教材可供高职高专医药卫生类、食品药品与粮食类、生物化工类等专业师生使用,同时可作为分析化学从业人员的参考用书,亦可作为分析检验类比赛的训练参考教材。

图书在版编目(CIP)数据

分析化学 / 张锦慧主编. — 北京:化学工业出版社,2025.7. — (职业教育教材). — ISBN 978-7-122-48123-8

Ⅰ. O65

中国国家版本馆 CIP 数据核字第 2025GT7024 号

责任编辑:王嘉一 迟 蕾 李植峰　文字编辑:杨凤轩 师明远
责任校对:宋 玮　　　　　　　　装帧设计:王晓宇

出版发行:化学工业出版社
　　　　(北京市东城区青年湖南街 13 号 邮政编码 100011)
印　　装:北京云浩印刷有限责任公司
787mm×1092mm 1/16 印张 16¼ 字数 337 千字
2025 年 10 月北京第 1 版第 1 次印刷

购书咨询:010-64518888　　　　售后服务:010-64518899
网　　址:http://www.cip.com.cn
凡购买本书,如有缺损质量问题,本社销售中心负责调换。

定　　价:49.80 元　　　　　　　版权所有　违者必究

《分析化学》
编 写 人 员

主　编　张锦慧

副主编　孙晓阳　刘　欣

编　者（按姓氏笔画排序）

王　尚　黑龙江农业工程职业学院

伊丽群　哈药集团制药六厂

刘　欣　黑龙江旅游职业技术学院

关天琪　贵州食品工程职业学院

孙晓阳　黑龙江农业工程职业学院

张锦慧　黑龙江农业工程职业学院

殷微微　黑龙江农业职业技术学院

高　杉　黑龙江农业工程职业学院

颜　焱　哈尔滨学院

前言

《分析化学》为引领分析检验人才通往职业道路的第一本专业基础教材。教学内容基于"岗课赛证"融通新形态教材理念设计，涵盖了分析化学的必需知识和必备技能，编写上力求遵循职业教育教学规律、高素质技能人才成长规律。本教材具有以下几方面特色。

1. 突出药用特色 注重教材内容的思想性、科学性、启发性、实用性，编排上面向岗位需求，突出"简明适中，继承传统，反映前沿"的特点。精选《中华人民共和国药典》实例融入教材，语言风格贴近行业用语，使学生尽早在药品行业规范下学习。

2. 岗课赛证融通 学习目标对接化验员职业标准和岗位能力要求、药物检验员国家职业技能标准（征求意见稿）要求以及1＋X食品检验管理职业技能等级证书要求，每个模块前设置"证书考点"栏目，明确学习内容与证书的对接；引入"化学实验技术""工业分析检验"等国赛或行业比赛项目及评价标准，设计岗课赛证融通专项任务；把理论知识、实践技能、应用环境结合起来，融为一体，为学生构建通向就业的桥梁，真正发挥职教教材的核心作用。

3. 编写体例创新 采用模块化教学，每个模块按"学前导语—学习目标—知识内容—应用实例—训练任务—重点回顾—目标检测"顺序编排，学习脉络清晰，使教、学、做一体化。

4. 学习过程引导 每个模块内设置若干功能栏目，如展示知识点时结合"想一想""举一反三"和"拓展阅读"栏目，体现学习过程的互动性、拓宽学生知识的广度和获取产业技术的前沿进展。技能训练任务中围绕化验员真实工作以任务描述、任务分析、任务准备、任务实施与评价、回顾与提高展开，从而解决实际问题。每个任务中设置"绿色技能"栏目，注重学生职业素养的培养和核心能力的提升，同时引导学生关注健康、安全、环保问题。

5. 课程思政融入 以立德树人为根本任务，设置"思政与职业素养目标"。在课程模块中融入六个主题——热爱祖国的家国情怀、高尚健全的职业道德、克己守法的法律意识、实事求是的诚信原则、精益求精的工匠精神、敬畏生命的医药情怀，引导学生从"知识层面"走向"价值层面"。

6. 可教可读性强 本教材为纸数融合的富媒体教材，配套有PPT、微课、操作视频、精品在线课程等数字化资源，形式新颖，便于教师"教"和学生"学"，体现了教学资源的多样化和立体化。

本教材可供高职高专医药卫生类、食品药品与粮食类、生物化工类等专业的师生使用，或作为专业教学资源库、精品资源共享课的配套教材，也可作为分析化学从业人员的参考用书，亦可作为"化学实验技术""药品检测技术""工业分析检验"等国赛或行业比赛的训练参考教材。

本教材由张锦慧任主编，孙晓阳、刘欣任副主编，具体编写分工如下：张锦慧编写模块一、模块二、模块五、专项任务一；伊利群编写模块三；关天琪编写模块四（除任务外）；殷微微编写模块六（除任务外）；刘欣编写模块七（除任务外）；孙晓阳编写模块八、专项任务二；颜焱编写模块九；高杉编写模块七的任务一、任务二，模块十；王尚编写模块四的任务一～任务三、模块六的任务一～任务三。全书由张锦慧统稿。

本教材在编写期间得到了各参编单位及领导的大力支持，在此表示衷心的感谢。在编写过程中，参考了相关教材、著作，在此向有关作者表示谢意。限于编者水平和经验，教材难免出现不妥和疏漏之处，敬请广大读者及专家斧正。

编者

2025 年 3 月

目录

模块五　配位滴定分析法　079

模块六　氧化还原滴定分析法　096

模块七　沉淀滴定和重量分析法　116

模块八　紫外-可见分光光度分析法　　138

模块九　电化学分析法　　159

模块十　经典液相色谱分析法　　178

附录　197

参考文献　201

模块一

走近分析化学

 学前导语

分析化学在哪里？他与药监部门打击假药去了，他担当过食品安全卫士，他陪同环境学家鉴别过污染物，他与警探和法医在犯罪现场探寻过蛛丝马迹，体育赛事现场兴奋剂检测也有他的身影，他跟随考古学家去考证过地球及宇宙的变迁，也曾去探索星辰与大海……他游走在各学科之间，他冲锋在科学阵地前沿，他真实严谨不虚伪，他古道热肠肩挑社会责任。让我们走近分析化学，领略分析化学经典方法之魅力，感受现代仪器分析技术之酷炫吧。

学习目标

【知识目标】

1. 掌握分析方法的分类。
2. 熟悉分析化学的任务及作用。
3. 了解分析化学发展概况。

【思政与职业素养目标】

明确分析化学在医药、食品、环境、农业等领域的社会需求和重要作用，树立正确的专业认知和意识，建立学科和专业自信，以及坚定应用专业知识服务社会的信念。

单元一　认识分析化学

一、分析化学的任务与作用

分析化学是研究物质组成、含量、结构和形态等化学信息的表征和测量方法及相关理论的一门学科，又被称为分析科学。它是化学分支学科中最早发展起来的，在化学发展中一直处于前沿的地位，被称为"生产中的眼睛，科研中的尖兵"。

随着我们社会的快速发展，各种问题也纷至沓来，最为引起全世界关注的问题就是食品安全。在我国就发生过毒奶粉事件、瘦肉精事件、毒大米事件等。民以食为天，如果这都没有保障的话，发展谈何而来。面对如此迫在眉睫的食品安全问题，除了呼吁全社会关注之外，更重要的是这些食品检测技术和方法的提高与检测人员的素质提升。这也是分析化学中重要的一部分。

作为我国众多省份支柱产业的医药行业，从研发、生产、质检到用药安全，分析化学无处不在，医药市场上曾经出现过用淀粉冒充"胃康灵"、用生理盐水充当抗肿瘤药物等各种让人啼笑皆非的现象，分析化学可以帮助我们拨开层层迷雾，看清事物的本质。

此外，在生命科学的相关研究中，如人类基因组测序，分析化学功不可没；在工农业产品的质量控制、大气 PM2.5 的监测、法医学中的法医检验、现代航天器材料中痕量杂质的检测、资源勘探等方面，分析化学也都大显身手。

可以看出，生产实践和科学技术的发展不断向分析化学提出新的问题，分析化学汲取当代科学技术的最新成就，利用物质的一切可利用的性质来解决这些问题。

分析化学的具体任务可分为定性分析、定量分析和结构分析的任务。

定性分析的任务是鉴定试样由哪些元素、离子、基团或化合物组成，即确定物质的组成。比如人见人爱的水晶，经鉴定，主要成分是二氧化硅，天然紫水晶因含有铁、锰等矿物质而呈现神秘的紫色，黄水晶的黄色则是因为含铁所致。

定量分析的任务是测定试样中相关组分的相对含量，如运动员兴奋剂检测时，在咖啡因的定量检测中，规定咖啡因在尿液中的浓度超过 $12\mu g/mL$ 时，则属违禁。

结构分析的任务是研究物质的分子结构或晶型结构，如：同一药物的不同晶型在外观、溶解度、熔点、生物有效性等方面可能会有显著不同，从而影响药物的稳定性、生物利用度及疗效，因此对存在多晶型的药物进行研发和评审时，应对其晶型分析予以特别的关注。

二、分析方法的分类与选择

分析方法根据不同的具体要求有诸多分类方法，按分析任务可分为定性分析、定量分析和结构分析；按分析对象不同可分为无机分析和有机分析；按试样用量的多少可分为常量分析、半微量分析、微量分析和超微量分析，见表 1-1；按测定原理不同分为化学分析和仪器分析，它们是分析化学在解决问题时的两大支柱。

表 1-1 各种分析方法的试样用量

分析方法	试样制样	试液体积
常量分析	＞0.1g	＞10mL
半微量分析	0.01～0.1g	1～10mL
微量分析	0.1～10mg	0.01～1mL
超微量分析	＜0.1mg	＜0.01mL

（一）化学分析

化学分析是以物质的化学反应为基础的分析方法，又称"经典分析法"。化学分析历史悠久，是分析化学的基础。我国晋代医学家葛洪所著《抱朴子》一书中记载有"丹砂烧之成水银，积变又还成丹砂"，古人曾利用此性质来鉴定硫汞矿石。根据化学反应的现象和特征鉴定物质的化学成分，称为化学定性分析。根据化学反应中试剂和被测试样的用量，测定试样中各组分的相对含量，称为化学定量分析，它包括滴定分析（容量分析）和重量分析。化学分析的优点是所用仪器简单、操作方便、测定结果准确度高、应用范围广，但不适合微量组分的定性和定量分析，且灵敏度低、分析速度慢。

（二）仪器分析

由于生产和科研的发展，分析的样品越来越复杂，要求对试样中的微量及痕量组分进行测定，对分析的灵敏度、准确度、速度的要求不断提高，一些以物理和物理化学特性为基础的分析方法逐步创立和发展起来。这些新的分析方法都采用了电学、电子学和光学等仪器设备，因而称为"仪器分析"。仪器分析法主要有光谱分析法、电化学分析法、色谱分析法、质谱分析法等。这些方法具有灵敏度高、选择性好、分析速度快、容易实现自动化等特点。

仪器分析法和化学分析法是相辅相成的两类方法。仪器分析法所用试样的分离、纯化等前处理过程离不开化学分析法。所以在实际工作中，针对不同的试样和要求，应选择适当的分析方法。无机定性分析常采用半微量分析，化学定量分析多采用常量分析，仪器分析一般用于微量、半微量和超微量分析。

需要注意的是，按试样中被测组分的含量高低不同，分析方法还可分为常量组分（＞1％）分析、微量组分（0.01％～1％）分析和痕量组分（＜0.01％）分析。这种分类方法与按试样用量的分类方法是不同的，不要混淆。比如，痕量组分的测定，有时取样量可达到千克以上，属于常量分析；取样量少时，属于微量或超微量分析。

单元二　分析化学的发展趋势

一、分析化学的发展概况

20世纪以来，分析化学的发展经历了三次主要的变革。

第一次变革发生在20世纪初，关于沉淀反应、酸碱反应、氧化还原反应及配位反应的四个平衡理论的建立，使分析化学家的检测技术一跃成为分析化学学科。这一时期的分析方法以溶液中的化学反应为主，即化学分析法。由于有了系统的理论指导，化学分析法不断充实、完善，并迅速发展。直到目前，分析试样中的常量元素或常量组分的测定，基本上仍普遍采用经典的化学分析法。

第二次变革发生在20世纪30年代后期，物理学与电子学的发展促进了分析化学中物理和物理化学分析方法的建立和发展，改变了以经典的化学分析为主的局面，分析化学发展成以仪器分析为主的现代分析化学，仪器分析获得了蓬勃发展。

第三次变革发生在20世纪70年代至今，以计算机应用为主要标志的信息时代的来临给科学技术的发展带来了巨大的活力。分析化学已不仅仅局限于测定样品的成分及含量，而是着眼于降低测定下限、提高分析准确度上。并且打破化学与其他学科的界限，利用化学、物理、生物、数学、计算机等学科一切可以利用的理论、方法、技术对待测物质的组成、组分、状态、结构、形态、分布等性质进行全面的分析。现代分析化学已经远远超出化学学科的领域，发展成一门综合性学科。

 拓展阅读

与分析化学有关的诺贝尔奖获得者见表1-2。

表1-2　与分析化学有关的诺贝尔奖获得者

编号	年份	获奖者	获奖项目
1	1901年	威尔姆·康拉德·伦琴（德国）	首次发现了X射线的存在
2	1901年	雅克布斯·范特霍夫（荷兰）	发现了化学动力学法则和溶液渗透压
3	1902年	斯万特·奥古斯特·阿累尼乌斯（瑞典）	提出了电离理论，促进了化学的发展
4	1906年	约瑟夫·约翰·汤姆逊（英国）	对气体电导率的理论研究及实验工作
5	1907年	阿尔伯特·亚伯拉罕·迈克尔逊（美国）	首先制造了光学精密仪器及对天体所作的光谱研究
6	1914年	马克思·冯·劳厄（德国）	发现结晶体X射线的衍射
7	1915年	威廉·亨利·布拉格及威廉·劳伦斯·布拉格（英国）	共同采用X射线技术对晶体结构分析
8	1917年	查尔斯·格洛弗·巴克拉（英国）	发现了各种元素X射线的不同
9	1922年	弗朗西斯·威廉·阿斯顿（英国）	发明了质谱技术可以用来测定同位素
10	1923年	弗里茨·普雷格尔（奥地利）	发明了有机物质的微量分析
11	1924年	威廉·爱因托芬（荷兰）	发现了心电图机制
12	1924年	卡尔·曼内·乔奇·塞格巴恩（瑞典）	在X射线的仪器方面的发现及研究

编号	年份	获奖者	获奖项目
13	1926年	特奥多尔·斯韦德贝里(瑞典)	采用超离心机研究分散体系
14	1930年	钱德拉塞卡拉·文卡塔·拉曼(印度)	发现了拉曼效应
15	1939年	欧内斯特·奥兰多·劳伦斯(美国)	发明并发展了回旋加速器
16	1944年	伊西多·艾萨克·拉比(美国)	用共振方法记录了原子核的磁性
17	1948年	阿尔内·威廉·考林·蒂塞利乌斯(瑞典)	采用电泳及吸附分析法发现了血浆蛋白质的性质
18	1952年	费利克斯·布洛赫(德国)及爱德华·米尔斯·珀塞尔(美国)	发展了核磁共振的精细测量方法
19	1952年	阿切尔·约翰·波特·马丁(英国)及理查德·劳伦斯·米林顿·辛格(英国)	发明了分配色谱法
20	1953年	弗里茨·塞尔尼克(荷兰)	发明了相差显微镜
21	1959年	雅罗斯拉夫·海洛夫斯基(捷克)	首先发展了极谱法
22	1979年	阿兰·麦克莱德·科马克(美国)及高弗雷·纽博尔德·豪斯费尔德(英国)	发明计算机控制扫描层析诊断法(CT)
23	1981年	凯·塞格巴恩(瑞典)	发展了高分辨电子光谱法
24	1981年	尼古拉斯·布隆伯根(美国)及阿瑟·伦纳德·肖洛(美国)	发展了激光光谱学
25	1982年	亚伦·克鲁格(英国)	对晶体电子显微镜的发展
26	1986年	恩斯特·奥古斯特·弗里德里希·鲁斯卡(德国)	研制成功第一台电子显微镜
27	1986年	格尔德·宾宁(德国)及海因里希·罗雷尔(瑞士)	扫描隧道显微镜的创始者
28	1991年	理查德·恩斯特(瑞士)	对高分辨核磁共振方法的发展
29	1999年	艾哈迈德·泽维尔(埃及)	用飞秒激光光谱对化学反应中间过程的研究
30	2002年	库尔特·维特里希(瑞士)、约翰·贝内特·芬恩(美国)及田中耕一(日本)	对生物大分子的鉴定和结构分析方法的研究
31	2014年	埃里克·贝齐格(美国)、威廉·莫纳(美国)及科斯特凡·黑尔(德国)	发展超分辨率荧光显微镜
32	2017年	雅克·杜波切特(瑞士)、阿希姆·弗兰克(德国)及理查德·亨德森(英国)	开发冷冻电子显微镜用于溶液中生物分子的高分辨率结构测定
33	2024年	戴维·贝克(美国)、德米斯·哈萨比斯(英国)及约翰·江珀(英国)	蛋白质结构预测

二、分析化学的新进展和新技术

现代分析化学的目标就是消耗少量材料、缩短分析测试时间、减小风险、少支经费而获得更多更有效的化学信息。因此分析化学的发展方向是高灵敏度（达原子级、分子级水平）、高选择性（复杂体系）、快速、自动、简便、经济、分析仪器自动化、数字化和计算机化并向智能化、信息化纵深发展。由于生命科学、环境科学、新材料等科学发展的要求和生物学、信息科学、计算机技术的引入，分析化学进入了一个新的境界。如分析研究对象越来越多地选择了 DNA、蛋白质、手性药物和环境毒物等与生命活性相关的物质；分析研究体系由简单体系转向复杂体系；分析研究层次已进入单细胞、单分子水平和立体构象；分析研究区间已由主体延伸至表面、微区及形态；分析研究方法除发展各类仪器分析手段之外，开始较多地研究酶和免疫学等生物化学方法，并注意结合应用化学计量学对分析结果进行解析和处理。

重点回顾

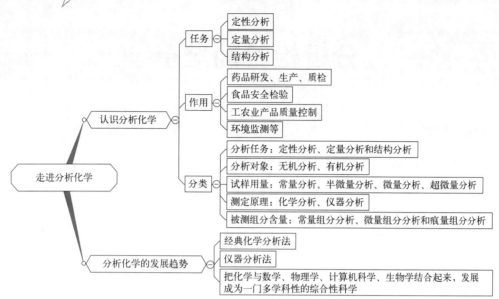

 目标检测

一、单项选择题

1. 分析化学分为化学分析和仪器分析的依据是（　　）。

A. 分析对象不同　　　　B. 测定原理不同　　　　C. 实验方法不同　　　　D. 分析任务不同

2. 定量分析的任务为（　　）。

A. 鉴定物质的化学组成　B. 测定物质的相对含量　C. 确定物质的结构　　　D. 确定物质的存在形式

3. 常量分析中的固体样品用量应在（　　）。

A. 10g 以上　　　　　　B. 1g 以上　　　　　　　C. 0.1g 以上　　　　　　D. 0.01g 以上

4. 常量组分分析，组分含量应为（　　）。

A. 1% 以上　　　　　　B. 0.01% 以上　　　　　C. 0.05% 以上　　　　　D. 0.01% 以下

5. 在无机定性分析中，多采用的分析方法是（　　）。

A. 常量分析　　　　　　B. 半微量分析　　　　　C. 微量分析　　　　　　D. 超微量分析

二、多项选择题

1. 根据分析对象不同，分析方法可分为（　　）。

A. 无机分析　　　B. 有机分析　　　C. 结构分析　　　D. 化学分析　　　E. 仪器分析

2. 以下属于仪器分析法特点的是（　　）。

A. 灵敏度高　　　B. 自动化程度高　　C. 分析速度快　　D. 仪器简单　　E. 试样用量多

3. 以下属于化学分析法的是（　　）。

A. 重量分析法　　B. 光谱分析法　　C. 电化学分析法　　D. 质谱分析法　　E. 滴定分析法

三、填空题

1. 分析化学是研究物质＿＿＿＿＿＿＿、＿＿＿＿＿＿、＿＿＿＿＿＿、＿＿＿＿＿＿等化学信息的表征和测量方法及相关理论的一门学科。

2. ＿＿＿＿＿＿＿又称为"经典分析方法"，是以物质的化学反应为基础的分析方法。

四、简答题

1. 你知道分析化学在哪些领域发挥过什么重要的作用吗？请举例说明。

2. 简述现代分析化学的发展趋势。

模块二

分析检验前准备

学前导语

你清楚进入分析实验室应该注意哪些问题吗？你知道遇到实验意外状况该如何处理吗？你了解实验用水和试剂的等级吗？你知道如何采集试样吗？试样采集来直接就能测定吗？分析检验用的仪器有哪些？容量仪器如何使用？如何校准？你会配制分析检验用的各种试液吗？做完实验，该如何处理实验的废弃物呢？大家做好准备了吗？我们先来进行分析检验前的准备工作。

学习目标

【知识目标】

1. 掌握化学试剂的等级与应用范围；分析化学常用器皿的使用方法；天平常用的称量方法；滴定分析法的基本术语；容量仪器的校准原理及方法。

2. 熟悉纯水的级别与贮存；试剂使用的注意事项；实验室废弃物的环保处理；滴定分析法的分类及滴定方式。

3. 了解分析化学实验室规则和安全知识；试样的采集和处理方法；试剂、试液的保管及有效期。

【能力目标】

能根据实验项目选择合适的实验用水；会使用分析化学实验室常用器皿；能正确使用容量仪器；能根据不同要求采用不同的称量方法称样；会配制普通酸、碱溶液；会配制滴定液；能采取合理的措施应对实验室一般伤害；能正确处置实验室废弃物。

【思政与职业素养目标】

在课程中建立规则意识、培养良好的行为习惯，是养成职业道德的先决条件。从第一次进入分析实验室时，就从规则意识的建立中渗透职业道德教育。同时，养成劳动防护意识、节约意识、将实验室"三废"按标准回收和排放的环保意识。

【证书考点】

药物检验员（四级）	1. 能根据实验要求选择实验用水。 2. 能根据不同分析检验选择配制溶液所需各种试剂。 3. 能按标准或规范配制试液、溶液、缓冲溶液、指示剂及指示液。 4. 能根据玻璃仪器的特点检查密合性（如滴定管、容量瓶试漏）。
1+X 食品检验管理职业技能等级证书（中级）	1. 能依据相关法规标准要求、检样性质和检验项目，选用合适方法对检样进行预处理。 2. 能对常用玻璃量器进行校准。 3. 能依据方法要求准确配制标准物质溶液。 4. 能正确储存配制的溶液。 5. 能正确使用危险化学品。

单元一　分析化学实验室基本知识

一、分析化学实验室规则

分析化学实验室是每个分析工作者的大本营。在这里，同学们将掌握规范的化学分析及仪器分析实验的基本操作技能，养成严谨、认真、实事求是的工作态度，练就进行科学实验的正确思路、方法和本领，提高分析和解决实际问题的能力，同时强化对分析方法基础理论的理解，进而形成优良的职业素养。身处其中的每个人都应遵守实验室的行为规范，做到以下几点：

① 实验课前认真预习，对将要进行的实验做到心中有数，能够理解和应用技术文档中的内容。

② 规范着装，不得穿背心、拖鞋进入实验室。保持实验室安静，不得大声喧哗。严禁在实验室饮食、吸烟。

③ 实验过程中，严格遵守操作规程，积极思考，认真观察，发现异常实验情况时，要研究其原因并找出解决方法。

④ 对不熟悉的仪器和设备，应仔细阅读使用说明，听从教师指导，不可随意动手，以防损坏仪器设备或发生事故。损坏仪器应及时填写破损单，按学校规定处理后补齐。

⑤ 与他人协作完成任务时，保持良好的交互沟通，主动倾听、适当提问。

⑥ 实验环境应始终保持清洁、有序。实验废液应倒入废液桶中，纸屑等杂物应放入废物篓内，以免堵塞水槽、下水管道和污染环境。注意节约取用试剂，爱护公共财产。

⑦ 严格遵守安全规则，不得将实验室物品私自带走。

⑧ 认真、诚实地做好原始数据记录、实验现象记录。

⑨ 操作结束后，将实验器皿等洗刷干净，复原仪器。清洁实验台、清扫实验室，最后检查水、电、气、窗和门等是否关闭，关闭后方能离开实验室。

 想一想

进入实验室，要求仪容整洁，仪容不整对工作有什么影响？

拓展阅读

6S 管理

6S 是现代企业的一种管理理念。所谓 6S 是指对实验、实训、办公、生产现场各要素所处状态不断进行整理（seiri）、整顿（seiton）、清扫（seiso）、清洁（seiketsu）、素养（shitsuke）及安全（security）的活动。具体内涵是：

整理：要与不要，一留一弃；整顿：科学布局，取用快捷；

清扫：清除垃圾，美化环境；清洁：清洁环境，贯彻到底；

素养：形成制度，养成习惯；安全：关爱生命，以人为本。

6S 管理理念强调全员参与和持之以恒。

同学们毕业后即将奔赴生产、建设、管理、服务第一线工作，知识与技能可以按部就班地学习，但是职业素养不是一朝一夕可以形成的。那我们不妨，从现在开始接触 6S，早接触现代企业的先进管理理念，将有利于同学们提高纪律性、增强责任感、提升学习效率、养成良好的行为习惯，进而形成优良的职业素养。

二、实验室安全知识

（一）实验室安全守则

① 熟悉实验室环境，了解急救箱和消防用品的位置与使用方法。

② 禁止用湿手接触电源。电器使用完毕应关闭开关并立即拔下插头。水和煤气用完应立即关闭阀门。点燃的火柴用后应立即熄灭，不得乱扔。

③ 一切有毒和有刺激性气体的实验，都应在通风橱内进行。

④ 使用易燃物（如酒精、乙醚等）、易爆物（如氯酸盐、硝酸盐等）时应远离火源，用完应及时盖紧瓶塞，及时存放于阴凉通风处。

⑤ 不得用手直接拿取试剂，应使用药匙或指定容器。使用强酸、强碱、溴等具有强腐蚀性的试剂时，须戴防护手套。

⑥ 使用有毒试剂（如汞、砷、铅等化合物，尤其是氰化物）时，不得触及皮肤和伤口，实验结束后废液应倒入指定的容器内集中处理。

⑦ 严禁做未经教师允许的实验和任意混合各种药品，以免发生意外事故。

⑧ 切勿直接俯视容器中的化学反应或正在加热的液体。

⑨ 严禁在实验室内饮食、吸烟或把餐具带进实验室。实验室药品严禁入口。实验完毕，把手洗净后方可离开。

想一想

以下实验室安全事故，给了我们哪些警示？

实验室安全事故典型案例

① 一位同学做完实验忘记关电热套，结果温度过高，超了温度计量程，温度计裂开了。

② 某同学进入实验室后，看桌上放有一个矿泉水瓶拿起就喝，实际里面盛装的是二甲苯，结果导致中毒。

③ 某大学一工作人员，误将冰箱中含苯胺的试剂当酸梅汤喝了而引起中毒，原因是冰箱中曾存放过工作人员饮用的酸梅汤。

④ 某研究生在实验室用鼓风干燥箱烤馒头，半年后患胃癌离世。

⑤ 配制稀硫酸时错将水倒入浓硫酸中，结果发生猛烈飞溅，面部被严重灼伤。

⑥ 酒精灯不慎摔到地上起火，某同学一着急就用穿着凉鞋的脚踩火源，结果火未踩熄脚却被烧伤。

⑦ 某高校实验室李某在准备处理一瓶四氢呋喃时，没有仔细核对，误将一瓶硝基甲烷当作四氢呋喃投到氢氧化钠中。一分钟后，试剂瓶中冒出了白烟，产生黑色泡沫状液体，随即发生了爆炸，玻璃碎片将李某的手臂割伤。

（二）实验室意外事故的正确处置方法

在实验过程中，如发生意外事故，应沉着、冷静，正确应对。重伤者立即送医院治疗，若轻伤可采取的措施见表2-1。

表 2-1　实验室意外事故的处理方法

事故	正确处置方法
割伤	先取出伤口处的玻璃碎屑等异物,挤出污血后使用消炎粉或止血粉,再用创可贴或消毒纱布包扎
烫伤	轻度烫伤可涂抹烫伤药膏、凡士林、甘油等

事故	正确处置方法
触电	立即拉开电闸,截断电源;或尽快地利用绝缘物(干木棒、竹竿)将触电者与电源隔开
火灾	酒精及其他可溶于水的液体着火时,可用水灭火;汽油、乙醚等有机溶剂着火时,用沙土扑灭;导线或电器着火时,首先切断电源,再用四氯化碳灭火器灭火
汞泄漏	立即用滴管或毛笔尽可能将汞收集起来,然后用锌片接触使其成锌汞合金而消除,最后撒上硫磺粉,使汞与硫反应,生成不挥发的硫化汞。散落过汞的地面应撒上硫磺粉或喷上20%的三氯化铁水溶液,晾干后再清扫干净
酸类灼伤:盐酸、硝酸、乙酸、甲酸、草酸、苦味酸	用大量流动清水冲洗(皮肤被浓硫酸沾污时切忌先用水冲洗),彻底冲洗后可用5%碳酸氢钠溶液或肥皂水进行中和,再用清水洗
氢氟酸灼伤	先用大量冷水冲洗直至伤口表面发红,然后用5%碳酸氢钠溶液清洗,再用甘油镁油膏(2:1的甘油-氧化镁)涂抹,最后用消毒纱布包扎
铬酸灼伤	先用大量清水冲洗,再用硫化铵稀溶液洗涤
碱类灼伤:氢氧化钠(钾)、氨、氧化钙、碳酸钾	立即用大量水冲洗,再用2%乙酸溶液或3%硼酸溶液清洗,最后用水冲洗;对氧化钙烧伤者,要先清扫掉粘在皮肤上的石灰粉,再用水冲洗,然后可用植物油洗涤,涂敷伤面
黄磷灼伤	去除磷颗粒后,用大量冷水冲洗,并用1%硫酸铜溶液擦洗,再以5%碳酸氢钠溶液冲洗湿敷以中和磷,禁用油性纱布包扎,以免增加磷的溶解和吸收
硝酸银、氯化锌灼伤	先用水冲洗,再用5%碳酸氢钠溶液清洗,然后涂以油膏及磺胺粉
苯酚灼伤	先用大量水冲洗,然后用70%酒精擦拭、冲洗创面,直至酚味消失,再用大量清水冲洗干净,冲洗后可用5%碳酸氢钠溶液冲洗、湿敷
溴灼伤	被溴烧伤后的伤口一般不易愈合,必须严加防范,一旦有溴沾到皮肤上,立即用清水、生理盐水及2%碳酸氢钠溶液冲洗伤处,包上消毒纱布后就医
碘灼伤	用淀粉质(如米饭等)涂擦
甲醛灼伤	可先用水冲洗,再用酒精擦洗,最后涂以甘油

注意,化学药品灼伤时,应迅速脱去污染的衣服,首先用手帕、纱布或吸水性良好的纸片等物吸去皮肤上的化学毒物液滴,再以适合于消除这种有毒化学药品的特种溶剂、溶液或药剂仔细清洗处理伤处。

三、分析化学实验用水

(一)纯水的级别与合理取用

分析化学实验不能直接使用自来水或其他天然水,而需要使用纯水。纯水并不是绝对不含杂质,而是杂质含量低微。《分析实验室用水规格和试验方法》(GB/T 6682—2008)将分析实验用水分为三级,各级水质标准见表2-2。

表2-2　各级水质标准

指标	一级	二级	三级
pH 范围(25℃)	—	—	5.0～7.5
电导率(25℃)/(mS/m)	≤0.01	≤0.10	≤0.50
可氧化物质(以 O 计)/(mg/L)	—	≤0.08	≤0.40
吸光度(254nm,1cm 光程)	≤0.001	≤0.01	
蒸发残渣(105℃±2℃)/(mg/L)	—	≤1.0	≤2.0
可溶性硅(以 SiO_2 计)/(mg/L)	≤0.01	≤0.02	

纯水来之不易,应根据实验对水的要求合理选用适当级别的水,并注意节约用水。

一级水:用于有严格要求的分析实验,包括对颗粒有要求的实验,如高效液相色谱分析用水。一级水可用二级水经过石英设备蒸馏或交换混床处理后,再经 $0.2\mu m$ 微孔滤膜过滤来制取。

二级水：用于无机痕量分析等实验，如原子吸收光谱分析用水。二级水可用多次蒸馏或离子交换等方法制取。

三级水：用于一般化学分析实验。三级水可用蒸馏或离子交换等方法制取。

（二）纯水的贮存

各级用水均使用密闭、专用的聚乙烯容器贮存。三级水也可使用密闭、专用的玻璃容器贮存。纯水瓶附近不要存放盐水、氨水等易挥发试剂，以防污染。在贮存期间，容器中可溶成分的溶解、CO_2和其他杂质都会引起纯水质量的改变。水越纯，影响越显著。因此，一级水不可贮存，须临用前制备。二级水、三级水可适量制备，分别贮存在预先经同级水清洗过的相应容器中。

四、试剂和溶液

（一）化学试剂的等级与应用范围

试剂的纯度对分析结果的准确度影响很大，不同的分析工作对试剂纯度的要求也不相同。因此，了解试剂等级并正确使用，是获得准确实验结果的前提条件。根据《化学试剂包装及标志》（GB 15346—2012）有关规定，试剂分为三个级别，分别是通用试剂、基准试剂和生物染色剂。通用试剂又分为三个等级，即优级纯、分析纯和化学纯，如表 2-3 所示。

表 2-3　化学试剂的等级和应用范围

等级		标签颜色	应用范围	备注
中文名称	英文及缩写			
通用试剂 优级纯（保证试剂）	guaranteed reagent，GR	深绿色	纯度高，杂质少，适用于精确分析和科学研究	一级
分析纯	analytical reagent，AR	金光红色	纯度略低于优级纯，适用于普通分析和研究工作	二级
化学纯	chemical pure，CP	中蓝色	纯度较低，适用于一般化学实验	三级
基准试剂	primary reagent，PT	深绿色	配制与标定标准溶液	
生物染色剂	biological stain，BS	玫红色	配制微生物标本染色液	

此外，还有高纯试剂、专用试剂（色谱纯、光谱纯）等。基准、高纯等试剂的纯度相当于或高于优级纯试剂，其价格要比一般试剂高数倍乃至数十倍。因此，应根据分析工作的具体情况进行选择，不要盲目追求高纯度。化学试剂选用的一般原则是：

① 滴定分析常用的标准溶液，一般用基准试剂直接配制，若无符合条件的基准试剂，可用优级纯试剂代替，或选用分析纯试剂配制，再用另一种基准试剂进行标定。滴定分析中所用其他试剂一般为分析纯。

② 仪器分析实验一般使用优级纯、高纯或专用试剂，测定微量或超微量组分时应选用高纯试剂。

③ 某些试剂从主体含量看，优级纯与分析纯很接近或相同，只是杂质含量不同。若所做实验对试剂杂质要求高，应选用优级纯试剂；若只对主体含量要求高，可选用分析纯试剂。

（二）试剂使用的注意事项

试剂取用不当，一方面极易造成试剂污染，另一方面会引起实验误差甚至造成实验失败，还可能影响实验人员的健康和安全。所以使用试剂时应注意：

① 使用前应严格确认标签，确定该试剂能满足实验要求。

② 凡取出的试剂不允许再倒回原试剂瓶中。

③ 取完试剂后要盖紧瓶塞，不可"张冠李戴"。

④ 打开易挥发试剂的瓶塞时，不可将瓶口对准脸部或他人。

⑤ 取用有毒、有恶臭的试剂，应在通风橱中进行，用毕将瓶塞蜡封。

⑥ 不可直接用鼻子对着试剂瓶口去辨认气味，绝不可品尝试剂。

⑦ 试剂的信息应在原始记录中体现，以保证结果的可追溯性。

（三）化学试剂的保管

妥善保管试剂，确保试剂在有效期内不发生变质，是保障实验成功的重要工作，同时也能确保实验室安全，并且避免浪费。

① 试剂应集中在适宜的环境中存放，实验室中应尽量少存放试剂。如果试剂瓶上有明确的储存条件要求，必须遵照执行。否则，试剂应储存在密闭容器中，避免阳光直射并置于干燥、温度可控的环境中，并记录环境温度。

② 相互混合或接触后可以产生剧烈反应、燃烧、爆炸、放出有毒气体的两种以上的化合物称为不相容化合物，不能混放。如强氧化性物质与还原性物质，两者要分开储存。

③ 腐蚀性试剂宜放在塑料或搪瓷的盘或桶中，以防因瓶子破裂而造成事故。

④ 易燃易爆试剂应储存于铁皮柜中，柜的顶部有通风口。严禁在实验室存放 20L 的瓶装易燃液体。易燃易爆药品不要放在冰箱内（防爆冰箱除外），应集中分类存放。

⑤ 药品柜和试剂溶液均应避免阳光直晒及靠近暖气等热源。

⑥ 要求避光的试剂应装于棕色瓶中或用黑纸、黑布包好存于柜中。

⑦ 剧毒或易制毒试剂的储存应有专人进行管理，使用应有记录，进行物料数量平衡管理，确保剧毒或易制毒试剂被用于预定用途。

 想一想

从下面这两起事故中应吸取哪些经验教训？

实验室爆炸事故

案例1：2015 年 12 月 18 日，北京某高校化学系实验室发生一起爆炸事故，事故造成一名正在做实验的博士后当场死亡。

事故直接原因：事发实验室储存的危险化学品叔丁基锂燃烧发生火灾，引起存放在实验室的氢气压力气瓶在火灾中发生爆炸。

事故间接原因：违规存放危险化学品，违规使用易燃、易爆压力气瓶。实验室安全管理制度不落实，实验室安全管理不到位，学生安全意识淡薄。

案例2：某高校一实验室"五一"长假期间发生冰箱爆炸，整个实验室被炸得面目全非。

事故原因分析：该冰箱中共存放了 17 种不同的有机试剂，因有部分渗漏致使冰箱中积聚了易燃易爆气体，而放假期间长时间没有开冰箱门，使得易燃易爆气体的浓度更高，当冰箱温控启动时产生电火花而引起了爆炸。

拓展阅读

你知道什么是危险化学品吗？

公安部管制化学品有三类，即危险化学品、易制毒化学品和易制爆化学品。根据《危险化学品安全管理条例》第三条，危险化学品是指具有毒害、腐蚀、爆炸、燃烧、助燃等性质，对人体、设施、环境具有危害的剧毒化学品和其他化学品。根据《化学品分类和危险性公示　通则》（GB 13690—2009），按产生危险的种类将危险化学品分为三大类：理化危险品、健康危险品和环境危险品。理化危险品包括爆炸物、易燃物、金属腐蚀剂等，健康危险品包括产生急性毒性、各器官吸收毒性的物质等，环境危险品是指危害水生环境的物质。从高校实验室使用化学试剂的角度来讲，对管制类化学品中的危险化学品尤为关注，同时多数易制毒化学品和易制爆化学品都具有化学危险性。因此，管制化学品一般也可被认为是危险化学品。教育部办公厅于 2013 年 5 月提出危险化学品的"五双"管理模式，即"双人保管、双人领取、双人使用、双把锁、双本账"，各实验室管理人员应严格落实执行。

（四）试剂、试液的有效期

所有试液和试剂，都应该有合理的有效期。有出厂规定的，按出厂规定填写有效期；相对稳定的试剂，有效期可为购入后 5 年；无规定，又不十分稳定的，根据相关资料设定试剂的有效期。常用溶液自配制之日起有效期为 3 个月；标准溶液有效期一般为 2 个月；易变质溶液，如缓冲溶液、NaOH、$Na_2S_2O_3$、HCl 等有效期为 1 个月；培养基等生物制剂的有效期一般为 3 个月。此外，也可根据使用者的具体需要设定。

（五）普通酸、碱溶液的配制

实验室中常用到不同浓度的酸、碱溶液，现将配制方法列于表 2-4 中，便于查阅和使用。注意试剂瓶外部应贴上标签（最好涂上石蜡保护），标明试剂的名称、规格、浓度、制备时间等信息。

表 2-4　常用酸、碱溶液的配制方法

名称	浓度 c/(mol/L)	配制方法
盐酸（HCl）	1	量取浓盐酸 83mL，加水稀释至 1L
	6	量取浓盐酸 500mL，加水稀释至 1L
硝酸（HNO_3）	1	量取浓硝酸 64mL，加水稀释至 1L，用棕色瓶储存
	6	量取浓硝酸 381mL，加水稀释至 1L，用棕色瓶储存
硫酸（H_2SO_4）	1	量取 56mL 浓硫酸，在不断搅拌下缓缓加入到适量水中，待冷却至室温后，加水至 1L（配制硫酸溶液时有大量热放出，必须注意安全，浓硫酸宜缓慢加入，溶液应不断搅拌）
乙酸（CH_3COOH）	1	量取冰醋酸 60mL，加入适量水中，稀释至 1L
氢氧化钠（NaOH）	1	称取 40g 氢氧化钠，分几次加入适量水中，不断搅拌（注意：溶解时大量放热），溶解后冷却至室温，加水稀释至 1L，用塑制容器储存
氢氧化钾（KOH）	1	称取 56g 氢氧化钾，分几次加入适量水中，不断搅拌使其溶解，冷却至室温后加水稀释至 1L，用塑制容器储存
氨水（$NH_3 \cdot H_2O$）	1	量取 66mL 浓氨水，用水稀释至 1L

（1）盐酸（HCl）。浓盐酸的密度为 1.18～1.19g/mL，含量 $w = 36\% \sim 38\%$，近似浓度 $c(HCl) \approx 12mol/L$。

（2）硝酸（HNO_3）。浓硝酸的密度为 1.39～1.40g/mL，含量 $w = 65\% \sim 68\%$，近似浓度 $c(HNO_3) \approx 15mol/L$。

（3）硫酸（H_2SO_4）。浓硫酸的密度为 1.83～1.84g/mL，含量 $w = 95\% \sim 98\%$，近似浓度 $c(H_2SO_4) \approx 18mol/L$。

（4）冰醋酸（CH_3COOH）。密度 1.05g/mL，近似浓度为 17mol/L。

（5）氨水（$NH_3 \cdot H_2O$）。浓氨水密度为 0.90～0.91g/mL，含氨气量 $w = 28\%$，近似浓度 $c(NH_3 \cdot H_2O) \approx 15mol/L$。

五、实验室废弃物的环保处理

实验创造价值的同时，不可避免地会产生"三废"，即各种有毒的废渣、废液和废气，污染周围的环境，如不采取措施，甚至会形成公害。所以，正确处理"三废"，也是实验室工作的重要组成部分。如能变废为宝，回收利用，则可以实现绿色、环保、可持续发展的价值目标。

1. 废渣处理

有回收价值的废渣应收集起来统一处理，回收利用；少量无回收价值的有毒废渣也应集中起来，分别进行处理或深埋于远离水源的指定地点。

2. 废液处理

实验室的废液不能随意倒入下水管道中，防止危害水生环境。必须按废液的类别、性质和状态，或废液量的多少或浓度高低收集，危险废液应单独收集处理。收集的废液可以统一交环保部门处理或采用适当方法科学处理。

（1）酸碱废液。将废酸集中回收，用来处理废碱；或将废酸先用耐酸玻璃纤维过滤，滤液加碱中和，调 pH 至 6～8 后即可排放，少量滤渣埋于地下。

（2）含铅废液。加入熟石灰，调节 pH 至 11，使废液中铅生成 $Pb(OH)_2$ 沉淀，然后加入硫酸铝，将 pH 调至 7～8，即生成氢氧化铝和氢氧化铅共沉淀，放置，使上层液体充分澄清后，检测上层清液中是否含铅，若不含铅，分离沉淀，排放废液。

（3）含砷废液。投入石灰，生成难溶的砷酸盐和亚砷酸盐。

（4）含汞废液。调节 pH 至 8～10，加入适量的硫化钠，生成 HgS 沉淀，然后加入硫酸亚铁，生成硫化亚铁沉淀，从而吸附硫化汞，使其沉淀下来。静置后离心过滤，检测滤液中含汞量降到 0.02mg/L 以下时，可以直接排放。少量残渣可埋于地下，大量残渣需用焙烧法回收汞。

（5）含六价铬废液。铬酸洗液如失效变绿，可加入废铁屑还原残留的 Cr^{6+}，再用废碱液或石灰中和，使其生成低毒的 $Cr(OH)_3$ 沉淀。

（6）氰化物废液。用碱溶液将溶液 pH 调至大于 11 后，加入次氯酸钠或漂白粉，充分搅拌，氰化物分解为 CO_2 和 N_2，放置 24 小时后排放。因氰化物及其衍生物都有剧毒，处理时必须在通风橱内进行。

（7）有机废液。有机废液最有效的处理方法是生物降解法、活性污泥法等。甲醇、乙醇、醋酸类的可溶性溶剂由于能被细菌分解，相应的废液可以用大量水稀释后排放；含三氯甲烷和四氯化碳的废液用水浴蒸馏，收集馏出液，密闭保存，回用；含烃类及其含氧衍生物的废液用活性炭吸附。

3. 废气处理

产生少量有毒气体的实验，可在通风橱内进行，通过排风设备将少量有毒气体经处理后排到室外，以免污染室内空气。产生毒气量较大的实验，必须备有吸收或处理装置。如二氧化氮、二氧化硫、氯气、硫化氢、氟化氢等可用碱溶液吸收；一氧化碳可直接点燃使其转为二氧化碳。

单元二　试样的采集与处理

试样的分析过程一般包括以下六个步骤：

测定方法的设计 → 试样的采集 → 试样的制备 → 试样的处理 → 试样的分析测定 → 计算与报告分析结果

一、采集试样

（一）采样的重要性

在实际工作中，待化验的物料常常是大量的，其组成有的均匀，有的不均匀。化验时所称取的分析试样只有几克，几百毫克或更少，而分析结果必须能代表全部物料的平均组成，因此，正确地采集具有代表性的"平均试样"，就具有极其重要的意义。

一般情况下，采样误差大于分析误差，因此，掌握采样和制样的一些基本知识是很重要的。样品的采集是分析检测过程的关键环节，样品是获得检验数据的基础。如果采样和制样方法不正确，即使分析检测工作做得严谨细致，结果也是毫无意义的，甚至可能给生产和科研带来很坏的后果。

（二）采样的方法

通常遇到的分析对象是各种各样的，归结起来，试样有固体、液体和气体三种形态。采集及制备样品的具体步骤应根据分析对象的性质、均匀程度、数量等来决定，这些可以参阅相关的国家标准和各行业制定的标准。采样原则为随机抽样，同时必须满足采样具有科学性、真实性、代表性的要求。所用采样器具有铲子、液位探测管、分层式取样器、取样袋、取样棒和注射器等，必须保证采样器具洁净干燥，必要时要灭菌。接下来介绍一些基本采样方法。

1. 固体样品的采样

固体试样具有多样化、不均匀的特点，因此要注意采样单元和采样量，需选取不同部位采样，然后混合。对于均匀性较差的固体，如中药材，可以把运输过程中的每车、每包、每捆作为采样单元，从中抽取一定量的样品。对于组成基本一致的物质，如生产药物的化学原料或辅料，则按产品批号选择各个大包装当作采样单元。物料颗粒越细，采样量可越少。

采集后的固体试样要进行破碎、过筛、混合，若采样量超过检验用量数倍时，要进行缩分，减少至分析检测所需的量。固体试样的缩分常用的方法是四分法，如图 2-1 所示。先将试样堆成圆锥形，然后压成圆饼状，通过其圆心按十字形切成四等份，弃去任意对角线的两份，混合余下的两份，这样便缩减了一半，称为缩分一次。继续将样品缩分，直至所需要的量。

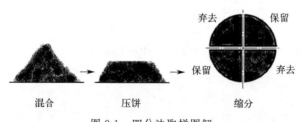

图 2-1　四分法取样图解

2. 液体样品的采样

液体样品组成比较均匀，容易采得均匀样品，采样单元可以较少。当物料的量较大时，应从不同位置和深度分别采样，混合均匀后作为分析试样。液体试样采样器多为塑料或玻璃瓶。当要检测试样中的有机物时，宜选用玻璃器皿；检测试样中微量的金属元素时，宜选用塑料器皿，以减少容器吸附和对微量被测组分的影响。有些液体试样的化学组成易发生变化，所以在测试之前要妥善保管，防止或减少在存放期间试样发生的变化。

想一想

为防止液体试样在存放期间变质，可以采取哪些保存措施呢？

3. 气体样品的采样

气体样品易于扩散，容易混合均匀。城市环境的空气质量监测、民用建筑的室内空气质量监测、工作场所空气中有害物质控制等领域都涉及空气样品的采集。采样方法有直接采样法和富集采样法。

当空气中被测组分浓度较高，或所用分析方法灵敏度很高，能满足检测要求时，可用直接采样法采集试样。

当空气中被测组分的浓度很低（$10^{-3} \sim 1mg/m^3$），而所采用的分析方法又无法直接测出其含量时，需要用富集采样法进行空气样品的采集。富集采样法大多需借助动力将气体导入选定的容器中，并利用容器中预置的材料对特定被检测组分进行吸收，达到富集的目的。富集采样法的采样时间一般较长，所得结果是采样时间内的被测物质的平均浓度。从环境保护的角度看，它更能反映环境污染的真实情况，故富集采样法在空气污染监测中有更重要的意义。

4. 生物样品的采集

生物样品一般指植物样品和动物样品，如植物的根、茎、花、果实、种子等，动物（人）的器官、组织、肌肉、毛发、体液等以及各种微生物。因其组成部位和时节不同生物样品有较大差异，所以采样应根据需要，选取适当部位和生长发育阶段。样品除应有群体代表性之外，还需考量实时性和采样部位的典型性。生物试样中的酚、亚硝酸、有机农药、维生素、氨基酸等成分在生物体内易发生转化或降解，所以一般应采用鲜样分析，采样后立即处理分析。

二、处理试样

一般分析工作分为干法分析和湿法分析。湿法分析应用较广，本法通常先将试样分解，制成溶液，净化浓缩后，再进行测定。试样的分解是分析工作的重要步骤之一。

（一）分解试样的一般要求

分析工作对试样的分解一般要求三点：

① 试样应分解完全，处理后的溶液不应残留原试样的细屑或粉末。

② 试样分解过程中待测成分不应有挥发损失。

③ 分解过程中不应引入被测组分和干扰物质。

（二）分解试样的方法

1. 溶解法

溶解法比较简单、快速，所以分解试样尽可能采用溶解法。水作为溶剂，只能溶解一般可溶性盐类。根据使用的溶剂不同，溶解法分为酸溶法和碱溶法。

酸溶法是利用酸的酸性、氧化还原性和配合性使试样中被测组分转入溶液。常用盐酸、硝酸、磷酸、硫酸、高氯酸、氢氟酸等单一溶剂，也可根据试样性质选择盐酸加双氧水、盐酸加硝酸（体积比为 3∶1，俗称王水）等混合溶剂。

碱溶法一般使用氢氧化钠或氢氧化钾溶液作溶剂，主要用于溶解钼、钨的无水氧化物，铝、锌等两性金属及合金。

2. 熔融法

熔融法是利用熔剂与试样混合后，置于规定材质的坩埚中，在高温下熔融分解，将试样中被测组分转化为易溶于水或酸的化合物。由于熔融时反应物的浓度和温度都比用溶剂溶解时高得多，所以分解试样的能力比溶解法强得多。熔融法分为酸熔法和碱熔法两种。

常用的酸性熔剂有焦硫酸钾和硫酸氢钾，高温时二者均产生 SO_3，可用来分解铁、铝、钛、锆、铌等的氧化物类矿，采用石英或铂坩埚。常用的碱性熔剂有碳酸钠、碳酸钾、氢氧化钠、氢氧化钾及过氧化钠等，用于分解酸性试样。

3. 干法灰化法

本法适用于测定有机化合物中的无机元素，测定这些元素时，首先需要将有机物破坏，使无机元素游离出来。这里介绍两种破坏方法。

坩埚灰化法：将有机试样置于坩埚中，在电炉上炭化，然后移入高温炉中以 500～550℃灰化 2～4h，待灰白色残渣冷却后，用 HCl（1＋1）或 HNO_3 溶解，进行测定。此法适用于测定铜、铅、锌、铁、钙、镁等元素。

氧瓶燃烧法：将试样在置有吸收液和氧气的密闭三角烧瓶中燃烧，适用于测定卤素、硫等非金属元素。

4. 湿法消化法

湿法消化法主要是利用强酸与有机试样一起加热煮沸，破坏有机物。比如用 HNO_3-H_2SO_4 消化，先加 HNO_3，后加 H_2SO_4，防止炭化（一旦炭化，很难消化到终点），此法可测定有机物中的铅、砷、铜、锌等元素。湿法消化法简便高效，但应注意溶剂的纯度，避免引入杂质。

 拓展阅读

微波辅助提取复杂样品

微波是一种频率在 300MHz～300GHz 的电磁波，波长在远红外光与无线电波之间。国际上规定工业、科学研究、医学及家用等民用微波的频率为（2450±50）MHz，即微波消解仪器（图 2-2）的使用频率基本上都是 2450MHz，家用微波炉也是如此。

微波分解样品就是利用微波的穿透性和激活反应能力，加热密闭容器内的试剂和样品，增加制样容器内的压力和反应温度，从而大大提高分解效率，缩短样品的制备时间。此法目前已应用于辅助萃取中草药中有效成分、食品安全检测中有毒害物质的提取以及环境样品中除草剂、杀虫剂的提取。由于使用溶剂大大减少，并且可控制反应条件，能使制样精度更高，减少对环境的污染，改善实验人员的工作条件。

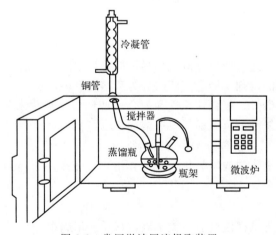

图 2-2　常压微波回流提取装置

单元三　分析化学基本仪器

一、称量仪器

分析天平是分析化学中用于物质精准称量的计量仪器。称量的准确度直接影响分析结果的准确度。分析天平是分析工作中的重要仪器，包括双盘电光天平、单盘电光天平和电子天平。前两者属于机械天平，操作较烦琐，随着科技的发展，逐渐被电子天平所取代，这里着重介绍电子天平。

分析天平

（一）电子天平的称量原理

电子天平称量的依据是电磁力平衡被测物质重力的原理，应用现代电子控制技术，通过数字显示出物体的质量。其特点是称量准确快速、操作简便易行，且灵敏度高，读数精度可达到 1mg、0.1mg 或 0.01mg。

（二）电子天平的结构

用于分析测试的电子天平都有玻璃风罩，以防止气流对称量稳定性和准确度的影响。常见电子天平的结构如图 2-3 所示，有显示屏、触摸键、水平仪，具有自动检测、扣除皮重、自动校准、输出打印等功能。

（三）电子天平的使用方法

不同型号的电子天平的操作方法略有不同，一般操作程序如下：

图 2-3　电子天平

（1）调试。 检查天平秤盘内是否干净，必要的话予以清扫。查看水平仪，气泡应位于中心。若不水平，需调整水平调节螺丝，直到气泡回到水平仪圆圈的中央。

（2）预热。 接通电源，在关机状态下预热至规定时间，一般为 30min。

（3）开机。 天平充分预热后，按开关键，天平自检通过后，显示"0.0000g"，即可开始使用。若不是"0.0000g"，则按清零键。

（4）校准。 如首次使用天平，或天平改变位置后，称量前必须进行校准；日常称量工作中，也需定期进行校准。校准可以减少天平的称量误差。应使用标准砝码校准电子天平，取用标准砝码，应使用镊子或戴手套，校准完毕，立即将砝码放回专用盒里。

（5）称量。 将称量纸或洁净干燥容器置于秤盘上，关闭天平门，按去皮键清零（有些型号的天平清零键和去皮键是同一个），天平显示"0.0000g"。置称量物于称量纸或洁净干燥容器上，关闭天平门，显示屏上数字不断变化，数字稳定并出现单位"g"，则表示显示数值已稳定，读出该称量物的准确质量并记录。

（6）关机。 待称量结束后，按清零键，天平显示"0.0000g"，按开关键，关闭天平。用软毛刷清扫秤盘，将天平还原。在天平使用记录本上登记称量操作的时间和天平状态，并签名。整理好台面后方可离开，养成良好的实验习惯。

（四）称量方法

应根据不同的称量对象，采取正确的称量方法。常用的称量方法有以下三种。

（1）直接称量法。 用于称取固体物品的质量，如称量小烧杯的质量或某样品的质量。被称量的物质应不易潮解或升华。

（2）固定质量称量法。 又称增量法，用于称量某一固定质量的基准物质。以称量 0.0618g 基准试剂为例，用药匙取样，小心缓慢地向称量纸或容器中加基准试剂，直至天平读数恰好增加到 0.0618g 为止。该方法操作较慢，适用于不易吸潮、在空气中稳定存在的粉末或小颗粒样品。此操作应十分小心，如不慎多加了试样，只能取出多余的试样，并重复上述操作。

（3）减量称量法。 减量称量法是利用两次称量之差求得试样的质量，又称差减法。此法常用于称量易吸水、易氧化或易与 CO_2 反应的物质。称量手法见图 2-4、图 2-5。称量时将适量试样装入称量瓶中，称得质量 m_1，然后取出称量瓶，从称量瓶中倾出样品。将称量瓶放回秤盘上，称得质量 m_2。m_2 与 m_1 之差即为试样的质量。也可先称称量瓶＋试样，然后去皮，取出所需试样后再称量，所得为负值，该值的正值即为所需样品的质量。

图 2-4　称量瓶的拿取方法

图 2-5　倾出试样的操作

减量称量法称样质量不要求为固定的数值，只需在要求的范围内即可。一般要求在 $m\pm m\times10\%$ 以内。比如，用减量称量法称取质量约为 0.08g 的样品，称量范围是 0.072～0.088g。称量时应戴手套或用纸条操作。如倾出的量不够，可继续倾出试样，如过量了，或有样品撒到接收瓶外，则需弃去重称。按上述方法连续操作，可称取多份试样。

（五）注意事项

① 电子天平必须置于稳定的工作台上，避免震动、气流、阳光直射及电磁干扰。

② 不能随意移动天平，每次称量之前均要检查仪器是否水平。

③ 天平内室应放置干燥剂，如变色硅胶，并应及时更换，防止电子元件受潮故障。

④ 称量的物品质量严禁超出天平的最大载荷。

⑤ 称量时物品应轻拿轻放，尽可能置于秤盘的中心。

⑥ 严禁将样品直接放在秤盘上称量，以免污染腐蚀秤盘。

⑦ 过冷或过热的物品应平衡至室温再进行称量。

 拓展阅读

新型电子天平

新型电子天平（见表 2-5）不仅可进行常规样品称量，还可进行许多常规天平无法完成的工作，如：利用附加于天平上的加热装置直接进行含水量测定；可敏感而迅速地称量小型活体动物的体重；利用自带软件可进行小件计数称量、累计称量、配方称量；还可对称量结果进行统计处理和打印。新型电子天平还有自动保温系统、四级防震装置，以及红外感应式操作（如开门、去皮）等附加功能。

表 2-5　新型电子天平及功能

天平类型	天平功能
膜天平	测量不溶性物质单分子层膜的表面张力及表面压力随表面积动态变化。近年来,在生物医学领域中被广泛用于研究肺表面活性物质(PS)的理化特性
多功能红外水分仪(类天平)	在电子天平结构的基础上,融合加热单元,并采用单位微机控制、电磁力平衡和红外加热技术。与传统的烘箱法分析水分相比,分析效率和准确度大大提高,分析时间缩短1/3
单位制转换天平	多种单位制转换,适用于不同的国家和地区。其制式包括:克、盎司、英钱、格令、磅、克拉、毫克、千克、托拉、两
热天平	一种在程序控温条件下自动连续记录物质质量与温度(或时间)函数关系的仪器,由记录天平、天平加热炉、程序控温系统和记录仪构成。精确测定固体样品加热后因脱水、氧化等产生的质量变化,间接研究物质组成

天平类型	天平功能
百分比称量天平	可以同时记录几个样品的质量,求得特定物质在总重中的质量分数
计数天平	增加计数的功能。广泛应用于加工企业中,能够快速地完成产品的计数包装,还可以用来计算单个零部件或样品的质量
动物天平	用以测定动物或者动态物质的质量
韦氏比重天平	测量液体和固体密度的一种天平。在天平一端挂玻璃锤,其浸没到装有被测液体的圆筒中,由天平测出其浮力,由此得出液体的密度

二、分析化学常用器皿

（一）常用的玻璃仪器

在分析工作中会大量使用玻璃仪器,因为玻璃有很多可贵的性质,如很高的化学稳定性、热稳定性,很好的透明度,良好的绝缘性和耐腐蚀性,玻璃原料来源方便,还可以根据需要制成各种不同形状的器皿,所以玻璃仪器是最常用的实验仪器。

实验室所用到的玻璃仪器种类繁多,认识和正确地选择、使用仪器,是对分析人员实验能力的最基本要求。这里主要介绍一般通用玻璃仪器的规格、用途和使用注意事项,见表2-6。

表 2-6　玻璃仪器主要用途一览表

名称	规格	主要用途	使用注意
 烧杯	以容积表示	反应容器;配制溶液	反应液不超过容量的 2/3;避免直接加热
 锥形瓶	以容积表示,分有塞、无塞、广口、细口等	反应容器;滴定分析	同烧杯;磨口锥形瓶加热时要打开瓶塞
 碘量瓶	以容积表示	碘量法;其他生成挥发性物质的定量分析	同锥形瓶
 烧瓶	以容积表示,分圆底、平底、长颈、短颈、磨口等	反应容器;蒸馏;少量气体发生装置	反应液不超过容量的 2/3;避免直接加热
 量筒、量杯	以容积表示	量取一定体积的液体	不可加热;不可作为反应容器

名称	规格	主要用途	使用注意
容量瓶	以标线以下的容积表示,分无色和棕色	配制准确浓度的溶液	不能加热;瓶塞保持原配;漏液的不能用;不能存放液体
移液管、吸量管	以容积表示,分单标线胖肚形和分刻度直形两种	准确量取一定体积的液体	除标有"吹"字的外,一般不把管尖残留液体吹入接收容器
滴定管	以容积表示,分酸式、碱式、无色、棕色等	滴定分析操作	酸式、碱式不能混用;漏液的不能使用;不能加热
漏斗	以口径表示,分长颈、短颈	长颈用于定量分析的过滤沉淀;短颈用于一般过滤	不可直接加热
布氏漏斗、抽滤瓶	布氏漏斗为瓷质,以口径表示;抽滤瓶以容积表示	配套使用,用于减压过滤	不可直接加热;滤纸应小于漏斗内径
分液漏斗	以容积表示	分离两种互不相溶的液体;萃取、富集	磨口塞保持原配;漏液不能使用;不可加热

续表

名称	规格	主要用途	使用注意
试管、离心管	以容积表示	试管用作少量试剂的反应容器;离心管用于分离少量溶液中沉淀	试管中反应液体不超过容量的1/2,加热时不超过1/3,加热固体时管口向下倾斜;离心管只能水浴加热
比色管	以容积表示	光度分析	不可直接加热;瓶塞保持原配;不可用去污粉刷洗,以免磨损透光面
比色皿	以光程表示,分玻璃、石英材质	光度分析	配套使用,专用盒内保管;不可加热
试剂瓶	以容积表示,分广口、细口、无色、棕色、磨口等	细口瓶用于存放液体试剂;广口瓶存放固体试剂	不能加热;瓶塞不能互换;不能长期存放碱液,存放碱液时应使用橡胶塞
滴瓶	以容积表示,分无色、棕色	装需要滴加的试剂	滴管专用
称量瓶	以直径×高表示,分扁形和高形	扁形用于测定水分或在烘箱中烘干基准物;高形用于称量基准物、样品	磨口塞保持原配;不可盖紧磨口塞烘烤
干燥器	以直径表示,分普通干燥器、真空干燥器、无色、棕色等	保持干燥;灼烧过的物质的干燥;干燥少量样品	底部放变色硅胶或其他干燥剂;盖子磨口处涂抹适量凡士林
坩埚	以容积表示	重量分析	可直接受热,加热后不能骤冷,用坩埚钳取下
表面皿	以直径表示	盖烧杯及漏斗等	不可直接加热
蒸发皿	以直径或容积表示,有瓷质、玻璃质、金属质等	蒸发液体	耐高温,不可骤冷;根据液体性质选择材质
研钵	以直径表示,有瓷质、玻璃质、玛瑙质、金属质等	研磨固体物质	固体物质不超过容量的1/3;按固体性质及硬度选择材质

（二）玻璃仪器的洗涤

玻璃仪器直接接触实验用的各种试剂，洁净与否决定了实验成败。在分析工作中，洗净玻璃仪器不仅是一项必做的准备工作，也是实验结束的收尾工作。

清洗玻璃仪器时应遵循"少量多次"的原则，玻璃仪器洗涤的一般程序是：

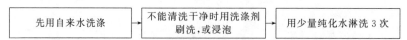

先用自来水洗涤 → 不能清洗干净时用洗涤剂刷洗，或浸泡 → 用少量纯化水淋洗 3 次

根据实验要求、污物的性质和污染程度选择合适的洗涤剂，洗涤剂的适用范围是：

① 肥皂、洗衣粉、去污粉。适用于锥形瓶、烧杯、试剂瓶等。

② 洗液。适用于滴定管、移液管、容量瓶、比色管和比色皿等有特殊要求与特殊形状的仪器，也用于难以用常规洗涤剂洗净的仪器。几种常用的洗液见表2-7。

③ 有机溶剂。可用于油脂性污物较多的仪器。有机溶剂包括氯仿、乙醚、乙醇、丙酮、甲苯、汽油等。

玻璃仪器洗净的标准是：洁净透明，附着均匀水膜，水既不聚成水滴，也不成股流下。不可以用抹布或纸巾擦干，以防再次污染或粘上纸屑纤维。

表 2-7　几种常用的洗液

洗液及其配方	使用方法用途
铬酸洗液(尽量不用) 研细的重铬酸钾 20g 溶于 40mL 水中，慢慢加入 360mL 浓硫酸	用少量洗液润湿或浸泡一夜。用过的洗液须倒回原试剂瓶，重复使用。洗液变为绿色，表示已失效，用废碱液或石灰处理使其转化为低毒的 $Cr(OH)_3$ 沉淀
盐酸洗液 浓盐酸或盐酸(1+1)	洗去碱性物质及大多数无机物残渣
碱性洗液 10%氢氧化钠水溶液	可加热煮沸使用，其去油效果较好。注意，长时间煮沸会腐蚀玻璃
碘-碘化钾溶液 1g 碘和 2g 碘化钾溶于水中，用水稀释至 100mL	洗涤用硝酸银滴定液后留下的黑褐色沾污物
酸性草酸洗液 10g 草酸溶于 100mL 盐酸溶液(1+4)中	洗涤二氧化锰，必要时加热使用，也可用硫酸亚铁、亚硫酸钠等还原剂去除二氧化锰

 拓展阅读

铬酸洗液的再生

Cr^{6+} 有毒且污染环境，不得直接排放。废铬酸洗液用高锰酸钾氧化法使其再生，继续使用。方法是先在 $110\sim130℃$ 下边不断搅拌边加热浓缩废铬酸洗液，蒸发水分后，冷却至室温，边搅拌边缓缓加入高锰酸钾粉末，每 1000mL 洗液中加入 10g 左右，直至溶液呈深褐色或微紫色（注意不要加过量）；然后直接加热至有三氧化铬出现，停止加热；稍冷，通过玻璃砂芯漏斗过滤，除去沉淀，冷却后析出红色三氧化铬沉淀，再加适量硫酸使其溶解即可使用。

（三）玻璃仪器的干燥

一般定量分析中用的烧杯、锥形瓶这类仪器洗净即可使用，但是涉及有机化学实验或有机分析的仪器则需要干燥后使用。玻璃仪器的干燥通常有以下几种方法。

(1) 不加热干燥器皿。将器皿倒置于干燥无尘处或沥水架上自然晾干，或用吹风机将器皿吹干。

（2）**加热干燥器皿。**将器皿放入恒温电烘箱内烘干，105～120℃烘1h左右；有些器皿也可在气流烘干器上烘干；试管可直接在火焰上烤干，烧杯或蒸发皿等还可在石棉网上用温火烤干。

（3）**用有机溶剂辅助干燥。**向器皿内加入少量乙醇或丙酮，再将器皿倾斜转动，使水与溶剂混合，然后倾出溶剂，留在器皿内的溶剂会快速挥发，而使器皿干燥。此法要求通风良好，防止中毒，并避免接触明火。

三、容量仪器的使用及校准

容量仪器可分为量入式（如容量瓶等）和量出式（如移液管、吸量管、滴定管等）。正确使用容量仪器是定量分析实验中最重要的基本操作。

（一）容量仪器的使用方法

1. 容量瓶

容量瓶是一种细长颈、梨形的平底玻璃瓶，配有磨口塞，有棕色和无色两种。瓶颈上刻有环状标线，瓶身上标示有温度和体积，表示在所示温度下瓶内液体到达标线处时，该液体体积即为瓶上所注明的容积。根据容量允差可将容量瓶分为A级和B级（本单元后续所述容量仪器亦然），A级比B级精度高。常用容量瓶的规格如表2-8所示。

容量瓶

表2-8 常用容量瓶的规格　　　　　　　　　　　　　　　单位：mL

标称容量		10	25	50	100	200	250	500	1000	2000
容量允差（±）	A	0.020	0.03	0.05	0.10	0.15	0.15	0.25	0.40	0.60
	B	0.040	0.06	0.10	0.20	0.30	0.30	0.50	0.80	1.20

容量瓶主要用于配制准确浓度的溶液或定量稀释溶液，常与移液管配合使用。

（1）**使用前准备**

① 验漏。检查瓶塞处是否漏水。可在容量瓶内装入半瓶水，盖上瓶塞，将瓶倒转2min，观察是否漏水，可用滤纸检验。若不漏水，将瓶塞旋转180°后，再倒转2min，亦无水漏出即合格。用皮筋或细绳将瓶塞和瓶颈拴在一起。

② 洗涤。若容量瓶无明显污渍，可先用自来水冲洗。如不能冲洗干净，则需用肥皂水或铬酸洗液浸泡，再用自来水、纯化水洗净。

（2）**配制溶液**

这里主要介绍用固体试剂配制水溶液的方法。

① 溶解。将准确称量的固体溶质置于烧杯中，加适量纯化水使其完全溶解。如放热，需冷却至室温。

② 转移。将该溶液用玻璃棒引流转移入容量瓶中，玻璃棒下端靠在瓶颈内壁上，其余部位不能接触容量瓶口，烧杯嘴紧贴玻璃棒，使溶液缓缓流入瓶中，操作方法如图2-6（a）所示。全部转移后，将烧杯直立，同时使杯嘴沿玻璃棒上提1～2cm，再将玻璃棒放回烧杯中，这样可以避免杯嘴与玻璃棒间的一滴溶液流到烧杯外面。用少量纯化水涮洗烧杯内壁和玻璃棒3～4次，每次的涮洗液也用同法转移入容量瓶中，以实现定量转移的目的。

③ 初混。向容量瓶中加纯化水至瓶容积的2/3处，将容量瓶平摇10周以上，不要盖瓶塞，也不要倒转，使溶液大体混匀即可。

④ 定容。加水至标线下约1cm处，等待1～2min，再用细而长的胶头滴管滴加纯化水，使溶液的弯月面最低点与标线正好相切。注意，一旦超过标线，需重新配制。

⑤ 摇匀。定容之后，盖好瓶塞，左手捏住瓶颈，食指压住瓶塞，右手三指托住瓶底，如图 2-6（b）所示，将容量瓶倒转，使瓶内气泡升到容量瓶底部后水平旋摇几周，如图 2-6（c）所示，倒转几次后，将瓶塞提起，使夹在瓶塞边上的溶液也能混匀。这样倒转 15～20 次，即可混匀。100mL 以下的容量瓶，不必托住瓶底，可以单手操作。混匀后静置，然后将溶液装入试剂瓶中，贴好标签，保存。

用液体试剂配制准确浓度的溶液时，需要使用移液管准确量取一定体积的液体试剂至容量瓶中，再加水稀释至标线。

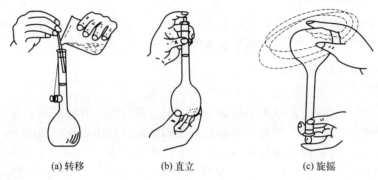

(a) 转移   (b) 直立   (c) 旋摇

图 2-6　容量瓶的使用

2. 移液管和吸量管

（1）移液管

移液管是用于精确量取一定体积液体的量器，又叫腹式吸管或胖肚移液管，如图 2-7（a）所示。贮液泡上标示有温度和体积，管径上端刻有一条环状标线，用来控制所取液体的体积，其容量为标示温度下按规定方式排空后流出液体的体积，如图 2-7（a）所示。常用移液管的规格见表 2-9。

移液管

表 2-9　常用移液管的规格　　　　　　　　　单位：mL

标称容量		1	2	5	10	20	25	50	100
容量允差（±）	A	0.007	0.010	0.015	0.020	0.030	0.030	0.05	0.08
	B	0.015	0.020	0.030	0.040	0.060	0.060	0.10	0.16

移液管的正确使用方法如下。

① 检查。首先应选择适合的移液管，检查移液管尖头和管口是否有破损，标线是否清晰。

② 洗涤。可先用自来水冲洗。如不能冲洗干净，则需用肥皂水或铬酸洗液浸泡，再用自来水、纯化水洗净。

③ 润洗。取一只洁净干燥小烧杯，倒入适量的待吸溶液。用滤纸条将移液管管尖内外残留的水吸干，用右手中指和拇指捏住移液管上端插入待吸溶液中，左手拿洗耳球，排出空气，接在移液管的管口处，当吸入溶液至贮液泡容积的 1/3 左右时，用右手食指按住管口，取出，横持，并转动移液管，使溶液布满全管内壁，当溶液接触到距上口 2～3cm 处时，将管直立，溶液从管尖放出，弃去。如此润洗 3 次，使移液管里的溶液与待吸溶液保持同一浓度状态。

④ 移液。将移液管尖端放入待吸溶液液面下 1～2cm 处，开始吸取溶液。当洗耳球慢慢恢复原状时，借吸力管内液面缓缓上升，移液管应随待吸溶液液面下降而下移，避免产生吸空。当管内液面上升至标线以上时，立即用右手食指按住管口，取出移液管，用滤纸擦去管尖附着的溶液。另取一洁净烧杯，倾斜 30°～45°，将移液管尖端靠在烧杯内壁上，管身保持直立，视线与移液管刻度线在同一水平线上，略放松食指，可微微捻转移液管，使管内溶液慢慢从管尖

流出，直至溶液的弯月面最低点与标线相切，立即用食指压紧管口，使溶液不再流出。

⑤ 放液。换上接收瓶，松开食指，让溶液沿瓶壁慢慢流下，液面降至管尖后再停留约 15s，再移走移液管，如图 2-8 所示。若移液管未标明"吹"字，则残留在管尖的溶液不可吹出；若标有"吹"字，则应该吹出管尖溶液。

实验结束后，用纯化水洗净移液管，放置在移液管架上，自然晾干。

（2）吸量管

吸量管是具有分刻度的玻璃管，如图 2-7（b）所示，使用方法与移液管基本相同。吸量管移取溶液的准确度比移液管稍差，一般只用于量取小体积的溶液，量取超过 1mL 的固定体积溶液时，应尽量使用移液管。

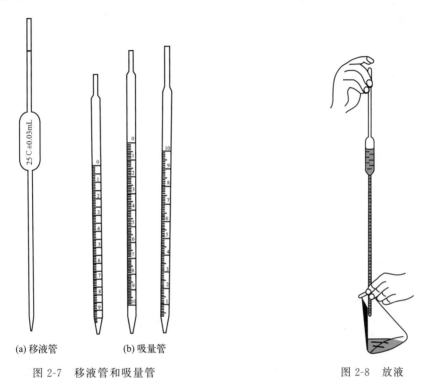

(a) 移液管　　　　(b) 吸量管

图 2-7　移液管和吸量管　　　　　　　　　　图 2-8　放液

3. 滴定管

滴定管

滴定管是带有精密刻度的细长玻璃管，下端连有控制液体流量的开关，主要用于测定滴定液的体积。

（1）滴定管的类型

根据盛装滴定液的不同，分为酸式滴定管和碱式滴定管，如图 2-9 所示。

酸式滴定管：下端有玻璃活塞，可盛放酸性或氧化性溶液，如盐酸、碘、硝酸银滴定液等；不宜盛放碱性溶液，因碱性溶液常使酸管的玻璃塞和玻璃孔黏合，难以转动。

碱式滴定管：下端由乳胶管连接管尖，乳胶管内有一个玻璃珠，挤压玻璃珠可以控制滴定液流速。因为酸性和氧化性溶液会腐蚀碱管下端的乳胶管，所以碱管用于盛放碱性或无氧化性溶液，如氢氧化钠滴定液。

还有一种聚四氟乙烯滴定管，构造与酸式滴定管大致相同，但活塞采用的是聚四氟乙烯材质。这种滴定管既耐酸，又耐碱，还抗氧化腐蚀，是通用型滴定管。

滴定管的颜色有无色、棕色两种。棕色滴定管用于盛放需避光的滴定液，如硝酸银、高锰酸钾、硫代硫酸钠、碘、亚硝酸钠滴定液等。

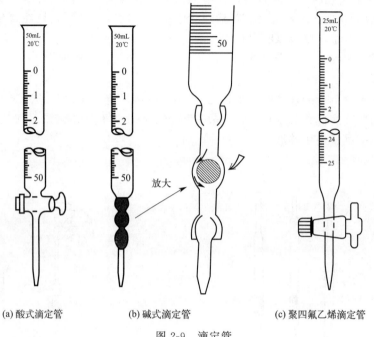

(a) 酸式滴定管　　　　　(b) 碱式滴定管　　　　　(c) 聚四氟乙烯滴定管

图 2-9　滴定管

（2）滴定管的规格

普通滴定管的规格如表 2-10 所示。常量分析的滴定管常用规格有 25mL 和 50mL，最小刻度值为 0.1mL，可估读到 0.01mL。此外，还有容积为 1mL、2mL、5mL、10mL 的微量和半微量滴定管，其最小刻度为 0.01mL。

表 2-10　普通滴定管的规格　　　　　单位：mL

标称容量		5	10	25	50	100
分度值		0.02	0.05	0.1	0.1	0.2
容量允差(±)	A	0.010	0.025	0.04	0.05	0.10
	B	0.020	0.050	0.08	0.10	0.20

（3）滴定管的使用方法

滴定前，应先检查滴定管是否完好无损，酸式滴定管旋塞是否匹配，碱式滴定管的乳胶管是否老化，玻璃珠大小是否合适。合格后按下列步骤操作。

① 验漏。关闭旋塞，将适量水装入滴定管中，直立 2min，用滤纸条在旋塞周围和管尖处检查是否有水渗出。然后将旋塞旋转 180°，用同样的方法检查。如皆不漏水，方可使用。

酸式滴定管的旋塞如转动不灵活，或者漏液，应涂抹凡士林。方法是：取下旋塞，用滤纸条将旋塞和旋塞套擦拭干净；然后在旋塞套细端和旋塞粗端，涂抹少许凡士林；将旋塞放入旋塞套内，沿同一方向转动，直到接触部位呈透明没有纹路为止；最后将旋塞用橡皮圈固定在滴定管上。

碱式滴定管不可涂抹凡士林，如漏水，应更换乳胶管。

② 洗涤。滴定管可先用自来水冲洗，或用细长软毛刷刷洗。若洗不干净，需用铬酸洗液荡洗或浸泡一段时间，再用自来水、纯化水冲洗干净。酸式滴定管可直接装入适量洗液，碱式滴定管需先拔下乳胶管，在管下端套上塞有一段短玻璃棒的橡胶管堵住下口，然后装入

洗液。应根据脏污的性质选择合适的洗液，可参考表 2-7。

③ 润洗。润洗的目的是避免滴定液被管内壁的水稀释。方法是加入待装液，至滴定管量程的 1/5 左右，双手横持滴定管，使溶液接触全管，然后分别从管尖和管口放出溶液。如此润洗 3 次。

④ 装液。需将滴定液直接由试剂瓶装入滴定管至"0"刻线以上，而不能使用烧杯或漏斗辅助装入，以免污染滴定液。

⑤ 排气泡。装入溶液后，应检查滴定管下端是否有气泡。对于酸管，可将滴定管倾斜 30°左右，迅速打开旋塞，使气泡随溶液流出。对于碱管，如管尖或乳胶管内有气泡，可将乳胶管向上弯曲，用两指挤压乳胶管内玻璃珠，形成缝隙，让气泡随溶液从管尖喷出，如图 2-10 所示。

图 2-10　碱式滴定管排气泡

⑥ 调液面。每次滴定，从"0"刻线开始，并将管尖悬挂的液滴用滤纸条沾去。

⑦ 滴定。滴定可在锥形瓶、碘量瓶或烧杯中进行。以锥形瓶滴定为例，将滴定管固定在蝴蝶夹上，管尖端伸入到锥形瓶口 1cm 左右，瓶底距滴定台 2～3cm，手法是"左滴右摇，眼睛看瓶"。

酸式滴定管操作方法（图 2-11）：左手无名指和小指弯向手心，其余三指控制旋塞，手心不要顶旋塞，以免推出旋塞造成漏液；右手前三指拿住锥形瓶，转动腕关节，同向旋转锥形瓶，边摇动瓶体边放出滴定液，双手协调进行滴定操作。

碱式滴定管操作方法（图 2-12）：右手同上，左手的拇指和食指捏住玻璃珠所在部位，向右侧挤压乳胶管，使溶液从玻璃珠左侧的空隙流出，其他三指辅助夹住流液管。滴定时，避免来回移动玻璃珠，使空气进入，形成气泡，造成体积误差。

图 2-11　酸式滴定管的操作

图 2-12　碱式滴定管的操作

眼睛应密切关注锥形瓶内溶液颜色变化，而不要注视滴定管液面。摇瓶时，瓶口不要接触滴定管管尖，也勿使溶液溅出。

滴速控制在 2～3 滴/s。初始滴定时，速度可稍快，但不可让滴定液成股流下。接近终点时，应逐滴滴加。每加 1 滴立即摇匀，眼睛注视溶液颜色的变化。为防止滴过量，最后改为半滴加入。方法是使滴定液悬于管尖，用锥形瓶内壁靠下，然后用洗瓶中少量纯化水冲下，摇匀。如此重复操作，直到终点出现。对于平行测定的几份溶液，速度要控制为基本一致。一般的规律是：滴定速度过快，消耗的滴定液略多，滴定的精密度就差。所以滴定速度练习是十分重要的。

⑧ 读数。滴定结束，需等 1min 再读数。读数时，应取下滴定管，手持滴定管上部，视线与液面应在同一水平线上，自上而下读数。对于无色或浅色溶液，应读取溶液弯月面最低处的刻度（图 2-13）；对于深色溶液，由于弯月面不明显，可读取两侧最高点的刻度（图 2-14）；对于乳白板蓝线衬背的滴定管，应当读取蓝线最尖端部分的刻度（图 2-15）。

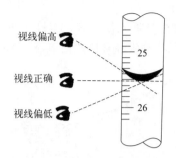

图 2-13　无色或浅色溶液读数

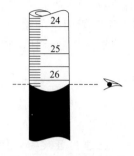

图 2-14　深色溶液读数

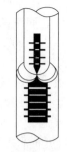

图 2-15　蓝线滴定管读数

想一想

视线偏高或偏低对读数结果有什么影响？

实验完毕，将管内剩余的溶液倒入废液缸，随即洗净滴定管后倒置夹在蝴蝶夹上，以备下次使用。如长时间不用，酸管旋塞部位应该垫上纸条，碱管的乳胶管应拔下保存。

（二）容量仪器的校准

一般情况下，合格的容量仪器清洗干净，检查无破损、不漏液就可以直接使用。但是对于要求特别高的滴定实验，滴定时实验条件和环境都会影响测定结果，因此要对仪器进行校准。2019 年全国职业院校技能大赛工业分析检验赛项（高职组）及 2020 年、2021 年全国职业院校技能大赛化学实验技术赛项（高职组）中，均要求选手携带校准后的容量仪器，移液管和容量瓶要求附校正值，滴定管要求附校正曲线。经过校准，分析结果的准确度会更高，但精密度没有变化。

该项工作由各地计量检定部门依据国家计量检定规程进行，检测条件和环境要求都极为严格。这里主要介绍校准方法。

校准方法：称量容器中容纳或放出的纯水质量，由公式 $V_{20} = m_t / \rho_t$ 直接计算出它的容积（V_{20}），校准后的体积是指该容器在 20℃ 时的容积。式中，V_{20} 为容器在 20℃ 时的容积；m_t 为容器中容纳或放出的纯水在大气中、温度为 t 时，以黄铜砝码称量所得的质量；ρ_t 为考虑了校准时的温度、空气浮力影响后，水在不同温度 t 时的密度，见表 2-11。也可用一已经校准过的容器间接地校准另一容器。

表 2-11　玻璃容器中 1mL 纯水在空气中用黄铜砝码称得的质量

t/℃	m/g	t/℃	m/g
11	0.99832	21	0.997
12	0.99823	22	0.9968
13	0.99814	23	0.9966
14	0.99804	24	0.99638
15	0.99793	25	0.99617
16	0.99780	26	0.99593
17	0.99765	27	0.99569
18	0.99751	28	0.99544
19	0.99734	29	0.99518
20	0.99718	30	0.99491

校准时室温应为（20±0.5）℃，且室温变化不得大于 1℃/h。水温与室温之差不得大于 2℃。玻璃量器的检定周期为 3 年，无塞滴定管为 1 年。

1. 滴定管的校准

（1）滴定管的体积校准

① 将欲校准的洁净滴定管，加入与室温达平衡的纯化水至"0"刻线，记录水温（℃）。纯化水可预先用烧杯盛装，放在天平室内，杯中插有温度计，用以测定水温。

② 称量 50mL 磨口锥形瓶的质量，由滴定管放出 15.00mL 水于上述锥形瓶中（勿将水滴在瓶口上），迅速盖紧瓶塞，称量。两次称量值之差，即为滴定管中放出水的质量。

用同样方法分别测取自滴定管"0"刻线依次放出 20.00mL、25.00mL、30.00mL、35.00mL、40.00mL 五个刻度间水的质量。由表 2-11 查得校准实验温度下水的密度，计算所测滴定管各段的真正容积。校准值 $\Delta V_{校准}=V_{实际}-V_{读数}$。

③ 每段重复测定一次，且两次校准值之差不得超过 0.02mL，取其平均值作为校准结果。

④ 列出滴定管不同刻度区间的校准数据。

⑤ 将所得结果绘制成以滴定管读数为横坐标，以校准值为纵坐标的校准曲线。

【例 2-1】 对编号为 001 的 50mL 滴定管进行校准，测定温度为 26℃，并绘制校准曲线。

解： 按规定操作步骤检定，该滴定管体积校准表见表 2-12，校准曲线见图 2-16。

表 2-12　滴定管校准表

滴定管编号：＿001＿　　测定温度：＿26℃＿　　水的密度：＿0.99593g/mL＿

标示体积/mL	15	20	25	30	35	40
水的质量/g	14.9717	19.9812	24.9713	29.9610	34.9670	39.9195
	14.9737	19.9917	24.9782	29.9663	34.9498	39.9561
实际体积/mL	15.0329	20.0629	25.0733	30.0834	35.1099	40.0826
	15.0349	20.0734	25.0803	30.0888	35.0926	40.1194
读数/mL	15.00	20.00	25.00	30.00	35.03	40.00
	14.99	20.01	25.01	30.00	35.00	40.03
体积校准值/mL	0.033	0.063	0.073	0.080	0.080	0.083
	0.045	0.063	0.070	0.089	0.093	0.089
平均校准值/mL	0.039	0.063	0.072	0.086	0.086	0.086

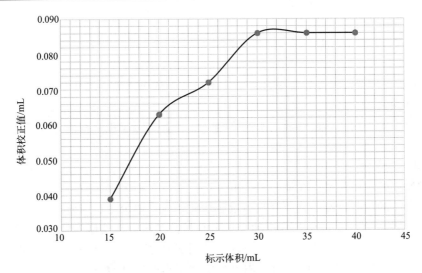

图 2-16　滴定管体积校准曲线

【例 2-2】 用 001 号滴定管，量取 25.00mL 0.1mol/L EDTA 滴定液，实际体积是多少？

解： 从图 2-16 上查得 $\Delta V_{校准}=0.072\text{mL}$，则 $V_{实际}=V_{读数}+\Delta V_{校准}=25.00+0.072=$

25.072（mL）

（2）滴定液的温度补正

溶液的密度与温度相关。因此对于要求较高的滴定分析，须对滴定液的体积进行不同温度下的补正。表 2-13 列出了 15～30℃部分滴定液的体积补正值。

表 2-13　不同温度下标准滴定溶液的体积补正值［溶液由 t℃换算为 20℃时的补正值（mL/L）］

温度/℃	水和 0.05mol/L 以下的各种水溶液	0.1mol/L 和 0.2mol/L 各种水溶液	$c_{HCl}=0.5mol/L$	$c_{1/2H_2SO_4}=0.5mol/L$, $c_{NaOH}=0.5mo/L$
15	+0.77	+0.9	+0.9	+1.1
16	+0.64	+0.7	+0.8	+0.9
17	+0.50	+0.6	+0.6	+0.7
18	+0.34	+0.4	+0.4	+0.5
19	+0.18	+0.2	+0.2	+0.2
20	0.00	0.00	0.00	0.00
21	−0.18	−0.2	−0.2	−0.2
22	−0.38	−0.4	−0.4	−0.5
23	−0.58	−0.6	−0.7	−0.8
24	−0.80	−0.9	−0.9	−1.0
25	−1.03	−1.1	−1.1	−1.3
26	−1.26	−1.4	−1.4	−1.5
27	−1.51	−1.7	−1.7	−1.8
28	−1.76	−2.0	−2.0	−2.1
29	−2.01	−2.3	−2.3	−2.4
30	−2.30	−2.5	−2.5	−2.8

注：本表数值是在 20℃标准温度下以实测法测出的。室温低于 20℃的补正值为"＋"，高于 20℃的补正值为"−"。

本表的用法是：如 $c_{HCl}=0.5mol/L$ 盐酸溶液由 25℃换算为 20℃时，其体积补正值为 −1.1mL/L，而消耗 40.00mL 滴定液，换算为 20℃时的体积是：

$$40.00-\frac{1.1}{1000}\times40.00=39.96（mL）$$

举一反三

在【例 2-2】中，如测定温度为 23℃，进行温度校正，实际消耗滴定液的体积是多少？（实际消耗滴定液体积＝滴定管读数＋滴定管体积校正值＋滴定液温度校正值）

2. 移液管的校准

在检定温度下，用由移液管放出水的质量，计算其实际容积。校准方法及误差要求与滴定管的校准相同。

3. 容量瓶的校准

（1）容量瓶的绝对校准。在检定温度下，用往容量瓶加入水的质量，计算其实际容积。

（2）容量瓶的相对校准。移液管和容量瓶常常是配合使用的，因此二者的容积是否配合十分重要，如 250mL 容量瓶的容积是否是 25mL 移液管所放出液体体积的 10 倍。所以，有时需要做移液管和容量瓶的相对校准。校准方法是：由移液管量取 25.00mL 水注入至洗净且干燥的 250mL 容量瓶中，注入 10 次后，仔细观察水的弯月面最低处是否与标线相切，否则另作一新的标线。一般应将容量瓶空干后再重复校准一次。经相对校准后的移液管和容量瓶应配套使用。

单元四 认识滴定分析法

一、滴定分析法介绍

滴定分析法又称容量分析法，是定量化学分析中最常用的分析方法。它是将一种已知准确浓度的试剂溶液，通过滴定管滴加到被测物质的溶液中（或将被测物质的溶液滴加到已知准确浓度的溶液中），直到所加的试剂溶液与被测物质按化学反应式所示的计量关系定量完全反应为止，然后根据所加的试剂溶液的浓度和体积，计算出被测物质含量的方法。

滴定分析法主要用于常量分析，一般情况下，相对误差为 $0.1\% \sim 0.2\%$，准确度高，所用仪器简单、价格便宜、操作方便、测定快速，在药物分析中主要用于原料药的含量测定。

（一）滴定分析法的基本术语

在滴定分析法中，已知准确浓度的试剂溶液称为滴定液，又称标准溶液。滴定是指将标准溶液从滴定管逐滴加到被测物质溶液中的过程。当加入的标准溶液与被测物质按化学反应计量关系定量完全反应时，称反应到达化学计量点。在滴定分析中，到达化学计量点时，溶液的外观变化往往无法察觉，通常需在被测溶液中加入一种辅助试剂，借助它的颜色变化判断化学计量点的到达，这种辅助试剂称为指示剂。在滴定过程中，指示剂颜色发生改变的那一点，称为滴定终点。

滴定终点是实验测量值，化学计量点是理论值，二者往往不完全一致，由此不一致所产生的误差称为终点误差。在滴定分析中，应选择合适的指示剂，使滴定终点尽量接近化学计量点，以减小终点误差。

（二）滴定分析法对滴定反应的基本要求

滴定分析是以化学反应为基础的分析方法，化学反应有很多，但并非所有化学反应都适用于滴定分析。适用于滴定分析的化学反应必须具备以下四个条件。

① 反应要完全，标准溶液与被测物质之间的反应要按一定的化学反应方程式进行，反应定量完成的程度要达到 99.9% 以上，无副反应发生，这是定量计算的基础。

② 反应速率要快，滴定反应要求瞬间完成，对于速率较慢的反应，需通过加热或加入催化剂等方法提高反应速率。

③ 反应选择性要高，标准溶液只能与被测物质反应，被测物质溶液中的杂质不得干扰主要反应，否则必须用适当的方法分离或掩蔽来去除杂质的干扰。

④ 必须有适宜的指示剂或简便可靠的方法来指示滴定终点。

（三）滴定分析法的分类

根据滴定液与被测物质之间所发生化学反应的类型不同，可将滴定分析法分为以酸碱中和反应为基础的酸碱滴定法、以氧化还原反应为基础的氧化还原滴定法、以沉淀反应为基础的沉淀滴定法和以配位反应为基础的配位滴定法。具体的测定原理、条件及应用，将在后续学习模块中展开讨论。

（四）滴定方式

在滴定分析中，滴定方式可分为以下四种。

(1) 直接滴定法。 当滴定反应完全符合滴定分析法的基本要求时，可以将标准溶液直接滴加到被测物质的溶液中，这种滴定方式称为直接滴定法。在滴定分析中，它是最常用最基本的滴定方式。

（2）**间接滴定法。**当被测物质与标准溶液不能直接反应时，可先将被测物质与某种试剂反应转化成适当的产物，再用适当的标准溶液滴定该产物，进而间接求得被测物质的含量。这种滴定方式称为间接滴定法。

（3）**返滴定法。**当反应物是固体或滴定反应速率慢，加入标准溶液后反应不能立即定量完成时，可在被测物质中，先加入定量且过量的滴定液，待反应完全后，用另一种标准溶液滴定剩余的滴定液。这种滴定方式称为返滴定法，又称剩余滴定法。

（4）**置换滴定法。**当标准溶液与被测物质之间的化学反应无确定的计量关系，或伴有副反应发生时，可在被测物质中，加入某种试剂与被测物质发生反应，置换出另一种物质，再用标准溶液滴定置换出的物质。这种滴定方式称为置换滴定法。

符合滴定分析法基本要求的化学反应非常有限，故返滴定法、置换滴定法、间接滴定法等方式的应用扩大了滴定分析法的应用范围。

基准物质与标准溶液

二、基准物质和标准溶液

（一）基准物质

基准物质是一种组成与化学式高度一致的、高纯度的且化学性质稳定的物质，可用于直接配制标准溶液或标定标准溶液。基准物质应符合下列要求：

① 物质组成与化学式完全相符。若含结晶水，结晶水数目也应与化学式相符合，如草酸 $H_2C_2O_4 \cdot 2H_2O$、硼砂 $Na_2B_4O_7 \cdot 10H_2O$。

② 物质纯度高，主要成分含量在 99.9% 以上。

③ 物质性质稳定，不被空气中的氧气氧化，不吸收空气中的二氧化碳和水，不易风化和潮解，烘干时不分解。

④ 参加反应时，按反应式定量地进行，不发生副反应。

⑤ 最好有较大的摩尔质量，以减少称量误差。

常用基准物质的干燥条件和应用

凡是满足这些要求的物质，就可以作为基准物质使用。常用的基准物质有无水碳酸钠、硼砂、邻苯二甲酸氢钾、草酸和纯金属锌、铜等。

（二）标准溶液

滴定分析离不开标准溶液，标准溶液是已知准确浓度的试剂溶液，又称滴定液。它的浓度一般用物质的量浓度和滴定度表示。

1. 标准溶液浓度的表示方法

（1）**物质的量浓度。**是指单位体积溶液中含溶质 B 的物质的量，以符号 c_B 或 $c(B)$ 表示。

$$c_B = \frac{n_B}{V} \tag{2-1}$$

式中，c_B 为物质 B 的物质的量浓度，mol/L；n_B 为物质 B 的物质的量，mol；V 为溶液的体积，L。

计算物质 B 的物质的量浓度，首先要知道物质 B 的物质的量，计算公式为

$$n_B = \frac{m_B}{M_B} \tag{2-2}$$

式中，n_B 为物质 B 的物质的量，mol；m_B 为物质 B 的质量，g；M_B 为物质 B 的摩尔质量，g/mol。

由式（2-1）和式（2-2）可推导出

$$c_B = \frac{m_B}{M_B V} \tag{2-3}$$

【例 2-3】 准确称取重铬酸钾 1.471g，溶解后定量转移至 250mL 容量瓶中。此重铬酸钾溶液的浓度是多少？

解：已知 $m_{重铬酸钾}=1.471g$ $M_{重铬酸钾}=294.2g/mol$ $V_{重铬酸钾}=250mL=0.250L$

根据公式 $c_B=\dfrac{m_B}{M_B V}$ 可得

$$c_{重铬酸钾}=\frac{m_{重铬酸钾}}{M_{重铬酸钾} V}=\frac{1.471}{294.2\times0.250}=0.02000(mol/L)$$

答：重铬酸钾溶液的物质的量浓度为 0.02000mol/L。

(2) 滴定度。在常规分析中，为了使计算简便快速，也常用滴定度表示滴定液的浓度。滴定度指每毫升滴定液相当于被测物质的质量，用 $T_{A/B}$ 表示。

$$T_{A/B}=\frac{m_B}{V_A} \tag{2-4}$$

式中，$T_{A/B}$ 为滴定度，g/mL；m_B 为被测物质 B 的质量，g；V_A 为滴定液的体积，L。

例如，$T_{KMnO_4/Fe^{2+}}=0.005800g/mL$，表示：用 $KMnO_4$ 滴定液滴定 Fe^{2+} 试样时，每 1mL $KMnO_4$ 滴定液可与 0.005800g Fe^{2+} 完全反应。若已知滴定度的数值和滴定消耗滴定液的体积，则可计算出被测物质的质量。

【例 2-4】 用 HCl 滴定液滴定 NaOH 试样，$T_{HCl/NaOH}=0.004000g/mL$，到达滴定终点时消耗该 HCl 滴定液 15.00mL，求试样中 NaOH 的质量。

解：已知 $T_{HCl/NaOH}=0.004000g/mL$，$V_{HCl}=15.00mL$

根据公式 $T_{A/B}=\dfrac{m_B}{V_A}$ 可得

$$m_{NaOH}=T_{HCl/NaOH}\times V_{HCl}=0.004000\times15.00=0.06000(g)$$

答：试样中氢氧化钠的质量为 0.06000g。

但是，《中华人民共和国药典》（简称《中国药典》）中给出的滴定度都是按滴定液的规定浓度计算的，在实际工作中，所配制滴定液的浓度不可能恰好与规定浓度一致。此时，需引入校正因子。校正因子常用"F"表示，是滴定液的实际配制浓度与规定浓度的比值。那么，实际的滴定度就等于规定滴定度乘以浓度校正因子。

$$F=\frac{c_{实际}}{c_{规定}}$$

$$T_{实际}=T_{规定} F$$

2. 标准溶液的配制方法

标准溶液的配制方法分为直接法和间接法两种。

(1) 直接配制法。是指精密称取一定量的基准物质，用适当的溶剂溶解后，定量地转移到容量瓶中，稀释至刻线，根据称取的基准物质的质量和溶液的体积，可算出标准溶液的准确浓度。只有基准物质可采用此法配制。

(2) 间接配制法。很多物质不符合基准物质的条件，不能用直接配制法配制其标准溶液。需要先配制接近于所需浓度的溶液，再用基准物质或另一种标准溶液来测定该溶液的准确浓度，这个操作过程称为标定。标定，就是用滴定分析的方法来测定。间接配制法又称标定法。如氢氧化钠容易吸收空气中的水和二氧化碳，盐酸易挥发，高锰酸钾、硫代硫酸钠等均不易提纯，且见光易分解，诸如此类，均需用间接法配制。

① 基准物质标定法。多次称量法：精密称取若干份基准物质，用适量溶剂分别溶解于

不同锥形瓶中，然后用待标定的滴定液滴定至终点，根据基准物质的质量和所消耗的滴定液的体积可计算出滴定液的准确浓度。

移液管法：精密称取 1 份基准物质，用适量溶剂溶解于烧杯中，定量转移至容量瓶中，稀释至刻度，摇匀备用。然后用移液管量取一定量于锥形瓶中，用待标定的滴定液滴定，平行测定若干次，即可算出滴定液的准确浓度。当每次滴定所需基准物质的称取量小于 0.1g 时，可采取移液管法。

② 比较标定法。准确量取一定体积的已知准确浓度的标准溶液，用待标定的滴定液进行滴定，或准确量取一定体积的待标定滴定液，用已知准确浓度的标准溶液进行滴定。然后根据标准溶液的浓度和所消耗的两种溶液的体积，可算出待标定滴定液的浓度。这种用已知准确浓度的标准溶液来测定待标定滴定液准确浓度的操作过程称为比较标定法。此法操作简便，但不及基准物质标定法准确。

需要注意的是，标定一般要求应平行 3～4 次，相对平均偏差不大于 0.2%；配制和标定溶液时用的滴定管、容量瓶、移液管，必要时需进行校准；标定好的标准溶液应及时粘贴标签，写明名称、浓度和配制日期，妥善保存。

☆ 重点回顾

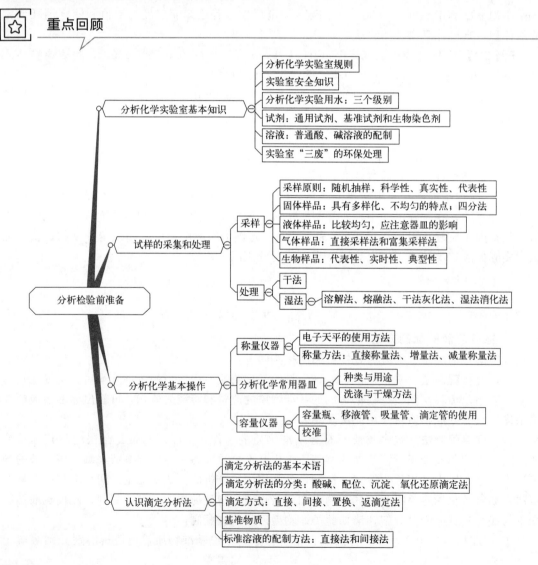

？ 目标检测

一、单项选择题

1. 皮肤不小心粘上氢氧化钠时，应立即用大量水冲洗，再用（　　　）处理。

A. 盐酸溶液　　　　B. 磷酸溶液　　　　C. 醋酸溶液　　　　D. 硫酸溶液

2. 下列做法中符合实验室安全守则规定的是（　　　）。

A. 使用烧杯代替餐具　　　　　　　　B. 把氯化钠试剂作为调味品

C. 在通风橱内配制盐酸溶液　　　　　D. 取用浓硫酸时没有戴防护手套

3. 从大批物料中采样时，所采试样应具有高度的（　　　）。

A. 代表性　　　　B. 一致性　　　　C. 稳定性　　　　D. 特殊性

4. 测定固体碳酸钙的含量时，先加入定量且过量的 HCl 标准溶液，待反应完全后，再用 NaOH 标准溶液滴定剩余的 HCl，这种滴定方式为（　　　）。

A. 直接滴定法　　　B. 剩余滴定法　　　C. 置换滴定法　　　D. 间接滴定法

5. 将 10.6854g Na_2CO_3 基准物质，配制成 500mL 标准溶液，准确浓度为（　　　）。

A. 0.2016mol/L　　B. 0.20mol/L　　　C. 0.1008mol/L　　D. 0.2mol/L

6. 减量称量法适合于称取（　　　）。

A. 易挥发的物质　　　　　　　　　　B. 剧毒的物质

C. 不易吸湿的样品　　　　　　　　　D. 易吸湿、易氧化、易与空气中 CO_2 反应的物质

7. 下列做法中不符合实验室废弃物处理规定的是（　　　）。

A. 有回收价值的废渣回收利用　　　　B. 铬酸洗液失效变绿后直接排放

C. 将废酸集中回收，用来处理废碱　　D. 甲醇、乙醇废液可以用大量水稀释后排放

8. 下列需要用待装溶液润洗的玻璃器皿是（　　　）。

A. 量筒　　　　B. 烧杯　　　　C. 锥形瓶　　　　D. 滴定管

9. 滴定终点是指（　　　）。

A. 指示剂发生颜色变化的转变点

B. 反应达到质量相等的那一点

C. 滴定液与被测物质按化学计量关系定量反应完的那一点

D. 停止滴定的那一点

10. 用直接法配制滴定液时，用于定容的容器是（　　　）。

A. 滴定管　　　　B. 量筒　　　　C. 烧杯　　　　D. 容量瓶

二、多项选择题

1. 分解试样的方法有（　　　）。

A. 溶解法　　　B. 熔融法　　　C. 干法灰化法　　　D. 湿法消化法　　　E. 微波消解法

2. 不可直接加热，需要用操作溶液润洗的仪器是（　　　）。

A. 锥形瓶　　　B. 滴定管　　　C. 容量瓶　　　D. 移液管和吸量管　　E. 量筒

3. 下列物质中是基准物质的有（　　　）。

A. 硼砂　　　B. 无水碳酸钠　　　C. 盐酸　　　D. 纯金属锌　　　E. 氢氧化钠

4. 在定量分析中，下列说法中错误的是（　　　）。

A. 用 100mL 量杯，可以准确量取 15.00mL 溶液

B. 从 50mL 滴定管中，可以准确放出 15.00mL 滴定液

C. 配制滴定液必须使用基准物质

D. 用 25mL 胖肚移液管移取 10mL 溶液

E. 容量瓶可以长期存储溶液

5. 根据滴定液与被测物质之间所发生化学反应的类型不同，可将滴定分析法分为（　　　）。

A. 酸碱滴定法　　B. 氧化还原滴定法　C. 沉淀滴定法　　D. 配位滴定法　　E. 重量分析法

三、填空题

1. 通用试剂的纯度分为三个等级，分别是_____、_____、_____。

2. 凡取出的试剂_____再倒回原试剂瓶中。

3. 固体试样的缩分常用的方法是_____。

4. 随机抽样必须满足采样具有_____、_____、_____。

5. 使用天平要注意不能随意移动天平，每次称量之前均要检查天平是否_____。

6. 滴定度指每毫升滴定液相当于_____的质量，用 $T_{A/B}$ 表示。

四、简答题

1. 进入实验室，要求仪容整洁，仪容不整对工作有什么影响？

2. 如何校准容量瓶？

3. 化学计量点和滴定终点有何不同？

4. 滴定分析法常用的滴定方式有几种？其各自适用范围是什么？

5. 标准溶液的配制有几种方法？不同配制方法的适用范围是什么？

模块三

定量分析中的误差及数据处理

学前导语

2020 年 11 月 24 日，搭载嫦娥五号探测器的长征五号运载火箭发射成功，顺利将探测器送入预定轨道。嫦娥五号经历地月转移、近月制动、在轨分离、平稳落月、钻表取样、月面起飞、交会对接及样品转移、环月等待、月地转移、再入回收等阶段，在轨工作 23 天， 12 月 17 日在内蒙古四子王旗预定区域着陆，完成"绕、落、回"的战略目标，成功携带月球 2 千克"土特产"回家，这背后离不开我国自主研制的科技神器的保障支撑。中国科学院上海技术物理研究所研制的嫦娥五号月球矿物光谱分析仪、激光测距测速敏感器和激光三维成像敏感器，让嫦娥五号落月更稳、"测土"更准；在嫦娥五号返回器返回过程中，中国航天科工集团二院 23 所研制的两部测量雷达承担了高精度测量任务，并为指控中心提供实时测量数据，为前方搜救提供有效的目标落点数据，让"嫦娥"挖得到"土"，回得了家。可以看出，高精密度、高准确度的数据分析具有极其重要的意义。

学习目标

【知识目标】

1. 掌握准确度与精密度的表示方法；准确度与精密度的关系；有效数字位数的确定方法；有效数字的修约与运算规则；分析结果的计算方法。

2. 熟悉误差的种类及来源；提高分析结果准确度的方法。

3. 了解有效数字的运算在定量分析中的应用；分析数据的评价，异常值的取舍。

【能力目标】

能正确计算分析结果及误差和偏差；能分析误差产生的原因并提出解决方案。

【思政与职业素养目标】

通过实验数据的处理培养实事求是的科学精神和严谨细致的工作态度。

【证书考点】

药物检验员（四级）	能对检验或测试项目的数据或结果进行观察计算
1＋X 食品检验管理职业技能等级证书（中级）	了解检测过程中的误差来源，能对检测结果进行误差计算，能采取相应措施消除或减少误差

单元一　定量分析中的误差

一、误差的种类及来源

在定量分析过程中，我们发现这样一个问题，即使由技术熟练的分析人员采用成熟可靠的分析方法、使用精密的仪器，在相同条件下对同一份试样进行多次测定，所得结果也不会完全相同。这就表明，在分析过程中，误差总是不可避免的。很显然误差越小，测定结果就越准确，如果我们知道了误差产生的原因，就可以减小误差，提高分析结果的准确度。在分析工作中，很多因素都可以产生误差，根据误差的性质和产生的原因，可以把误差分为系统误差和偶然误差两大类。

（一）系统误差

系统误差又称为可测误差或可定误差，是定量分析误差的主要来源。根据系统误差产生的原因，可将其分为以下几类。

（1）方法误差。 由分析方法本身的缺陷所造成的误差，通常对分析结果影响较大。例如，在滴定分析中，由于指示剂选用不当或反应不完全等原因滴定终点与化学计量点不相符，所产生的误差叫终点误差，它就属于方法误差。

（2）仪器误差。 由仪器本身不精准、未经校准造成的误差。例如天平砝码质量不准、量器刻度不准、移液管和容量瓶不配套等。

（3）试剂误差。 由试剂纯度不够或纯化水中有微量杂质而引起的误差。例如，测定钙片中钙离子含量时，如纯化水中含有钙离子，所产生的误差就是试剂误差。

（4）操作误差。 在保证正规操作的前提下，由于操作者个人主观因素所引起的误差。例如，滴定终点的判断，每个人对颜色的判断会习惯性偏深或偏浅；滴定管的读数要求读到小数点后两位，最后一位是估计的，估计就会带来误差。

系统误差的特点是由某些确定因素造成误差，在同一条件下，重复测定时误差会重复出现，其大小和方向保持不变，对测定结果的影响比较恒定，从理论上来说可以减小或消除。

（二）偶然误差

偶然误差又称为随机误差，是由分析过程中某些偶然因素造成的，例如，分析过程中的环境条件（温度、湿度、气压等）、测量仪器性能的微小波动以及分析人员对试样处理的微小差异等。偶然误差产生的原因、大小、方向均不确定，在分析操作中难以避免，似乎没有规律性。但如果消除系统误差后，对同一试样在相同条件下进行多次平行测定，便会发现其结果符合正态分布的规律，又称高斯分布，如图 3-1 所示。

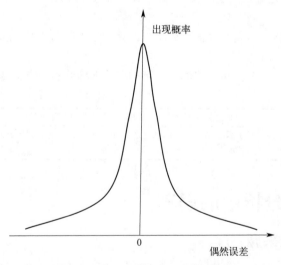

图 3-1　偶然误差的正态分布规律

偶然误差的特点是大的偶然误差出现的概率小，小的偶然误差出现的概率大；正负误差出现的概率是相等的，它们之间能完全或部分互相抵消。在消除系统误差的前提下，平行测定的次数越多，则测得结果的算术平均值越接近于真实值。因此，常借助于增加平行测定次数的方法来减少偶然误差以提高分析结果的准确度。一般情况下，平行测定3～5次即可。

在分析过程中，除了上述两类误差外，往往还可能发生由于工作上的粗枝大叶、不遵守操作规程等而造成的过失，例如读错刻度、加错试剂、溶液溅失、记录或计算错误等。这不是误差，是责任事故，实验工作中应提高责任心，杜绝此类事故的发生。

二、准确度与精密度

（一）准确度与误差

准确度是指测量值与真实值之间接近的程度。就误差分析而言，准确度是测量结果中系统误差和随机误差的综合体现，误差越大，则分析结果的准确度越低，反之，误差越小，准确度越高。误差的表示方法有绝对误差和相对误差两种。

(1) 绝对误差（E）。是测量值（x）与真实值（x_T）之差。

$$E = x - x_T \tag{3-1}$$

(2) 相对误差（RE）。是绝对误差（E）占真实值（x_T）的百分比。

$$RE = \frac{E}{x_T} \times 100\% \tag{3-2}$$

无论是绝对误差还是相对误差，都有正负之分，当测量值大于真实值时，误差为正值，表示测定结果偏高；反之误差为负值，表示测定结果偏低。

想一想

1. 误差的正和负是否表示测定结果的好和坏？

2. 在实际工作中，能否准确知道真实值？

【例3-1】 甲乙两人分别用万分之一电子天平称量样品1和样品2，甲称得样品1的质量为0.2002g，乙称得样品2的质量为0.0202g。样品1的实际质量为0.2000g，样品2的实际质量为0.0200g。两人称量的结果谁更准确一些？

解： 已知 $x_1 = 0.2002g$，$x_{T1} = 0.2000g$，$x_2 = 0.0202g$，$x_{T2} = 0.0200g$

二者称量的绝对误差为

$$E_1 = x_1 - x_{T1} = 0.2002 - 0.2000 = 0.0002(g)$$
$$E_2 = x_2 - x_{T2} = 0.0202 - 0.0200 = 0.0002(g)$$

相对误差为

$$RE_1 = \frac{E_1}{x_{T1}} \times 100\% = \frac{0.0002}{0.2000} \times 100\% = 0.1\%$$

$$RE_2 = \frac{E_2}{x_{T2}} \times 100\% = \frac{0.0002}{0.0200} \times 100\% = 1\%$$

答： 由上述可知，两份样品称量的绝对误差相同，相对误差不同。样品1的真实质量相对更大，甲的称量结果相对误差更小，所以更为准确。分析工作中，常用称取较大质量试样的方法，减少测量的相对误差，提高分析结果的准确度。

在分析工作中，用相对误差来衡量测定结果的准确度更可靠，更具有实际意义。

举一反三

测定某样品中铁的含量，测得值为 20.05％，已知真实值为 20.03％，求绝对误差和相对误差。

（二）精密度与偏差

精密度是指在同一条件下平行测定多次，各测量值之间相互接近的程度。常用偏差来表示精密度的高低。偏差越小，分析结果的精密度越高；偏差越大，则精密度越低。精密度反映了测定结果的重现性。偏差分为绝对偏差、平均偏差、相对平均偏差、标准偏差和相对标准偏差等。

（1）绝对偏差（d_i）。 是个别测量值（x_i）与平均测量值（$\bar{x}$）之差。

$$d_i = x_i - \bar{x} \tag{3-3}$$

式中，$i = 1$、2、$\cdots$、n，表示测量次数。

（2）平均偏差（$\bar{d}$）。 是各个绝对偏差（d_i）的绝对值之和的平均值。

$$\bar{d} = \frac{1}{n}\sum_{i=1}^{n}|d_i| = \frac{|d_1| + |d_2| + \cdots + |d_n|}{n} \tag{3-4}$$

（3）相对平均偏差（$\bar{d}_r$）。 是平均偏差（$\bar{d}$）占平均测量值（$\bar{x}$）的百分比。

$$\bar{d}_r = \frac{\bar{d}}{\bar{x}} \times 100\% \tag{3-5}$$

（4）标准偏差（S）。 是各个绝对偏差的平方和与测量次数减一的比值的开方。

$$S = \sqrt{\frac{\sum_{i=1}^{n}(x_i - \bar{x})^2}{n-1}} \tag{3-6}$$

（5）相对标准偏差（RSD）。 是标准偏差（S）占平均测量值（$\bar{x}$）的百分比。

$$RSD = \frac{S}{\bar{x}} \times 100\% \tag{3-7}$$

实际工作中，相对平均偏差和相对标准偏差都可以表示实验的精密度。但当分析项目要求较高，测定次数较多，测量数据的分散程度较大时，相对平均偏差无法精确地反映精密度，用相对标准偏差表示更为科学，它适用于测定次数在 3～20 的情况。初学者在计算分析结果的精密度时，选用相对平均偏差表示即可，一般要求其不超过 0.2％。

【例 3-2】 测定盐酸滴定液的浓度，4 次平行测定结果分别是：0.1041mol/L、0.1043mol/L、0.1039mol/L 和 0.1044mol/L，求测定结果的平均值、平均偏差、相对平均偏差、标准偏差和相对标准偏差。

解： 已知 $x_1 = 0.1041$mol/L，$x_2 = 0.1043$mol/L，$x_3 = 0.1039$mol/L，$x_4 = 0.1044$mol/L

根据公式　$\bar{x} = \dfrac{x_1 + x_2 + x_3 + x_4}{4}$ 得

$$\bar{x} = \frac{0.1041 + 0.1043 + 0.1039 + 0.1044}{4} = 0.1042(\text{mol/L})$$

根据公式 $d_i = x_i - \bar{x}$ 得

$d_1 = 0.1041 - 0.1042 = -0.0001(\text{mol/L})$

$d_2 = 0.1043 - 0.1042 = 0.0001(\text{mol/L})$

$d_3 = 0.1039 - 0.1042 = -0.0003(\text{mol/L})$

$d_4 = 0.1044 - 0.1042 = 0.0002(\text{mol/L})$

根据公式　$\bar{d} = \dfrac{|d_1| + |d_2| + |d_3| + |d_4|}{4}$ 得

$$\bar{d} = \frac{|-0.0001| + |0.0001| + |-0.0003| + |0.0002|}{4} = 0.0002(\text{mol/L})$$

根据公式 $R\bar{d} = \dfrac{\bar{d}}{\bar{x}} \times 100\%$ 得

$$\bar{d}_r = \frac{0.0002}{0.1042} \times 100\% = 0.2\%$$

根据公式 $S = \sqrt{\dfrac{\displaystyle\sum_{i=1}^{n}(x_i - \bar{x})^2}{n-1}}$ 得

$$S = \sqrt{\frac{(-0.0001)^2 + (0.0001)^2 + (-0.0003)^2 + (0.0002)^2}{4-1}} = 0.0003(\text{mol/L})$$

根据公式 $\text{RSD} = \dfrac{S}{\bar{x}} \times 100\%$ 得

$$\text{RSD} = \frac{0.0003}{0.1042} \times 100\% = 0.3\%$$

答：测定结果的平均值为 0.1042mol/L，平均偏差为 0.0002mol/L，相对平均偏差为 0.2%，标准偏差为 0.0003mol/L，相对标准偏差为 0.3%。

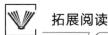 拓展阅读

极差与相对极差

极差是指一组数据中的最大值与最小值的差。

$$R = x_{最大} - x_{最小}$$

相对极差是指极差的相对值，即极差除以算术平均值。

$$\text{RR} = \frac{R}{\bar{x}} \times 100\%$$

极差和相对极差的作用是表示数据的离散程度。它的缺点是它仅取决于两个极端值的水平，不能细致地反映测量值彼此相符合的程度；它的优点是计算简单，含义直观，运用方便，故在数据统计处理中仍有相当广泛的应用。在全国职业院校技能大赛（高职组）化学实验技术赛项中，便采用相对极差评价选手竞赛结果的精密度。

（三）准确度与精密度的关系

准确度表示分析结果的准确性，取决于测定过程中所有的测量误差，包括系统误差和偶然误差。而精密度表示分析结果的重现性，与真实值无关，取决于测量的偶然误差。测定结果的好坏需要从准确度和精密度两方面进行衡量。

想一想

我们来看一个实例，甲、乙、丙、丁四人在相同条件下，测定同一试样，各平行测定 4

次，测定结果如图 3-2 所示，谁的测定结果更可靠呢？

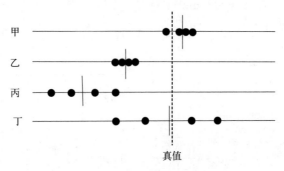

图 3-2　不同人员的测定结果
●代表个别测量值；|代表测量平均值

由图 3-2 可见，甲测定的结果准确度和精密度都较高，结果可靠；乙测定的结果精密度较高，但准确度不高，说明在测定过程中存在不可忽略的系统误差，结果不可信；丙的准确度和精密度都不高，结果当然不可靠；丁的精密度很差，尽管平均值与真值很接近，那是较大的正负误差恰好抵消的结果，但是不能说明其测定结果的准确度高，显然丁的测定结果也不可信。

通过上述实例可知：

① 准确度高必然精密度高，精密度高的准确度不一定高。

② 精密度差的，准确度都差，精密度好是保证准确高的前提条件。

③ 只有准确度和精密度都高的实验，其分析结果的可信度才高，数据才有实用价值。

④ 在消除系统误差的情况下，可以用精密度衡量分析结果可靠与否。

三、提高分析结果准确度的方法

（一）选择合适的分析方法

各种分析方法的准确度和灵敏度是不相同的。一般化学分析法准确度非常高，但是灵敏度不高，适合质量分数大于 1% 的常量组分的测定；仪器分析法灵敏度高，但准确度稍差，适合质量分数在 0.01% 至 1% 之间的微量组分或小于 0.01% 的痕量组分的测定。因此在选择分析方法时，必须根据分析对象、样品情况以及对分析结果的要求来选择合适的分析方法。

例如测定铁矿石中的铁含量时结果为 25.20%，若采用的是重铬酸钾法，按相对误差 0.1% 计算，铁含量范围为 25.17%～25.23%；若采用分光光度法，按相对误差 5% 计算，铁含量范围则为 23.94%～26.46%。显然，后一种方法的准确度差。

对于低含量组分，如工业废水中含铁量为 0.5%，化学分析法的灵敏度一般达不到，而用分光光度法测得含铁量范围为 0.48%～0.52%，因此对于低含量组分，这样的误差是允许的。

（二）减小测量误差

为了保证分析结果的准确度，必须尽量减小各测量步骤的误差。天平称量的绝对误差和容量仪器的刻度误差都是固定的，要使称量和体积测量的相对误差满足实验要求，称取试样质量和量取体积就要符合相应的要求。

例如，称样时，由于万分之一电子天平的称量误差为 ±0.0001g，用减量称量法称量两次，可能引起的最大误差是±0.0002g。为了使称量的相对误差不大于0.1%，所以直接称量法、固定质量称量法称样质量不能少于0.1g，减量称量法称取试样质量不能少于0.2g。

在滴定分析中，滴定管读数有±0.01mL的误差，在一次滴定中需要读数两次，可能造成的最大误差为±0.02mL。为使测量体积的相对误差小于0.1%，要求消耗滴定液的体积应不少于20mL。

测量误差的消除有赖于分析人员实验知识和实验技术的提高。另外，不同的分析工作，要求有不同的准确度，一般测量的准确度与分析方法的准确度相当即可。

（三）减免系统误差

(1) 对照试验。是检查系统误差的有效方法，可检查反应条件是否正常、试剂是否失效、测定方法是否可靠等。选用组成与试样组成相近的标准试样进行分析，或采用被证实可靠的方法和所选用方法同时测定某一试样检验测定结果，判断是否存在系统误差。

如果不太清楚试样组成或想确定低含量组分的分析方法是否存在系统误差，可采用标准加入法做对照。即取两份等量试样，在一份试样中加入已知量的被测组分，然后同时测定，由加入的被测组分是否定量回收判断误差情况，也称回收试验。按下式计算回收率：

$$回收率=\frac{加入待测组分纯品后试样的测定值-加入前试样的测定值}{待测组分纯品的加入量}\times100\%$$

回收率越接近100%，说明系统误差越小，方法的准确度越高。一般回收率在95%～105%时可认为不存在系统误差，方法可靠。

(2) 空白试验。是在不加试样的情况下，按照试样的分析步骤和条件而进行分析的试验，得到的结果称为空白值。从实验结果中扣除空白值，就可以得到更接近真实含量的分析结果。实验中，如发现空白值偏高，应全面检查实验用水、试剂、量器、容器的沾污情况，测量仪器的性能以及实验环境的状态等，尽可能降低空白值。

(3) 校准仪器。在准确度要求较高的分析中，所用的仪器如滴定管、移液管、容量瓶、天平砝码等，必须进行校准，求出校准值，并在计算结果时采用，以消除由仪器带来的误差。

(4) 校正方法。某些分析方法的系统误差可用其他方法校正。例如用重量分析法分析试样，在沉淀硅酸后的滤液中，可以用比色法测出少量硅；当准确度要求较高时，应将滤液中该成分的比色测定结果加到重量分析结果中去。校正方法误差也可采用对照试验校正。

（四）减小偶然误差

在消除系统误差的前提下，平行测定次数越多，平均值越接近真实值。因此，增加测定次数，可以减小偶然误差。在一般化学分析中，对于同一试样，通常要求平行测定3～5次，以获得较准确的分析结果。

单元二 实验数据的处理

一、有效数字

分析测量中为获得准确的结果，不仅需要准确的测量，还需要正确的记录和计算。在记录和处理数据时必须遵循有效数字的有关规则。

（一）有效数字的概念

有效数字是指在分析工作中实际可以测量得到的数字，包括全部可靠数字和一位不确定的数字。通过直读获得的准确数字叫作可靠数字，估读得到的、不确定的那位数字叫作可疑数字。

记录有效数字时，既要记录可靠数字，也要记录可疑数字，可疑数字只能有一位。例如，在万分之一电子天平上称量物体的质量为1.2436g，有5位有效数字，前四位1.243为可靠数字，最后一位6为可疑数字，有±0.0001g的误差。又如，分度值为0.1mL的滴定管读数为26.92mL，有4位有效数字，前三位26.9是根据滴定管刻度准确读取的，为可靠数字，最后一位2因为没有刻度是估读的，有±0.01mL的误差。再如用10mL移液管量取10mL溶液时，应记录为10.00mL，最后一位0是可疑数字。

记录或计算时应保留几位有效数字，取决于所用仪器的精密程度和分析方法的准确程度。任何测定仪器和测定手段所测到的数据的有效数字都是有限的，其有效数字的位数随测定工具不同而不同。不同测量工具测定同一试样时，有效数字位数越多测量的准确度越高。

想一想

某人读取50mL滴定管（分度值0.1mL）的示数为25.368mL，读取10mL滴定管（分度值0.05mL）的示数为9.552mL。读数正确吗？

（二）有效数字位数的确定方法

确定有效数字位数，应遵循下列原则：

① 数字0在数据中具有双重意义。非0数字前面的0只起定位作用，不是有效数字；非0数字之间或后面的0是有效数字。如以下数据的有效数字位数是：0.56（2位），1.02（3位），0.030（2位）。

② 当非0数字后0的含义不清楚时，最好用指数形式表示。如1000一般看成是4位有效数字，但也可能是3位或2位有效数字，因此应根据实际情况写成指数形式，即$1.000×10^3$（4位），$1.00×10^3$（3位），$1.0×10^3$（2位）。

③ 有效数字位数不因单位的改变而改变。如10.00mL有4位有效数字，变换单位为"L"时，则变成0.01000L，有效数字仍有4位。

④ 对数的有效数字位数取决于小数部分位数。例如pH＝9.85转化为测量值是$[H^+]＝1.4×10^{-10}$mol/L，有2位有效数字，而不是3位。pOH＝2.03也有2位有效数字。

⑤ 当有效数字的首位数字为8或9时，可多计一位有效数字。如9、99等大数的相对误差与10、100十分接近，因此分别视为有2位和3位有效数字。0.0945、95.2%、8.65均可视为有4位有效数字。

⑥ 化学计算中的系数（倍数、分数）或常数（π，e等）视为有无限多位有效数字。这些特殊数字并非测量所得，视为无误差数字。

举一反三

1. 天平称量物质质量，写出下列数据的有效数字位数。

（1）5.0g　　　（2）0.33g　　　（3）3.045g　　　（4）10.2720g

2. 量取一定体积的液体，写出下列数据的有效数字位数。

（1）0.1mL　　　　（2）4.25mL　　　　（3）100.0mL　　　　（4）25.00mL

3. 写出下列数据的有效数字位数。

（1）$\lg K = 4.25$　　（2）25.47%　　（3）6.7×10^3　　（4）100　　（5）8.8　　（6）1/3

4. 写出变换单位后的有效数字。

（1）将21.00mL换算成L　　（2）将20.1L换算成mL　　（3）将0.0254g换算成mg

（三）有效数字的修约与运算规则

1. 有效数字的修约规则

分析的最终结果总是由若干测量数据经各种运算求得的。为了简化计算，使各测量数据的位数彼此相适应，尤其是使计算结果符合有效数字的要求，常常需要舍弃测量数据或计算结果中后几位多余数字，这个过程称为有效数字的修约。具体规则如下。

（1）"四舍六入五成双"规则。 被修约的数字≤4时，舍去；≥6时进位；=5时，视具体情况而定。

① 5后面有大于0的数时，直接进位。

② 当5的后面没有数字或5后面的数字为0时，就要看5的前面，5的前面如果是奇数，则进位；5的前面为偶数，则舍去。

【例3-3】 将下列测量值修约为3位有效数字。

①3.424　②3.426　③14.356　④5.015　⑤4.1250

解： 按"四舍六入五成双"规则修约结果为：

①3.424→3.42　②3.426→3.43　③14.356→14.4　④5.015→5.02　⑤4.1250→4.12

（2）修约要一次完成，不能分多次修约。 如将0.262546修约为4位有效数字时，应一次修约为0.2625，不能先修约为0.26255，再修约为0.2626。

（3）修约误差或偏差时，通常保留1~2位有效数字。 修约时只进不舍，将误差或偏差看大一些，从而提高可信度。如标准偏差 $S = 0.00113$，如取2位有效数字，宜修约为0.0012，如取1位有效数字，宜修约为0.002。

👥 举一反三

1. 将下列测量值修约为4位有效数字。

（1）25.0943　　　　（2）0.026542　　　　（3）30.0430　　　　（4）3.73147×10^{-3}

（5）3.26751　　　　（6）3.2675　　　　（7）3.2665

2. 相对误差 $RE = 0.101\%$

（1）将其修约为2位有效数字　　　　（2）将其修约为1位有效数字

2. 有效数字的运算规则

在分析测定过程中，一般都要经过几个测量步骤，获得几个准确度不同的数据。由于每个测量数据的误差都要传递到最终的分析结果中去，因此必须根据误差的传递规律，按照有效数字的运算规则合理取舍。在目前的实际应用中，通常运算过程中不必修约，只对最后结果修约即可，但必须符合方法精度。具体规则如下。

（1）加减运算。 几个数相加或相减时，和或差的有效数字的保留，应以小数点后位数最少的数（即绝对误差最大的数）为依据进行修约，再计算。

【例3-4】 计算 $50.1 + 1.45 + 0.5812 = ?$

解： 因为加减运算以绝对误差最大的数为准，三个数字的绝对误差分别为±0.1、±0.01、±0.0001，所以应以50.1为准，将其余两个数据修约到只保留一位小数。因此1.45修约为

1.4，0.5812 修约为 0.6。计算结果保留到小数点后 1 位，即

$$50.1+1.45+0.5812=52.1$$

（2）乘除运算。 几个数相乘或相除时，积或商的有效数字的保留，应以有效数字位数最少的数（即相对误差最大的数）为依据进行修约，再计算。

【例 3-5】 计算 $0.0121\times25.64\times1.05782=?$

解： 因为乘除运算以相对误差最大的数为准，三个数字的绝对误差分别为 ±0.0001、±0.01、±0.00001，有效数字位数分别为 3、4、6，其对应的相对误差为 $\pm0.8\%$、$\pm0.04\%$、$\pm0.0009\%$，所以应以 0.0121 为准，将其余两个数据修约到保留三位有效数字。25.64 修约成 25.6，1.05782 修约成 1.06。计算结果保留三位有效数字。

$$0.0121\times25.64\times1.05782=0.328$$

以上是手动运算采用的"先修约，后计算"的方法。如果使用计算器处理数据，可以先计算，后将结果修约到规定数位，即"先计算，后修约"。

在实际测定时，我们还需注意：分析化学中有一类数字为非测量所得的自然数，如样品份数、测量次数、计算中的倍数、反应中的化学计量关系以及各类常数等，这类数字不存在准确度问题，可视为"无误差数字"，不按上述规则运算。

3. 有效数字的运算在定量分析中的应用

（1）正确记录数据。 应根据分析仪器和分析方法的准确度正确读取和记录实验数据，且只保留一位可疑数字。如用万分之一天平称量，结果应记录到小数点后第四位，如 1.2345g。用移液管量取液体，应记录到小数点后第二位，如 25.00mL。读取滴定管示数时，25mL 和 50mL 的滴定管，应记录到小数点后第二位；5mL 和 10mL 的滴定管，应记录到小数点后第三位。

（2）选用适当的仪器和正确选取试剂用量。 可根据试剂用量和方法的准确度选择分析仪器，也可根据分析仪器和方法的准确度确定试剂的合适用量。

【例 3-6】 用固定质量称量法称量样品，分析天平的绝对误差是 ±0.0001g，要求相对误差不超过 0.1%，样品的称样量至少是多少克？

解： 根据公式 $RE=\dfrac{E}{x_T}\times100\%$ 可得

$$RE\leqslant\frac{E}{m}\times100\%$$

$$m\geqslant\frac{E}{RE}\times100\%=\frac{0.0001}{0.1\%}\times100\%$$

$$m\geqslant0.1g$$

答： 称样量不能低于 0.1g。

👥 **想一想**

用固定质量称量法称取 1g 试样，要求测量的相对误差不超过 0.1%，应选择哪种天平？

（3）正确表示分析结果 在实际测定中，定量分析结果通常以算术平均值表示。对于含量 $\geqslant10\%$ 的高含量组分的测定，分析结果保留 4 位有效数字；对于含量在 1%～10% 的中等含量组分，结果保留 3 位有效数字；对 <1% 的微量组分，一般只要求结果保留 2 位有效数字。表示误差或偏差时，一般只保留 1～2 位有效数字。测定中涉及的标准溶液浓度通常保留 4 位有效数字。pH 的有效数字一般为 1～2 位。

二、分析结果的计算

（一）滴定分析计算的基本公式

在滴定分析中，测量的基础是化学反应，反应物之间的化学计量关系是滴定分析定量计算的依据。设 A 为滴定液，B 为被测组分，C 和 D 为生成物，则滴定反应为

$$aA + bB = cC + dD$$

到达化学计量点时，A、B 的物质的量 n_A、n_B 之比等于反应系数 a、b 之比，即

$$\frac{n_A}{n_B} = \frac{a}{b} \tag{3-8}$$

此式称为物质的量比规则，并可以进行如下变化。

① 若滴定液 A 浓度为 c_A，体积为 V_A，被测组分 B 浓度为 c_B，体积为 V_B，则式（3-8）可写成

$$\frac{c_A V_A}{c_B V_B} = \frac{a}{b} \tag{3-9}$$

② 若被测组分 B 质量为 m_B，摩尔质量为 M_B，则式（3-9）可写成

$$\frac{c_A V_A}{m_B/M_B} = \frac{a}{b} \text{ 或 } m_B = \frac{b}{a} \times c_A V_A M_B \tag{3-10}$$

若用 mL 作为体积单位直接计算，则式（3-10）可写成

$$m_B = \frac{b}{a} \times c_A V_A M_B \times 10^{-3} \tag{3-11}$$

若 B 为基准物质，标定滴定液 A 的浓度为

$$c_A = \frac{a}{b} \times \frac{m_B \times 10^3}{M_B V_A} \tag{3-12}$$

③ 若被测试样是固体，称取被测试样的质量为 m_s，则被测组分 B 的质量分数为

$$w_B = \frac{m_B}{m_s} \times 100\% = \frac{\frac{b}{a} \times c_A V_A M_B \times 10^{-3}}{m_s} \times 100\% \tag{3-13}$$

若使用滴定度 $T_{A/B}$ 进行计算，则

$$w_B = \frac{m_B}{m_s} \times 100\% = \frac{T_{A/B} V_A}{m_s} \times 100\% \tag{3-14}$$

若滴定液的实际浓度与规定的浓度 c_A 不一致，可用校正因子 F 进行校正。

$$F = \frac{\text{滴定液实际浓度}}{\text{滴定液规定浓度}}$$

则式（3-14）可表示为

$$w_B = \frac{m_B}{m_s} \times 100\% = \frac{T_{A/B} V_A F}{m_s} \times 100\% \tag{3-15}$$

④ 若被测试样是液体，量取试样的体积为 V_s，B 的含量用质量浓度表示为

$$\rho_B = \frac{m_B}{V_s} = \frac{\frac{b}{a} \times c_A V_A M_B}{V_s} \tag{3-16}$$

式中，ρ_B 为试样中 B 的质量浓度，g/L 或 g/mL。

进行滴定分析的结果计算时，先写出反应方程式，配平，确定 A、B 及系数 a、b。应

用上述计算公式时，需要注意具体问题具体分析，尤其要注意滴定方式。计算时单位要适当。还需注意有效数字的位数，一般各量要保留四位有效数字。对于多步滴定，需要从各步反应中找出实际参与反应的物质的计量关系。

（二）滴定分析计算实例

1. 用比较法标定滴定液的浓度

【例 3-7】 用 0.1020mol/L 的硫酸溶液滴定 25.00mL 的氢氧化钠滴定液，至化学计量点时消耗了 23.55mL 硫酸溶液，计算氢氧化钠滴定液的物质的量浓度。

解： 反应式为 $\qquad H_2SO_4 + 2NaOH =\!=\!= Na_2SO_4 + 2H_2O$

化学计量关系为 $\qquad\qquad\qquad \dfrac{n_{H_2SO_4}}{n_{NaOH}} = \dfrac{1}{2}$

由式（3-9）得 $\qquad\qquad\qquad \dfrac{c_{H_2SO_4} V_{H_2SO_4}}{c_{NaOH} V_{NaOH}} = \dfrac{1}{2}$

则 $\qquad c_{NaOH} = \dfrac{2c_{H_2SO_4} V_{H_2SO_4}}{V_{NaOH}} = \dfrac{2 \times 0.1020 \times 23.55}{25.00} = 0.1922(mol/L)$

答： 氢氧化钠滴定液的物质的量浓度为 0.1922mol/L。

2. 用基准物质标定滴定液的浓度

【例 3-8】 欲标定某盐酸滴定液，精密称定基准物质无水碳酸钠 0.1350g，置于 250mL 锥形瓶中，用适量纯化水溶解，以甲基橙为指示剂，到达滴定终点时消耗 23.62mL 盐酸滴定液，计算该盐酸滴定液的物质的量浓度。

解： 反应式为 $\qquad 2HCl + Na_2CO_3 =\!=\!= 2NaCl + H_2O + CO_2\uparrow$

化学计量关系为 $\qquad\qquad\qquad \dfrac{n_{HCl}}{n_{Na_2CO_3}} = \dfrac{2}{1}$

由式（3-12）得 $\qquad c_{HCl} = \dfrac{2m_{Na_2CO_3} \times 10^3}{M_{Na_2CO_3} V_{HCl}} = \dfrac{2 \times 0.1350 \times 10^3}{105.99 \times 23.62} = 0.1078(mol/L)$

答： 盐酸滴定液的物质的量浓度为 0.1078mol/L。

3. 组分含量的计算

【例 3-9】 精密称取氯化钠样品 0.2098g，溶解后加适量指示剂，用 0.1035mol/L 的硝酸银滴定液滴定至终点，消耗滴定液 26.38mL，计算该样品中氯化钠的质量分数。

解： 反应式为 $\qquad AgNO_3 + NaCl =\!=\!= AgCl\downarrow + NaNO_3$

化学计量关系为 $\qquad\qquad\qquad \dfrac{n_{AgNO_3}}{n_{NaCl}} = \dfrac{1}{1}$

由式（3-13）得 $\qquad\qquad w_{NaCl} = \dfrac{m_{NaCl}}{m_s} \times 100\%$

$$= \dfrac{c_{AgNO_3} V_{AgNO_3} M_{NaCl} \times 10^{-3}}{m_s} \times 100\%$$

$$= \dfrac{0.1035 \times 26.38 \times 58.44 \times 10^{-3}}{0.2098} \times 100\%$$

$$= 76.05\%$$

答： 样品中氯化钠的质量分数为 76.05%。

【例 3-10】 精密称取碳酸钙试样 1.0052g，精密加入 0.2004mol/L 的盐酸溶液 80.00mL

与碳酸钙作用，剩余的盐酸用 0.1044mol/L 的氢氧化钠滴定液回滴，用去 10.05mL，计算该样品中碳酸钙的质量分数。

解：滴定反应式为 $\qquad NaOH + HCl \rightleftharpoons NaCl + H_2O$

化学计量关系为 $\qquad\qquad \dfrac{n_{HCl(剩)}}{n_{NaOH}} = \dfrac{1}{1}$

则与碳酸钙反应的盐酸的物质的量为 $n_{HCl} = n_{HCl(总)} - n_{HCl(剩)} = n_{HCl(总)} - n_{NaOH}$

碳酸钙与盐酸的反应式为

$$CaCO_3 + 2HCl \rightleftharpoons CaCl_2 + H_2O + CO_2 \uparrow$$

化学计量关系为 $\qquad\qquad \dfrac{n_{CaCO_3}}{n_{HCl}} = \dfrac{1}{2}$

则 $\qquad\qquad$
$$w_{CaCO_3} = \frac{(c_{HCl}V_{HCl(总)} - c_{NaOH}V_{NaOH}) \times M_{CaCO_3} \times 10^{-3}}{2m_s} \times 100\%$$

$$= \frac{(0.2004 \times 80.00 - 0.1044 \times 10.05) \times 100.09 \times 10^{-3}}{2 \times 1.0052} \times 100\%$$

$$= 74.59\%$$

答：样品中碳酸钙的质量分数为 74.59%。

【例 3-11】 精密称定草酸（$H_2C_2O_4 \cdot 2H_2O$）试样 0.1317g，溶解后加适量指示剂，用 0.1058mol/L 的氢氧化钠滴定液滴定至终点，共消耗滴定液 27.34mL。已知每毫升氢氧化钠滴定液（0.1000mol/L）相当于 4.522mg 草酸，计算样品中草酸的质量分数。

解：反应式为 $\qquad H_2C_2O_4 \cdot 2H_2O + 2NaOH \rightleftharpoons Na_2C_2O_4 + 4H_2O$

由式（3-15）及 $F = \dfrac{滴定液实际浓度}{滴定液规定浓度}$ 得

$$w_B = \frac{m_{H_2C_2O_4 \cdot 2H_2O}}{m_s} \times 100\%$$

$$= \frac{T_{NaOH/H_2C_2O_4 \cdot 2H_2O}V_{NaOH}F}{m_s} \times 100\%$$

$$= \frac{4.522 \times 10^{-3} \times 27.34 \times \dfrac{0.1058}{0.1000}}{0.1317} \times 100\%$$

$$= 99.32\%$$

答：样品中草酸的质量分数为 99.32%。

三、分析数据的评价

在分析工作中，通常要对试样进行多次平行测定。当发现个别数据与其他数据相差较大时，称其为可疑值或异常值。如确定操作过程存在过失，如溶解试样时有溶液溅出、滴定时加入滴定液过量等，则该数据应舍去。否则可疑值不能随意舍去，尤其是当测量数据较少时，可疑值的取舍对分析结果的影响较大，必须慎重对待。应采用统计检验的方法经计算后再取舍。目前常用的方法有四倍法（$4\bar{d}$ 法）、Q 检验法和 G 检验法。

（一）四倍法

① 将测得的数据由小到大排列成 x_1，x_2，$\cdots$，x_n，把最大值或最小值列为可疑值。

② 求出可疑值 $x_{可疑}$ 以外的其余数据的平均值 $\bar{x}_{n-1}$ 和平均偏差 $\bar{d}_{n-1}$。

③ 计算 $\dfrac{|x_{可疑} - \bar{x}_{n-1}|}{\bar{d}_{n-1}}$，如结果 >4，则可疑值舍去，否则保留。

【例 3-12】某含钙试样经四次测得的含量分别为：30.34%，30.22%，30.42%，30.38%。试问 30.22% 是否应该舍弃？

解：将数据按大小顺序排列成 30.22%、30.34%、30.38%、30.42%，先将 30.22% 设为可疑值，计算其余 3 个数据的算术平均值和平均偏差。

$$\bar{x}_{n-1} = \frac{30.34\% + 30.38\% + 30.42\%}{3} = 30.38\%$$

$$\bar{d}_{n-1} = \frac{|30.34\% - 30.38\%| + |30.38\% - 30.38\%| + |30.42\% - 30.38\%|}{3} = 0.03\%$$

根据四倍法得

$$\frac{|x_{可疑} - \bar{x}_{n-1}|}{\bar{d}_{n-1}} = \frac{|30.22\% - 30.38\%|}{0.03\%} = 5.3 > 4$$

答：测定结果为 30.22% 的数据应该舍去。

四倍法方法简单，不用查表，但比较粗略，只适用于处理一些要求不高的数据。当四倍法与其他检验法矛盾时，应以其他法则为准。

（二）Q 检验法

Q 检验法适用于测定次数为 3~10 的检验。其具体处理步骤如下。

① 将测得的数据由小到大排列成 x_1，x_2，…，x_n，把最大值或最小值列为可疑值。

② 求出最大值与最小值之差，即极差 $x_{最大} - x_{最小}$，求出可疑值与其相邻数据的差 $x_{可疑} - x_{相}$，计算 Q 值，见下式。

$$Q_{计算} = \frac{|x_{可疑} - x_{相邻}|}{x_{最大} - x_{最小}} \tag{3-17}$$

③ 根据测定次数和要求的置信度，查 Q 值表，如表 3-1 所示。若 $Q_{计算} \geqslant Q_{表}$，则舍去可疑值，若 $Q_{计算} < Q_{表}$，则保留。

表 3-1　Q 值表

n	3	4	5	6	7	8	9	10
$Q_{0.90}$	0.94	0.76	0.64	0.56	0.51	0.47	0.44	0.41
$Q_{0.95}$	0.97	0.84	0.73	0.64	0.59	0.54	0.51	0.49

【例 3-13】对某试样平行测定 6 次，含量测定结果分别为：0.5050、0.5051、0.5042、0.5063、0.5086、0.5064。请用 Q 检验法判断上述数据中 0.5086 是否可弃去。（置信度为 0.90）

解：将数据按大小顺序排列成 0.5042、0.5050、0.5051、0.5063、0.5064、0.5086，可疑值为 0.5086。

$$Q_{计算} = \frac{|x_{可疑} - x_{相邻}|}{x_{最大} - x_{最小}} = \frac{|0.5086 - 0.5064|}{0.5086 - 0.5042} = 0.50$$

查表 3-1 可知，置信度为 0.90，$n=6$ 时，$Q_{表} = 0.56$，$Q_{计算} < Q_{表}$，所以 0.5086 不应舍去。

答：0.5086 不应舍去。

（三）G 检验法

测定次数较少时，G 检验法准确可靠，方法如下。

① 将测得的数据由小到大排列成 x_1，x_2，…，x_n，其中最大值或最小值为可疑值。

② 计算包括可疑值在内的所有数据的平均值 $\bar{x}$ 和标准偏差 S，计算 G 值，见下式。

$$G_{计算} = \frac{|x_{可疑} - \bar{x}|}{S} \tag{3-18}$$

③ 根据测定次数和要求的置信度，查 G 值表，如表 3-2 所示。若 $G_{计算} \geqslant G_{表}$，则舍去可疑值，若 $G_{计算} < G_{表}$，则保留。

表 3-2 G 值表

n	3	4	5	6	7	8	9	10
$G_{0.90}$	1.148	1.425	1.602	1.729	1.828	1.909	1.977	2.036
$G_{0.95}$	1.153	1.463	1.672	1.822	1.938	2.032	2.11	2.176

【例 3-14】测定某药物中钴的含量（$\mu g/g$），得到如下结果：1.27，1.31，1.25，1.40。请用 Q 检验法和 G 检验法判断 1.40 是否应该保留。（置信度为 0.95）

解：将数据按大小顺序排列成 1.25，1.27，1.31，1.40，可疑值为 1.40。

（1）Q 检验法判断

$$Q_{计算} = \frac{|x_{可疑} - x_{相邻}|}{x_{最大} - x_{最小}} = \frac{|1.40 - 1.31|}{1.40 - 1.25} = 0.60$$

查表 3-1 可知，置信度为 0.95，$n = 4$ 时，$Q_{表} = 0.84$，$Q_{计算} < Q_{表}$，所以 1.40 应该保留。

（2）G 检验法判断

$$\bar{x} = \frac{1.25 + 1.27 + 1.31 + 1.40}{4} = 1.31$$

$$S = \sqrt{\frac{\sum_{i=1}^{n}(x_i - \bar{x})^2}{n-1}}$$

$$= \sqrt{\frac{(1.25 - 1.31)^2 + (1.27 - 1.31)^2 + (1.31 - 1.31)^2 + (1.40 - 1.31)^2}{4-1}} = 0.067$$

$$G_{计算} = \frac{|x_{可疑} - \bar{x}|}{S} = \frac{|1.40 - 1.31|}{0.067} = 1.34$$

查表 3-2 可知，置信度为 0.95，$n = 4$ 时，$G_{表} = 1.463$，$G_{计算} < G_{表}$，所以 1.40 应该保留。

答：1.40 应该保留。

如果 Q 检验法与 G 检验法的判断结论不一致，一般采用 G 检验法的结论。

想一想

如用四倍法检验【例 3-15】，1.40 是否应该保留？

最后应该指出，可疑值的取舍是一项非常重要的工作。在这一步工作完成之后，再进行平均值的计算、标准偏差等数据处理。若可疑值不止一个，应依次检验，且在后续检验过程中不应使用已被判定为应舍去的可疑值。

重点回顾

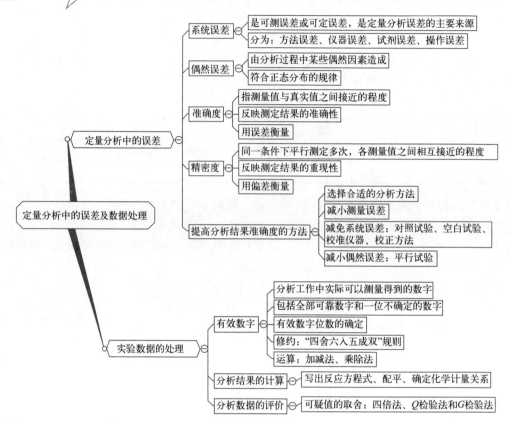

目标检测

一、单项选择题

1. 在不加试样的情况下，按测定试样待测组分的测定方法、条件和步骤进行分析的试验称为（   ）。

A. 对照试验　　　　　　B. 平行试验　　　　　　C. 空白试验　　　　　　D. 预试验

2. NaOH 滴定液的浓度为 0.1010mol/L，它的有效数字为（   ）。

A. 四位　　　　　　　　B. 三位　　　　　　　　C. 两位　　　　　　　　D. 一位

3. 在滴定分析中，若试剂含少量待测组分，消除误差的方法是（   ）。

A. 校准仪器　　　　　　B. 校准方法　　　　　　C. 空白试验　　　　　　D. 加大样品取用量

4. 某样品分析结果的准确度不好，但精密度好，可能是因为（   ）。

A. 操作失误　　　　　　B. 记录有差错　　　　　C. 使用试剂不纯　　　　D. 测定次数不够

5. 四人分别测定某样品的含量，试样称取 2.135g，下列四份报告结果中合理的是（   ）。

A. 4.1634%　　　　　　B. 4.163%　　　　　　　C. 4.16%　　　　　　　D. 4.2%

6. 133.68＋5.4＋0.2238 的计算结果有效数字应取（   ）。

A. 四位　　　　　　　　B. 三位　　　　　　　　C. 两位　　　　　　　　D. 一位

7. 将 0.01050 修约为两位有效数字应写成（   ）。

A. 0.01　　　　　　　　B. 0.010　　　　　　　　C. 0.011　　　　　　　　D. 0.0105

8. 用 20mL 移液管移取溶液，体积应记录为（   ）。

A. 20mL　　　　　　　　B. 20.0mL　　　　　　　C. 20.00mL　　　　　　　D. 20.000mL

9. 增加重复测定次数，取其平均值作为测定结果，可以减少（   ）。

A. 系统误差　　　　　　B. 仪器误差　　　　　　C. 方法误差　　　　　　D. 偶然误差

10. 称量时电压不稳引起的误差为（　　）。

A. 偶然误差　　　　　　B. 系统误差　　　　　　C. 方法误差　　　　　　D. 过失误差

二、多项选择题

1. 下列属于系统误差的是（　　）。

A. 试样未充分混匀　　　　　　B. 滴定时有液滴不慎溅出　　　　　　C. 环境湿度有微小变化

D. 天平未经校准　　　　　　E. 试剂纯度不够

2. 下列结果中，有效数字为四位的是（　　）。

A. 0.1013mol/L　　　B. 5000　　　　　C. 0.6020%　　　　D. $\pi = 3.141$

E. pH=10.48

3. 提高分析结果准确度的方法是（　　）。

A. 做空白试验　　　　　　B. 增加平行测定的次数　　　　　　C. 校准仪器

D. 使用纯度为98%的基准物质　　E. 选择合适的分析方法

三、填空题

1. 在用 NaOH 滴定液滴定盐酸时，若碱式滴定管未润洗，则会使测定盐酸的浓度_____，若锥形瓶未润洗，则会使测定盐酸的浓度_____。

2. 分析实验中测得的数字称为_____，实验中记录测定结果时，可疑数字的位数为_____位。

四、简答题

1. 如何提高分析结果的准确度？

2. 如何处理分析结果中的可疑值？

五、计算

1. 某人标定 EDTA 的浓度（标准值为 0.05000mol/L），平行测定 4 次，浓度（mol/L）分别为：0.04998、0.05003、0.05005、0.05302。计算分析结果的绝对误差和相对误差。

2. 分析某铜矿样品中 Cu 的含量，所得结果 w_{Cu}（%）为 43.87、43.94、43.98、44.08、44.11。计算分析结果的平均值、平均偏差、相对平均偏差、标准偏差和相对标准偏差。

3. 用 0.1035mol/L 的 HCl 滴定液滴定 20.00mL 的 NaOH 溶液，到达滴定终点时，消耗 HCl 滴定液 21.87mL。计算 NaOH 溶液的浓度。

4. 用无水 Na_2CO_3 标定 HCl 滴定液，假定 HCl 滴定液的浓度为 0.1mol/L，标定时消耗其体积为 20～24mL。计算应称取 Na_2CO_3 的质量范围。

5. 称取基准邻苯二甲酸氢钾（KHP）0.4227g，标定近似浓度为 0.1mol/L 的 NaOH 滴定液，消耗 NaOH 滴定液 20.40mL，空白试验消耗 NaOH 滴定液 0.04mL。求 NaOH 滴定液的浓度。

6. 准确称取草酸（$H_2C_2O_4 \cdot 2H_2O$）试样 3.5230g，加水溶解后，转移入 200mL 容量瓶中，加水稀释至刻度，然后用移液管准确移取 20.00mL 置于 250mL 锥形瓶中，加入 3mol/L 的 H_2SO_4 酸化，用 0.02000mol/L $KMnO_4$ 滴定液滴定至终点，显淡红色且 30s 不褪色，消耗滴定液 21.36mL。计算该试样中草酸的含量。

7. 某试样中氯的质量分数经 4 次测定，结果为：34.30%、34.15%、34.33%、34.30%。试检验有无可疑值？是否舍弃？（用四倍法检验）

8. 测定试样中 CaO 的含量，结果为：20.48%、20.54%、20.53%、20.51%、20.60%。用 Q 检验法判断 20.60% 是否舍去。（$Q_{0.90} = 0.64$）

模块四

酸碱滴定分析法

 学前导语

　　酸碱滴定法是一种常见的化学分析方法，广泛应用于化学、生物、制药等领域。这种方法的基本原理是通过滴加一种已知浓度的酸或碱溶液来测定待测样品中的碱或酸的含量。在食品安全领域，酸碱滴定法可以用于测定饮料、食品等的酸碱度，从而判断其是否合格；在制药领域，该法可以测定药品的酸碱度，从而保证药品的质量；在生物学领域，此法可以用于测定生物体内的酸碱度，从而研究生物体的代谢过程；在环保领域，本法可以用于测定废水、废气等的酸碱度，从而评估废水、废气等对环境的影响。所以酸碱滴定法作为一种常见的化学分析方法，具有广泛的应用范围。通过正确的实验步骤和准确的数据处理，可以得到准确的结果，为各个领域的研究和应用提供有力的支持。

 学习目标

【知识目标】

　　1. 掌握酸碱指示剂的作用原理、变色范围及影响因素；酸碱指示剂的选择原则；酸碱滴定法的原理及条件。

　　2. 熟悉影响滴定突跃范围的因素；一元弱酸、弱碱及多元酸、碱准确滴定的条件；不同类型酸碱滴定曲线的特点；酸碱滴定法的应用。

　　3. 了解混合指示剂的分类及变色范围；非水溶剂的分类及性质，非水酸碱滴定法的原理。

【能力目标】

　　学会常用酸碱滴定液的配制及标定方法；学会用酸碱滴定法测定阿司匹林的含量。

【思政与职业素养目标】

　　"酸碱滴定分析法"是滴定分析的开端，对酸碱滴定分析法的学习，可以为后续分析方法的学习打下坚实基础。在酸碱指示剂的变色原理的学习中，认识到其实质是本身结构的改变，而这种改变正是由于溶液环境的变化，从而引入"近朱者赤，近墨者黑"的思政元素，培养积极向上的态度。在滴定过程中，随着标准溶液的加入，待测溶液会逐渐发生颜色变化，在计量点附近会发生滴定突跃。滴定突跃的本质符合辩证唯物主义中量变和质变的关系，通过介绍滴定突跃过程，引发量变到质变的人生思考，明白为人做事不能急功近利，要积跬步才能至千里。

【证书考点】

药物检验员（三级）	1. 能正确使用滴定管，选用指示剂。
	2. 能配制与标定常用酸碱滴定液。
	3. 能准确判定滴定终点。
	4. 能对检验数据进行处理，并准确报告。
	5. 掌握安全环保操作程序，解决试验安全问题。

单元一　酸碱滴定分析法介绍

1887 年，瑞典化学家阿伦尼乌斯首次提出了酸碱电离理论；1923 年，丹麦的布朗斯特与英国的劳里指出酸碱电离理论具有片面性，于是提出著名的酸碱质子理论，打破了传统意义上的酸碱定义，从质子水平解释了酸碱的本质，扩大了酸碱的范围。

一、酸碱反应

（一）酸碱的定义

酸碱质子理论认为，凡是能够给出质子（H^+）的物质都是酸，凡是能够接受质子（H^+）的物质都是碱。其关系如下：

$$酸 \rightleftharpoons 质子 + 碱$$
$$HCl \rightleftharpoons H^+ + Cl^-$$
$$NH_4^+ \rightleftharpoons H^+ + NH_3$$
$$H_2CO_3 \rightleftharpoons H^+ + HCO_3^-$$
$$HCO_3^- \rightleftharpoons H^+ + CO_3^{2-}$$
$$H_2O \rightleftharpoons H^+ + OH^-$$
$$H_3O^+ \rightleftharpoons H^+ + H_2O$$

从上述关系式可以看出，酸给出质子能变成碱；碱结合质子能变成酸。通过一个质子的得失，相互转化的一对酸碱，称为共轭酸碱对。酸给出质子生成其共轭碱，碱得到质子变成其共轭酸。而 H_2O 和 HCO_3^- 在某个共轭酸碱对中是酸，但在另一个共轭酸碱对中却是碱，这类物质称为两性物质。

（二）酸碱反应的实质

酸碱反应的实质是酸碱间通过质子的转移生成另外一种碱和酸的过程。

$$酸_1 + 碱_2 \rightleftharpoons 碱_1 + 酸_2$$

例如：

$$HAc + NH_3 \rightleftharpoons NH_4^+ + Ac^-$$

在该反应过程中，HAc 给出质子后生成其共轭碱 Ac^-，NH_3 接受质子后生成其共轭酸 NH_4^+。

二、酸碱指示剂

（一）酸碱指示剂的变色原理

用于酸碱滴定的指示剂，称为酸碱指示剂。酸碱指示剂是一类结构较复杂的有机弱酸或有机弱碱，它们在溶液中能部分电离，产生与指示剂分子本身结构不同的离子，形成共轭酸碱对。共轭酸碱对具有不同的结构，呈现不同的颜色，其存在形式与酸度有关。当溶液 pH 改变时，指示剂失去或得到质子，其结构发生改变，从而引起溶液颜色发生明显的变化。

酸碱指示剂

例如，酚酞是一种常用的酸碱指示剂，从结构上看为有机弱酸。酚酞在水溶液中发生的解离平衡如下：

酸式（无色）　　　　　　　　　　　　碱式（红色）

　　根据平衡移动原理，当溶液 pH 降低时，平衡向左移动，酚酞主要以酸式结构存在，呈现无色；当溶液 pH 升高时，平衡向右移动，酚酞主要以碱式结构存在，呈现红色。根据实际测定，当溶液的 pH<8 时，酚酞呈无色；pH>10 时，酚酞呈红色；pH 从 8 增大到 10 时，酚酞逐渐由无色变为红色。

　　同理，甲基橙为有机弱碱，碱式色为黄色，其共轭酸显红色，在水溶液中的解离平衡如下：

酸式（红色）　　　　　　　　　　　　　　碱式（黄色）

　　当溶液 pH 升高时，甲基橙主要以碱式结构存在，呈现黄色；当溶液 pH 降低时，甲基橙主要以酸式结构存在，呈现红色。

　　由上可知，酸碱指示剂的变色与溶液的酸度有关，且具有一定的范围。

 拓展阅读

石蕊——神奇的酸碱指示剂

　　1673 年，著名的英国化学家罗伯特·波义耳在一次实验中，不小心将稀盐酸溅到了紫罗兰花瓣上，紫罗兰花瓣变成了红色。随后他进行了不同的酸液实验，发现酸液都会将紫罗兰变为红色，这一奇怪现象促使他进行了许多植物花瓣的浸出液与酸碱相互作用的实验，例如矢车菊、蔷薇花、雪莲花、胭脂花和植物的皮、根等，有些浸出液遇酸变红色，有些遇碱变成了蓝色。变色效果最明显的要数石蕊的浸出液，它遇酸变红色，遇碱变蓝色，利用这一特点，波义耳用石蕊浸出液把滤纸浸透，晾干制成石蕊试纸，用于检验溶液的酸碱性。

（二）酸碱指示剂的变色范围

　　从酚酞的变色原理可知，溶液 pH 改变导致了酸碱指示剂结构的改变，从而引起了指示剂颜色的变化，所以酸碱指示剂的变色与溶液的 pH 有着密切的关系。下面以弱酸型指示剂（HIn）为例，说明指示剂的颜色变化与溶液 pH 值变化的对应关系。指示剂存在下列解离平衡：

$$HIn \rightleftharpoons H^+ + In^-$$

$$K_{HIn} = \frac{[H^+][In^-]}{[HIn]} \tag{4-1}$$

$$[H^+] = K_{HIn}\frac{[HIn]}{[In^-]} \tag{4-2}$$

　　两边取负对数，得：

$$pH = pK_{HIn} + lg\frac{[In^-]}{[HIn]} \tag{4-3}$$

式中，K_{HIn} 为指示剂的解离平衡常数，又称指示剂常数，在一定温度下是不变的。因此溶液中酸式体（HIn）与碱式体（In$^-$）平衡浓度的比值只与［H$^+$］有关。由于人眼对颜色分辨能力有限，一般情况下，当溶液中同时存在两种颜色，两种颜色的浓度相差 10 倍或 10 倍以上时，才能观察出其中浓度较大的那种颜色。因此：

$\frac{[In^-]}{[HIn]} \leqslant 0.1$ 时，pH$\leqslant pK_{HIn} - 1$，呈现酸式体的颜色。

$0.1 < \frac{[In^-]}{[HIn]} < 10$ 时，$pK_{HIn} - 1 < pH < pK_{HIn} + 1$，呈现酸式体和碱式体的混合颜色。

$\frac{[In^-]}{[HIn]} \geqslant 10$ 时，pH$\geqslant pK_{HIn} + 1$，呈现碱式体的颜色。

当溶液的 pH 由 $pK_{HIn} - 1$ 变化到 $pK_{HIn} + 1$ 时，就能明显看出指示剂由酸式色变为碱式色。在 pH$= pK_{HIn} \pm 1$ 范围内，人眼所看到的是指示剂的混合色，该范围称为指示剂的理论变色范围。$\frac{[In^-]}{[HIn]} = 1$ 时，pH$= pK_{HIn}$，称为酸碱指示剂的理论变色点，此时呈指示剂的中间过渡色。

由于人们的视觉对不同颜色的敏感程度不同，而且两种颜色还会互相掩盖，影响人们的视觉感官，所以指示剂的实际变色范围与理论变色范围并不完全一致，常用的酸碱指示剂的 pK_{HIn} 和实际变色范围见表 4-1。

表 4-1　常见酸碱指示剂的 pK_{HIn} 和变色范围

指示剂	pK_{HIn}	pH 变色范围	颜色		配制方法
			酸色	碱色	
百里酚蓝（第一次变色）	1.65	1.2～2.8	红	黄	0.1g 指示剂溶于 100mL 20％乙醇溶液
甲基黄	3.25	2.9～4.0	红	黄	0.1g 指示剂溶于 100mL 90％乙醇溶液
甲基橙	3.45	3.1～4.4	红	黄	配制成 0.1％水溶液
溴酚蓝	4.10	3.0～4.6	黄	紫	0.1g 指示剂溶于 100mL 20％乙醇溶液
溴甲酚绿	4.90	3.8～5.4	黄	蓝	配制成 0.1％乙醇溶液
甲基红	5.20	4.4～6.2	红	黄	0.1g 指示剂溶于 100mL 60％乙醇溶液
溴百里酚蓝	7.30	6.2～7.6	黄	蓝	0.05g 指示剂溶于 100mL 20％乙醇溶液
中性红	7.40	6.8～8.0	红	黄橙	0.1g 指示剂溶于 100mL 60％乙醇溶液
酚红	8.00	6.7～8.4	黄	红	0.1g 指示剂溶于 100mL 20％乙醇溶液
百里酚蓝（第二次变色）	8.90	8.0～9.6	黄	蓝	0.1g 指示剂溶于 100mL 20％乙醇溶液
酚酞	9.10	8.0～10.0	无	红	0.5g 指示剂溶于 100mL 90％乙醇溶液
百里酚酞	10.00	9.4～10.6	无	蓝	0.1g 指示剂溶于 100mL 90％乙醇溶液

（三）影响酸碱指示剂变色范围的因素

1. 温度

指示剂常数 K_{HIn} 主要受温度的影响，温度改变，指示剂的变色范围也会改变，具体见表 4-2。例如 18℃时，甲基橙的变色范围为 3.1～4.4，而 100℃时，则为 2.5～3.7。所以一般滴定分析应在室温下进行，有必要加热时，需将溶液冷却到室温后再滴定。

表 4-2　温度对常用酸碱指示剂变色范围的影响

指示剂	变色范围	
	18℃	100℃
百里酚蓝	1.2～2.8	1.2～2.6
甲基橙	3.1～4.4	2.5～3.7
溴酚蓝	3.0～4.6	3.0～4.6
甲基红	4.4～6.2	4.2～6.2
酚红	6.4～8.0	6.6～8.2
酚酞	8.0～10.0	8.0～9.2

2. 溶剂

指示剂在不同溶剂中，接受质子或给出质子能力不同，K_{HIn} 值也不同。所以相同的指示剂在不同的溶剂中，变色范围也有所差异。例如甲基橙溶于水中，$pK_{HIn}=3.4$，溶于乙醇中，$pK_{HIn}=3.8$。

3. 指示剂使用量

每种颜色都有肉眼观察的最佳浓度，若指示剂浓度过高，会导致指示剂终点变色不敏锐；若浓度太低，可能导致变色不明显，滴定终点延后出现。另外，指示剂本身就是一类弱酸或弱碱，存在一定的酸碱性，也会消耗一定的滴定液。一般而言，每 $20～30mL$ 溶液滴加 $2～4$ 滴指示剂为宜。

4. 滴定顺序

由于人眼对颜色由浅色变为深色更为敏感，因此在滴定时，使指示剂的颜色由无色变为有色，或由浅色变为深色，则更易辨认。例如用 NaOH 滴定液滴定 HCl 溶液时，可选用酚酞或甲基橙作指示剂。如果用酚酞作指示剂，终点颜色由无色变成红色，颜色由浅变深，易于辨认；若用甲基橙作指示剂，终点颜色由红色变成黄色，颜色由深变浅，不易辨认，容易滴定过量。因此在实践中用 NaOH 滴定液滴定 HCl 溶液时一般选用酚酞作指示剂，而用 HCl 滴定液滴定 NaOH 溶液时一般选用甲基橙作指示剂。

 想一想

用 HCl 滴定液滴定 NaOH 溶液时，为什么一般选用甲基橙而不选酚酞作为指示剂？

（四）混合指示剂

因为单一指示剂的变色范围一般比较宽，有的在变色过程中会出现难以辨别的过渡色。为了达到一定的准确度，在某些酸碱滴定中，需要将滴定终点限制在较窄的 pH 范围内（例如对弱酸或弱碱的滴定），这就需要使用混合指示剂。

混合指示剂可分为两大类。一类是在某种指示剂中加入一种惰性染料，后者不是酸碱指示剂，颜色不随 pH 变化，只作为背景色，变色范围与单一指示剂相同。如甲基橙和靛蓝二磺酸钠按 1:1 组成的混合指示剂，pH>4.4 时，溶液呈黄绿色（黄与蓝的混合色）；pH 小于 3.1 时，溶液呈紫色（红与蓝的混合色）；pH=4.1 时，变色点处的中间色为灰色。相比于单一指示剂甲基橙的黄→橙→红，变色更敏锐，易于观察。另一类是由两种酸碱指示剂混合而成，利用彼此颜色之间的互补作用，具有很窄的变色范围，且在滴定终点有敏锐的颜色变化，可以正确地指示滴定终点。如溴甲酚绿（$pK_{HIn}=5.2$）和甲基红（$pK_{HIn}=4.9$）按 3:1 混合后，在 pH<5.1 的溶液中显酒红色；在 pH>5.1 的溶液中显绿色，而在 pH=5.1 变色点呈灰色。

一些常用混合指示剂见表 4-3。

表 4-3　常用的混合指示剂变色范围

混合指示剂	变色点 pH	颜色		备注
		酸式色	碱式色	
1 份 0.1%甲基橙溶液 1 份 0.25%靛蓝二磺酸钠溶液	4.1	紫色	黄绿色	pH＝4.1 时呈灰色
3 份 0.1%溴甲酚绿乙醇溶液 1 份 0.2%甲基红乙醇溶液	5.1	酒红色	绿色	pH＝5.1 时呈灰色
3 份 0.2%甲基红乙醇溶液 2 份 0.2%亚甲基蓝乙醇溶液	5.4	红紫色	绿色	pH＝5.2 时呈红紫色 pH＝5.6 时呈绿色
1 份 0.1%中性红乙醇溶液 2 份 0.1%亚甲基蓝乙醇溶液	7.0	蓝紫色	绿色	pH＝7.0 时呈蓝紫色
1 份 0.1%百里酚蓝 50%乙醇溶液 3 份 0.1%酚酞 50%乙醇溶液	9.0	黄色	紫色	黄色→绿色→紫色

单元二　水溶液酸碱滴定法

在酸碱滴定分析中，我们经常考虑的问题是被测物质能否用酸碱滴定法测定；滴定过程中，随着滴定液的加入，溶液 pH 是如何随滴定液的加入而变化的；指示剂如何进行选择，使它在终点时有明显的颜色变化从而准确判断滴定终点。本单元将根据不同的酸碱滴定类型进行介绍。

一、强酸与强碱的滴定

1. 滴定过程

强酸、强碱在溶液中是完全解离的。现以 0.1000mol/L NaOH 滴定液滴定 0.1000mol/L HCl 溶液（20.00mL）为例，讨论强酸与强碱互相滴定时滴定曲线和指示剂的选择。滴定过程的基本反应为：

$$H^+ + OH^- =\!=\!= H_2O$$

滴定过程分为四个阶段。

（1）滴定前。 溶液的 $[H^+]$ 为 HCl 溶液的初始浓度 0.1000mol/L，即

$$[H^+] = 0.1000mol/L$$
$$pH = -\lg[H^+] = 1.00$$

（2）滴定开始到化学计量点前。 此阶段溶液中 HCl 过量，溶液中的 $[H^+]$ 取决于与 NaOH 滴定液反应后剩余 HCl 的量，$[H^+]$ 按照下式计算：

$$[H^+] = \frac{c_{HCl}V_{HCl} - c_{NaOH}V_{NaOH}}{V_{HCl} + V_{NaOH}} \tag{4-4}$$

例如，当 NaOH 滴定液加入 19.98mL 时，距化学计量点差 0.02mL 滴定液（约半滴），此时溶液 pH 为：

$$[H^+] = \frac{0.1000 \times 20.00 - 0.1000 \times 19.98}{20.00 + 19.98} = 5.00 \times 10^{-5} (mol/L)$$
$$pH = 4.30$$

（3）化学计量点时。 HCl 与 NaOH 滴定液反应完全生成 NaCl 和 H_2O，此时溶液呈中性。

$$[OH^-]=[H^+]=1.00\times10^{-7}\,mol/L \quad pH=7.00$$

(4) 化学计量点后。 HCl 已反应完全，继续滴加 NaOH 滴定液使溶液呈碱性，溶液的 pH 取决于过量滴入的 NaOH。

$$[OH^-]=\frac{c_{NaOH}V_{NaOH}-c_{HCl}V_{HCl}}{V_{HCl}+V_{NaOH}} \tag{4-5}$$

例如，当 NaOH 滴定液加入 20.02mL 时，多滴加了 0.02mL 滴定液，此时溶液 pH 为：

$$[OH^-]=\frac{0.1000\times20.02-0.1000\times20.00}{20.00+20.02}=5.00\times10^{-5}(mol/L)$$

$$pOH=-lg[OH^-]=4.30,pH=14-pOH=9.70$$

滴定过程中溶液 pH 的变化见表 4-4。

表 4-4　0.1000mol/L NaOH 滴定 20.00mL 0.1000mol/L HCl 的 pH 变化

加入 NaOH 体积/mL	HCl 被滴定 的量/%	剩余 HCl 体积/mL	过量 NaOH 体积/mL	$[H^+]$ /(mol/L)	pH	
0.00	0.00	20.00		1.00×10^{-1}	1.00	
18.00	90.00	2.00		5.26×10^{-3}	2.28	
19.80	99.00	0.20		5.03×10^{-4}	3.30	
19.98	99.90	0.02		5.00×10^{-5}	4.30	突跃范围
20.00	100.0	0.00		1.00×10^{-7}	7.00	
20.02	100.1		0.02	2.00×10^{-10}	9.70	
20.20	101.0		0.20	2.01×10^{-11}	10.70	
22.00	110.0		2.00	2.10×10^{-12}	11.68	
40.00	200.0		20.00	3.00×10^{-13}	12.52	

2. 滴定曲线

以 NaOH 加入量为横坐标，以溶液的 pH 为纵坐标作图，得到强碱滴定强酸的滴定曲线，如图 4-1 所示。

酸碱滴定曲线及指示剂的选择

从表 4-4 和图 4-1 可以看出，自滴定开始到滴入 19.98mL 的 NaOH 溶液，溶液的 pH 变化较慢，从 1.00 增大到 4.30，仅仅改变了 3.30 个 pH 单位，滴定曲线比较平坦；但从 19.98mL（-0.1% 相对误差）到 20.02mL（+0.1% 相对误差），即在化学计量点前后只相差 0.04mL（约一滴）NaOH 溶液，pH 从 4.30 跃到 9.70，改变了 5.40 个 pH 单位，溶液也由酸性变成了碱性。这种在化学计量点前后 ±0.1% 相对误差范围内溶液 pH 值急剧变化的现象称为滴定突跃现象。滴定突跃所在的 pH 范围称为滴定突跃范围。滴定突跃后，再继续加入 NaOH 溶液，pH 则增加的很少，滴定曲线又趋于平坦。

3. 酸碱指示剂的选择

常量分析一般允许误差为 ±0.1%。因此，滴定突跃具有十分重要的实际意义，它是选择指示剂的依据。指示剂选择的原则是指示剂的变色范围全部或部分处在滴定突跃范围内或指示剂的变色点尽量接近化学计量点，这样的指示剂都可以用来指示滴定终点。在上述实例中，突跃范围 pH 在 4.30～9.70 之间，因此可选用甲基红（pH 4.4～6.2）、酚酞（pH 8.0～10.0）作指示剂，甲基橙（pH 3.1～4.4）也可以，但误差稍大。一般而言，滴定突跃范围越大，我们可以选择的指示剂越多；反之，滴定突跃范围越小，我们可以选择的指示剂越少，滴定突跃范围小到一定程度，则无法在滴定突跃范围内找到合适的指示剂指示滴定终点。

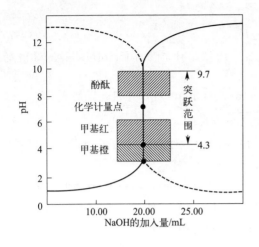 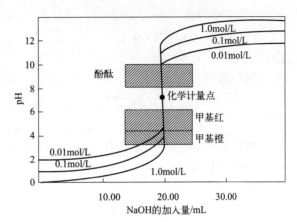

图 4-1　0.1000mol/L NaOH 溶液滴定　　　　图 4-2　不同浓度的 NaOH 溶液
0.1000mol/L HCl 溶液的滴定曲线　　　　　　滴定 HCl 溶液的滴定曲线
（图中实线表示碱滴酸，虚线表示酸滴碱）

想一想

若分别用 1.0mol/L、0.1mol/L、0.01mol/L 三种浓度的 NaOH 滴定液，滴定相同浓度的 HCl 溶液时，它们的 pH 突跃范围分别为 3.30～10.70、4.30～9.70、5.30～8.70。应该如何选择指示剂？

4. 影响滴定突跃范围的因素

对于强酸强碱，影响溶液 pH 的主要因素是浓度，因此酸碱的浓度决定了滴定突跃范围。如图 4-2 所示，酸碱溶液浓度越高，滴定突跃范围越大，可选择的指示剂范围越宽，但同时，滴定终点误差也越大。因此酸碱滴定中溶液浓度的最佳范围为 0.1～1.0mol/L，滴定液与待测溶液浓度应相近。

二、一元弱酸、弱碱的滴定

这类滴定分为强酸滴定一元弱碱和强碱滴定一元弱酸，其化学计量点的 pH 取决于其共轭酸或共轭碱溶液的酸度。

（一）一元弱酸、弱碱质子传递平衡

对于一元弱酸 HA，假设初始浓度为 c，$[H^+]=x$，根据弱酸质子传递平衡：

$$HA \rightleftharpoons H^+ + A^-$$

初始浓度（mol/L）　　　　　　　　c　　　0　　　0

平衡浓度（mol/L）　　　　　$c-x$　　x　　　x

HA 的解离常数：　　　　　　$K_a = \dfrac{[H^+][A^-]}{[HA]} = \dfrac{x^2}{c-x}$

一般情况下，弱酸（弱碱）的 K_a（K_b）值很小，$x \ll c$。当 $cK_a \geqslant 20K_w$，$c/K_a > 500$ 时，不仅可以忽略水的解离，且弱酸解离对其总浓度的影响也可以忽略，即 $c-x \approx c$，可推导出一元弱酸中 $[H^+]$ 的近似计算公式：

$$[H^+] = x = \sqrt{K_a c} \tag{4-6}$$

同理，当一元弱碱溶液 $cK_b \geqslant 20K_w$，$c/K_b > 500$ 时，可推导出一元弱碱中 $[OH^-]$

的近似计算公式：

$$[OH^-] = \sqrt{K_b c} \tag{4-7}$$

【例 4-1】 已知 25℃ 时 HAc 溶液的 $K_a = 1.76 \times 10^{-5}$，计算 0.100mol/L HAc 溶液的 pH 值。

解：因为 $cK_a > 20K_w$，$c/K_a = 0.100/(1.76 \times 10^{-5}) > 500$，所以可用计算公式：

$$[H^+] = \sqrt{K_a c} = \sqrt{1.76 \times 10^{-5} \times 0.100} = 1.33 \times 10^{-3} (mol/L)$$

$$pH = -\lg[H^+] = -\lg(1.33 \times 10^{-3}) = 2.88$$

答：此时，0.100mol/L HAc 溶液的 pH 为 2.88。

【例 4-2】 已知 HAc 溶液的 $K_a = 1.76 \times 10^{-5}$，计算 0.100mol/L NaAc 溶液的 pH 值。

解：因为 NaAc 可完全解离，Ac^- 为一元弱碱，其 $K_b = K_w/K_a = 5.68 \times 10^{-10}$。

$cK_b > 20K_w$，$c/K_b = 0.100/(5.68 \times 10^{-10}) > 500$，则可用计算公式：

$$[OH^-] = \sqrt{K_b c} = \sqrt{5.68 \times 10^{-10} \times 0.100} = 7.54 \times 10^{-6} (mol/L)$$

$$pOH = -\lg[OH^-] = -\lg(7.54 \times 10^{-6}) = 5.12$$

$$pH = 14 - pOH = 8.88$$

答：此时，0.100mol/L NaAc 溶液的 pH 为 8.88。

（二）强碱滴定一元弱酸

1. 滴定过程

以 0.1000mol/L NaOH 滴定 20.00mL 0.1000mol/L HAc 为例讨论此种类型酸碱滴定的 pH 变化情况。滴定反应式：

$$HAc + OH^- \Longrightarrow Ac^- + H_2O$$

（1）滴定前。 HAc 为弱酸，不完全解离，pH 计算按照式(4-6) 计算（$c = 0.1000mol/L$）：

$$[H^+] = \sqrt{K_a c_{HAc}} = \sqrt{1.76 \times 10^{-5} \times 0.1000} = 1.33 \times 10^{-3} (mol/L)$$

$$pH = -\lg[H^+] = -\lg(1.33 \times 10^{-3}) = 2.88$$

（2）滴定开始到化学计量点前。 体系为 HAc-NaAc 缓冲体系，溶液的 pH 按下式计算：

$$pH = pK_a + \lg \frac{c_{Ac^-}}{c_{HAc}}$$

当加入 NaOH 滴定液 19.98mL 时，有 0.02mL HAc 未参与反应。

$$pH = pK_a + \lg \frac{c_{Ac^-}}{c_{HAc}} = 4.75 + \lg \frac{0.1000 \times 19.98}{0.1000 \times 0.02} = 7.75$$

（3）化学计量点时。 NaOH 和 HAc 反应完全，溶液的组成为 $NaAc + H_2O$，Ac^- 为一元弱碱，溶液的 pH 按式(4-7) 进行计算：

$$[OH^-] = \sqrt{K_b c_{Ac^-}} = \sqrt{\frac{K_w}{K_a} c_{Ac^-}} = \sqrt{\frac{10^{-14}}{1.76 \times 10^{-5}} \times \frac{0.1000 \times 20.00}{20.00 + 20.00}} = 5.33 \times 10^{-6} (mol/L)$$

$$pOH = -\lg[OH^-] = -\lg(5.33 \times 10^{-6}) = 5.27$$

$$pH = 14 - pOH = 8.73$$

（4）化学计量点后。 溶液由 $NaOH + NaAc$ 组成，溶液 pH 主要取决于强碱 NaOH 的量。

$$[OH^-] = \frac{c_{NaOH} V_{NaOH} - c_{HAc} V_{HAc}}{V_{HAc} + V_{NaOH}}$$

例如，当加入 NaOH 溶液 20.02mL 时

$$[OH^-] = \frac{0.1000 \times 20.02 - 0.1000 \times 20.00}{20.00 + 20.02} = 5.00 \times 10^{-5} (mol/L)$$

$$pOH = -lg[OH^-] = 4.30$$

$$pH = 14 - pOH = 9.70$$

强碱滴定弱酸过程中溶液的 pH 变化如表 4-5 所示。

表 4-5　0.1000mol/L NaOH 滴定 20.00mL 0.1000mol/L HAc 的 pH 变化

加入 NaOH 体积/mL	剩余 HCl 体积/mL	过量 NaOH 体积/mL	溶液组成	$[H^+]$ 计算公式	pH	
0.00	20.00		HAc	$[H^+] = \sqrt{K_a \cdot c_{HAc}}$	2.88	
10.00	10.00				4.75	
18.00	2.00		HAc 和 Ac$^-$	$[H^+] = K_a \cdot \dfrac{c_{HAc}}{c_{Ac^-}}$	5.70	
19.80	0.20				6.74	
19.98	0.02				7.75	突跃范围
20.00	0.00		Ac$^-$	$[OH^-] = \sqrt{K_b \cdot c_{Ac^-}} = \sqrt{\dfrac{K_w}{K_a} \cdot c_{Ac^-}}$	8.73	
20.02		0.02	OH$^-$ 和 Ac$^-$	$[OH^-] = \dfrac{c_{NaOH}V_{NaOH} - c_{HAc}V_{HAc}}{V_{HAc} + V_{NaOH}}$	9.70	
20.20		0.20			10.70	

强碱滴定一元弱酸的滴定曲线如图 4-3 所示。

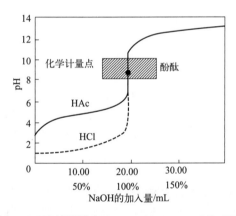

图 4-3　0.1000mol/L NaOH 溶液滴定 20.00mL0.1000mol/L HAc 溶液的滴定曲线
虚线为 0.1000mol/L HCl 溶液的滴定曲线

2. 一元弱酸滴定曲线的特点及指示剂的选择

与强酸强碱的滴定曲线比较，强碱滴定一元弱酸的滴定曲线有如下特点。

（1）曲线起点高。以 0.1000mol/L NaOH 滴定 0.1000mol/L HAc 为例，因为 HAc 是弱酸，在水溶液中只发生部分解离，溶液中的 $[H^+]$ 不等于醋酸的原始浓度，pH 也不等于 1，而是等于 2.88，pH 高于强酸。

（2）pH 的变化速率不同。滴定开始后，溶液中生成的 Ac$^-$ 产生同离子效应，抑制 HAc 解离，$[H^+]$ 较快地降低，pH 较快增加；当继续滴入 NaOH，由于 NaAc 不断生成，在溶液中构成 NaAc-HAc 缓冲体系，使溶液 pH 变化缓慢，因此这一段曲线变化较为平坦。在接近化学计量点时，溶液中剩余的 HAc 越来越少，其缓冲作用显著降低，继续滴入

NaOH，溶液的 pH 较快地增大，直到达到化学计量点时，溶液的 pH 发生突变，形成滴定突跃。

(3) 化学计量点时溶液呈碱性。 计量点的 pH 取决于弱酸的共轭碱在水中的解离程度，被滴定酸的酸性越弱，其共轭碱的碱性越强，化学计量点的 pH 越高。

(4) 突跃范围小。 滴定突跃范围为 7.75～9.70，变化了 1.95 个 pH 单位，比强碱强酸（变化了 5.40 个 pH 单位）小得多，可选指示剂种类更少，只能选用碱性区域内变色的指示剂，如中性红、酚红、酚酞或百里酚酞。

3. 影响滴定突跃范围的因素

弱酸溶液 H^+ 浓度不仅与酸的浓度有关，还与弱酸解离平衡常数有关。滴定突跃反映的是溶液中 H^+ 浓度水平，弱酸浓度越大，弱酸的解离常数 K_a 越大，则滴定突跃范围越大；反之越小。大量实验表明，只有弱酸的 $K_a c \geqslant 10^{-8}$，用强碱滴定该弱酸时才会出现明显的滴定突跃范围，以选择合适的指示剂，该弱酸能够被强碱准确滴定。

（三）强酸滴定一元弱碱

以 0.1000mol/L HCl 滴定 20.00mL 0.1000mol/L $NH_3 \cdot H_2O$ 为例讨论此种类型酸碱滴定的 pH 变化情况。滴定反应式：

$$HCl + NH_3 \Longleftrightarrow NH_4^+ + Cl^-$$

滴定过程 pH 由大到小变化，滴定曲线形状与强碱滴定一元弱酸相反。在化学计量点时，溶液为 NH_4Cl，其酸度由 $NH_3 \cdot H_2O$ 的共轭酸 NH_4^+ 的 K_a 和 c 决定，由于溶液的体积增大一倍，故 $c = 0.05000mol/L$，又因 $K_a c > 20K_w$，$c/K_a > 500$，故按下式进行计算。

$$[H^+] = \sqrt{K_a c} = \sqrt{\frac{K_w c}{K_b}}$$

$$[H^+] = \sqrt{\frac{1.00 \times 10^{-14} \times 5.00 \times 10^{-2}}{1.76 \times 10^{-5}}} = 5.3 \times 10^{-6}(mol/L)$$

$$pH = 5.27$$

滴定突跃范围为 pH 6.25～4.30，在酸性范围内，所以应选择在酸性范围变色的指示剂，如甲基橙或甲基红。与弱酸相似，弱碱可被准确滴定的条件为 $K_b c \geqslant 1.0 \times 10^{-8}$。

三、多元酸、碱的滴定

常见的多元酸（碱）绝大多数为弱酸（碱），在水溶液中的解离和滴定都是分步进行的。在多元酸、碱的滴定中必须要考虑两个方面的问题：一是能否准确分步滴定；二是选择哪种指示剂。

（一）多元酸的滴定

1. 多元酸的滴定条件

当 $K_{an} c \geqslant 10^{-8}$ 时，则这一级解离的 H^+ 可被准确滴定。判断能否分步滴定，可用相邻两级 K_a 值之比 $K_{an}/K_{a(n+1)}$ 进行。

如 $K_{a1} c \geqslant 10^{-8}$，$K_{a2} c \geqslant 10^{-8}$，当 $K_{a1}/K_{a2} \geqslant 10^5$ 时，则解离的两个 H^+ 都能被准确滴定，滴定中两个突跃可明显分开，即能分步滴定。

如 $K_{a1} c \geqslant 10^{-8}$，$K_{a2} c \geqslant 10^{-8}$，当 $K_{a1}/K_{a2} < 10^5$ 时，不能被分步滴定，两级解离的 H^+ 将一起被滴定。

如 $K_{a1} c \geqslant 10^{-8}$，$K_{a2} c < 10^{-8}$，当 $K_{a1}/K_{a2} \geqslant 10^5$ 时，则只能准确滴定第一级解离的 H^+，

形成一个突跃，第二级解离的 H^+ 不能被准确滴定；当 $K_{a1}/K_{a2}<10^5$ 时，第二级解离的 H^+ 干扰第一级解离的 H^+ 的滴定，都无法准确滴定。

例如，H_3PO_4 是多元酸，在水溶液中分三步解离：

$$H_3PO_4 \Longleftarrow H^+ + H_2PO_4^- \qquad K_{a1}=7.52\times10^{-3} \qquad pK_{a1}=2.12$$
$$H_2PO_4^- \Longleftarrow H^+ + HPO_4^{2-} \qquad K_{a2}=6.23\times10^{-8} \qquad pK_{a2}=7.21$$
$$HPO_4^{2-} \Longleftarrow H^+ + PO_4^{3-} \qquad K_{a3}=4.40\times10^{-13} \qquad pK_{a3}=12.36$$

用 $0.1000mol/L$ 的 NaOH 溶液滴定 $20.00mL$ $0.1000mol/L$ 的 H_3PO_4 溶液时，滴定反应可以写成：

$$H_3PO_4+NaOH \Longleftarrow NaH_2PO_4+H_2O$$
$$NaH_2PO_4+NaOH \Longleftarrow Na_2HPO_4+H_2O$$

根据多元酸能被准确滴定的原则，因为 $K_{a1}c=7.52\times10^{-3}\times0.1000=7.52\times10^{-4}>10^{-8}$，且 $K_{a1}/K_{a2}=1.2\times10^5>10^5$，这第一级解离的 H^+ 能被准确滴定，出现第一个滴定突跃。因为 H_3PO_4 的第二级解离常数 $K_{a2}c\approx10^{-8}$，且 $K_{a2}/K_{a3}>10^5$，则第二级解离出的 H^+ 也可被准确滴定，有一个滴定突跃。由于 $K_{a3}c<10^{-8}$ 所以第三级解离出的 H^+ 不能被准确滴定。因此用 NaOH 滴定 H_3PO_4 时，只有两个滴定突跃。用 pH 计记录滴定过程中 pH 的变化，得到 NaOH 滴定 H_3PO_4 的滴定曲线，如图 4-4 所示。

2. 多元酸滴定指示剂的选择

多元酸滴定过程中溶液的组成及滴定曲线比较复杂，通常用最简式估算化学计量点的 pH，根据 pH 选择指示剂。例如 NaOH 滴定 H_3PO_4 时，计量点的 pH 计算方法如下。

第一化学计量点时：生成物是 $H_2PO_4^-$，$[H^+]=\sqrt{K_{a1}K_{a2}}=2.16\times10^{-5}mol/L$，pH=4.67，可选甲基橙或甲基红作指示剂。

第二化学计量点时：生成物是 HPO_4^{2-}，$[H^+]=\sqrt{K_{a2}K_{a3}}=1.66\times10^{-10}mol/L$，pH=9.78，故可选用酚酞或百里酚酞作为指示剂。

（二）多元碱的滴定

多元碱的滴定方法与多元酸的滴定方法类似，也可分步滴定。所以，多元酸分步滴定的方法、过程、结论同样适用于多元碱的滴定，计算公式中要将 K_ac 替换为 K_bc。下面将以 $0.1000mol/L$ HCl 滴定 $20.00mL$ $0.1000mol/L$ Na_2CO_3 为例，讨论多元碱滴定的特点。

Na_2CO_3 是 H_2CO_3 的钠盐，水溶液呈碱性，可视为二元碱，在水溶液中分两步解离：

$$CO_3^{2-}+H_2O \Longleftarrow HCO_3^-+OH^- \qquad K_{b1}=1.78\times10^{-4} \qquad pK_{b1}=3.75$$
$$HCO_3^-+H_2O \Longleftarrow H_2CO_3+OH^- \qquad K_{b2}=2.33\times10^{-8} \qquad pK_{b2}=7.63$$

因为 $K_{b1}c=1.78\times10^{-4}\times0.1=1.78\times10^{-5}>10^{-8}$，$K_{b2}c=2.33\times10^{-8}\times0.1=2.33\times10^{-9}\approx10^{-8}$，且 K_{b1}/K_{b2} 接近 10^5，两步滴定反应有交叉，滴定的准确度不是很高。

滴定反应如下：

$$Na_2CO_3+HCl \Longleftarrow NaHCO_3+NaCl$$
$$NaHCO_3+HCl \Longleftarrow H_2CO_3+NaCl$$

滴定曲线如图 4-5 所示。

第一化学计量点时：生成物是 HCO_3^-，是两性物质，溶液的 pH 按照两性溶液 pH 的最简式计算，即 $[OH^-]=\sqrt{K_{b1}K_{b2}}$，pOH=5.69，pH=8.31，可选酚酞或酚红-百里酚蓝混合指示剂。

第二化学计量点时：生成物是 H_2CO_3，为 CO_2 的饱和溶液，已知在常压下其浓度约为 $0.04mol/L$，故 $[H^+]=\sqrt{cK_{a1}}=\sqrt{0.04\times4.3\times10^{-7}}=1.31\times10^{-4}(mol/L)$，pH=3.88，

可选甲基橙或甲基橙-溴甲酚绿混合指示剂。

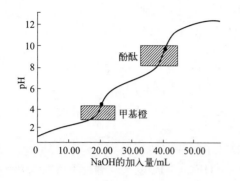

图 4-4　0.1000mol/L NaOH 溶液滴定 20.00mL
0.1000mol/L H_3PO_4 溶液的滴定曲线

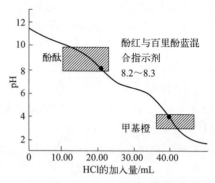

图 4-5　0.1000mol/L HCl 溶液滴定 20.00mL
0.1000mol/L Na_2CO_3 溶液的滴定曲线

应当注意，由于 K_{b2} 不够大，在接近第二化学计量点时，容易形成 CO_2 的过饱和溶液而导致滴定终点提前，必须将 CO_2 加热煮沸除去，待冷却后继续滴定；或在接近计量点时充分振摇锥形瓶以加速 H_2CO_3 的分解，使终点时指示剂变色敏锐，以保证分析结果的准确度。

四、酸碱滴定液

H_2SO_4、HCl、NaOH、KOH 等溶液是常用的酸碱滴定液，其中最常用的滴定液是 HCl 和 NaOH 溶液，其浓度一般为 0.1mol/L。因为 HCl 具有挥发性，NaOH 有吸湿性，易与空气中的 CO_2 和 H_2O 反应，所以通常采用间接法配制。

具体方法见本模块任务一 HCl 滴定液（0.10mol/L）的配制与标定和任务二 NaOH 滴定液（0.1mol/L）的配制与标定。

需要注意，NaOH 溶液能够腐蚀玻璃，所以应贮存在聚乙烯塑料瓶中，密封保存；瓶塞中应有 2 个孔，孔内各插入玻璃管 1 支，一支管与钠石灰管相连，避免滴定液吸收空气中的 CO_2 和水，另一支管供吸出本液使用。亦可使用市售 NaOH 滴定液储液瓶，如图 4-6 所示。

五、应用实例

酸碱滴定法能测定一般的酸、碱以及能与酸、碱起作用的物质，也能间接测定一些非酸非碱的物质，因而其应用范围非常广泛。例如，临床上用于解热镇痛的药物乙酰水杨酸（阿司匹林）、药用氢氧化钠等都可用酸碱滴定法进行测定。

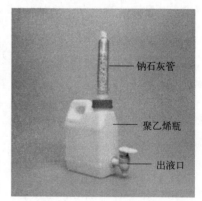

图 4-6　NaOH 滴定液储液瓶

（一）药用氢氧化钠的测定（直接滴定法）

NaOH 是强碱，极易吸收空气中的 CO_2 生成 Na_2CO_3，故 NaOH 中常混有 Na_2CO_3。所以 NaOH 的测定采用的是双指示剂滴定法，用 HCl 滴定液进行滴定，分步测定出 NaOH 和 Na_2CO_3 的含量。

第一步滴定反应：

$$NaOH + HCl \Longrightarrow NaCl + H_2O$$

$$Na_2CO_3 + HCl \Longrightarrow NaHCO_3 + NaCl$$

第二步滴定反应：

$$NaHCO_3 + HCl \Longrightarrow NaCl + CO_2 \uparrow + H_2O$$

以 HCl 为滴定液，在第一化学计量点时，NaOH 被全部中和，而 Na_2CO_3 被中和为 $NaHCO_3$，$[H^+] = \sqrt{K_{a1}K_{a2}}$，pH = 8.3，故可选用酚酞为指示剂。当酚酞变色时，此时消耗 HCl 滴定液的体积为 V_1 mL；继续用 HCl 滴定，至第二化学计量点时，生成的 $NaHCO_3$ 进一步被中和，形成 H_2CO_3 饱和溶液，可以甲基橙为指示剂，此时消耗的 HCl 滴定液的体积为 V_2 mL。根据下式计算 NaOH 和 Na_2CO_3 的含量：

$$w_{NaOH} = \frac{c_{HCl}(V_1 - V_2)M_{NaOH} \times 10^{-3}}{m_s} \times 100\%$$

$$w_{Na_2CO_3} = \frac{\frac{1}{2}c_{HCl} \times 2V_2 M_{Na_2CO_3} \times 10^{-3}}{m_s} \times 100\%$$

式中，w_{NaOH} 为 NaOH 的质量分数；$V_1 - V_2$ 为滴定消耗在 NaOH 组分上的 HCl 滴定液的体积，mL；M_{NaOH} 为 NaOH 的摩尔质量，g/mol；$w_{Na_2CO_3}$ 为 Na_2CO_3 的质量分数；$2V_2$ 为滴定消耗在 Na_2CO_3 组分上的 HCl 滴定液的体积，mL；$M_{Na_2CO_3}$ 为 Na_2CO_3 的摩尔质量，g/mol；m_s 为称取样品的质量，g。

（二）铵盐中氮的测定（间接滴定法）

NH_4^+ 是弱酸，其 $K_a = 5.68 \times 10^{-10}$，因此此类无机铵盐，如 NH_4Cl、$(NH_4)_2SO_4$ 等，不能直接用酸碱滴定，通常用下述方法测定其含量。

1. 蒸馏法

蒸馏法又称凯氏定氮法，无机物、蛋白质、生物碱及其他有机样品中的氮常用凯氏定氮法测定。测定有机试样时，首先将样品用浓硫酸煮沸分解，有机物中的氮转变为 NH_4^+，在铵盐溶液中滴加过量的 NaOH，加热煮沸使 NH_3 析出，反应式如下：

$$NH_4^+ + OH^- \Longrightarrow NH_3 \uparrow + H_2O$$

NH_3 可用过量的 HCl 或 H_2SO_4 标准溶液吸收，以甲基橙或甲基红为指示剂，用 NaOH 标准溶液滴定过量的酸。也可用 H_3BO_3 溶液吸收蒸出的 NH_3，生成的 $B(OH)_4^-$，反应式如下：

$$NH_3 + H_3BO_3 + H_2O \Longrightarrow NH_4^+ + B(OH)_4^-$$

$B(OH)_4^-$ 也可用硫酸或盐酸标准溶液滴定。

想一想

你发现蒸馏法（凯氏定氮法）在测定蛋白质含量时有何缺陷了吗？

2. 甲醛法

甲醛法适用于铵态 N 的测定。铵盐与甲醛反应，定量生成六亚甲基四铵盐和 H^+，其反应式如下：

$$4NH_4^+ + 6HCHO \Longrightarrow (CH_2)_6N_4H^+ + 3H^+ + 6H_2O$$

生成的 $(CH_2)_6N_4H^+$（$K_a = 7.1 \times 10^{-6}$）和 H^+ 可用 NaOH 滴定液滴定，反应式为：

$$(CH_2)_6N_4H^+ + 3H^+ + 4OH^- \Longrightarrow (CH_2)_6N_4 + 4H_2O$$

滴定终点产物 $(CH_2)_6N_4$ 为弱碱，化学计量点时溶液的 pH $\approx$ 8.7，可选择酚酞为指示剂，终点颜色为红色。

由上述反应式可见，$1mol NH_4^+$ 相当于 $1mol H^+$，因此 N 与 NaOH 的化学计量关系为 $1:1$，则可通过 NaOH 滴定液消耗量来计算样品中 N 的量。计算公式如下：

$$w_N = \frac{c_{NaOH} V_{NaOH} M_N \times 10^{-3}}{m_s} \times 100\%$$

式中，w_N 为 N 的质量分数；c_{NaOH} 为 NaOH 滴定液的物质的量浓度，mol/L；V_{NaOH} 为消耗 NaOH 滴定液的体积，mL；M_N 为 N 的摩尔质量，g/mol；m_s 为称取样品的质量，g。

注意甲醛中常含有甲酸，使用前应预先中和除去。此外，铵盐与甲醛在室温下反应较慢，加入甲醛后，常需要放置几分钟，使反应完全。

 拓展阅读

凯氏定氮法测定蛋白质含量

凯氏定氮法是由丹麦化学家凯道尔于 1883 年建立的分析有机化合物含氮量的常用方法。凯氏定氮法测定蛋白质含量的理论基础为：蛋白质中的含氮量通常占其总质量的 16% 左右（12%～19%），因此，通过测定物质中的含氮量便可估算出物质中的总蛋白质含量（假设测定物质中的氮全部来自蛋白质），即：蛋白质含量＝含氮量×6.25（6.25 为换算系数）。

凯氏定氮法是测定化合物或混合物中总氮量的一种方法。即在有催化剂的条件下，用浓硫酸消化样品将有机氮都转变成无机铵盐，然后在碱性条件下将铵盐转化为氨，氨随水蒸气蒸馏出来并被过量的硼酸液吸收，再以盐酸标准溶液滴定，就可计算出样品中的氮含量。由于蛋白质含氮量比较恒定，可由其含氮量计算蛋白质含量，故凯氏定氮法是经典的蛋白质定量方法。

单元三　非水溶液酸碱滴定法

当某些弱酸或弱碱在水中的 $K_a c < 10^{-8}$，或 $K_b c < 10^{-8}$ 时，或在水中溶解度太小时，导致溶液中 H^+ 或 OH^- 浓度过低，滴定时不能形成有效的滴定突跃，会使水溶液中的滴定无法准确进行。解离平衡常数的大小与溶剂

非水溶液酸碱滴定法

有关，人们通过实践提出了非水酸碱滴定法，即在非水溶剂中进行的酸碱滴定，可增大解离常数，从而解决上述问题。该法主要用于测定有机碱及其氢卤酸盐、有机酸盐及某些有机弱酸含量。

一、非水溶剂

1. 非水溶剂的分类

（1）质子溶剂。指能给出质子或接受质子的溶剂，其特点是溶剂分子间有质子传递，可分为三类：

① 酸性溶剂。能给出质子的溶剂，如冰醋酸、丙酸等，用作滴定弱碱性物质的介质。

② 碱性溶剂。容易接受质子的溶剂，如乙二胺、液氨、乙醇胺等，用作滴定弱酸性物质的介质。

③ 两性溶剂。又称为中性溶剂，既能给出质子，又能接受质子，用作滴定不太弱的酸或碱的溶剂。醇类一般属于两性溶剂，如甲醇、乙醇、乙二醇等，当溶质是较强的碱时，这种溶剂显酸性，当溶质是较强的酸时，这种溶剂显碱性。

（2）非质子溶剂。 指没有给出质子能力，分子间无传递性质子的溶剂，可分为两类：

① 偶极亲质子性溶剂。分子间无传递性质子，但却有较弱的接受质子的倾向及程度不同的形成氢键能力。如酰胺类、酮类、腈类、二甲亚砜、吡啶等溶剂。

② 惰性溶剂。又称非极性溶剂，分子不参与酸碱反应，也无形成氢键的能力，多为饱和烃类或苯等一类化合物。如苯、四氯化碳、二氯乙烷等。

为了改善样品的溶解性能和滴定突跃，使终点变色敏锐，可将惰性溶剂与质子溶剂混合使用，例如冰醋酸-苯混合溶剂，可用于弱碱性物质的滴定，苯-甲醇用于羧酸类物质的滴定。

👥 想一想

混合溶剂常由酸性、碱性与惰性溶剂按照一定比例混合得到，那么在混合溶剂中，哪种溶剂可以作为区分性溶剂，为什么？

2. 非水溶剂的性质

溶剂的酸碱性对物质酸碱性的强弱有影响。以 HA 代表酸，B 代表碱，SH 代表溶剂，酸在溶剂中发生质子的传递反应：

$$HA + SH \rightleftharpoons SH_2^+ + A^-$$

该反应的平衡常数 K_{HA} 为：

$$K_{HA} = \frac{[SH_2^+][A^-]}{[HA][SH]} \tag{4-8}$$

分子分母同时乘以 $[H^+]$，则上式变为：

$$K_{HA} = \frac{[H^+][A^-][SH_2^+]}{[HA][SH][H^+]} = K_a^{HA} K_b^{SH} \tag{4-9}$$

反应平衡常数 K_{HA} 是 HA 在溶剂 SH 中的表观解离常数，HA 的表观酸强度取决于 HA 的固有酸度（K_a^{HA}）和溶剂 SH 的碱度（K_b^{SH}）。溶剂 SH 碱性越强，反应越完全，则 HA 的酸性越强。酸性的强弱取决于酸给出质子的能力和溶剂接受质子的能力。例如由于 H_2O 的碱性强于 HAc，所以 HCl 在 H_2O 中的酸性强于在 HAc 中的酸性。

同理，碱 B 溶于溶剂 SH 中也存在下列平衡：

$$B + SH \rightleftharpoons BH^+ + S^-$$

该反应的平衡常数 K_B 为：

$$K_B = \frac{[BH^+][S^-]}{[B][SH]} = K_b^B K_a^{SH} \tag{4-10}$$

碱 B 在溶剂 SH 中的表观碱强度取决于 B 的碱度和溶剂 SH 的酸度，即取决于碱接受质子的能力和溶剂给出质子的能力。溶剂 SH 酸性越强，B 的碱性越强。例如，由于 HAc 的酸性强于 H_2O，所以 NH_3 在 HAc 中的碱性比在 H_2O 中的碱性强。

综上，物质的酸碱性取决于其自身性质及溶剂性质，碱性溶剂使弱酸的酸性增强，酸性溶剂使弱碱的碱性增强。

3. 非水溶剂的选择原则

① 溶剂要能完全溶解样品及产物，按相似相溶原理选择；

② 所选溶剂要增强样品的酸碱性，弱碱性样品应选择酸性溶剂，弱酸性样品应选择碱性溶剂；

③ 溶剂不能引起副反应；

④ 溶剂纯度要高（不含水）；

⑤ 溶剂的黏度、挥发性、毒性均要小，并易于回收和精制。

二、滴定类型

选择适当非水溶剂作为滴定介质，利用非水溶剂的性质改变物质的酸碱相对强度，可对弱酸或弱碱进行滴定分析。

（一）弱酸的滴定

$K_a c < 10^{-8}$ 的弱酸在水溶液中不能用碱直接滴定，此时应选择碱性比水强的溶剂，能使弱酸性化合物的酸性增强，滴定突跃明显。一般滴定不太弱的酸（如羧酸）可选用醇类作溶剂，如甲醇、乙醇等；滴定较弱的酸可选用乙二胺或二甲基甲酰胺等碱性溶剂。滴定液一般选择甲醇钠和氢氧化四丁铵溶液。

1. 甲醇钠滴定液的配制与标定

配制甲醇钠滴定液多采用苯-甲醇混合溶剂。甲醇钠由甲醇和金属钠反应制得，其反应式为：

$$2CH_3OH + 2Na \longrightarrow 2CH_3ONa + H_2\uparrow$$

0.1mol/L 甲醇钠滴定液采用间接法配制。取无水甲醇（含水量为 0.2% 以下）150mL，置于冰水冷却的容器中，分次加入新切的金属钠 2.5g，完全溶解后，加无水苯（含水量为 0.02% 以下）适量，定容至 1000mL，摇匀即得，待标定后备用。标定甲醇钠滴定液的基准物质为苯甲酸，标定反应为：

$$CH_3ONa + C_6H_5COOH \Longleftrightarrow C_6H_5COONa + CH_3OH$$

标定方法是：取在五氧化二磷干燥器中减压干燥至恒重的基准苯甲酸约 0.4g，精密称定，加无水甲醇 15mL 使其溶解，加无水苯 5mL 与含 1% 麝香草酚蓝的无水甲醇溶液 1 滴，用待标定液滴定至溶液显蓝色，并将滴定的结果用空白试验校正，进行平行试验 3 次。正确记录数据并进行结果分析。按下式计算 CH_3ONa 滴定液的物质的量浓度：

$$c_{CH_3ONa} = \frac{m_{C_7H_6O_2} \times 10^3}{M_{C_7H_6O_2}(V - V_0)}$$

式中，c_{CH_3ONa} 为 CH_3ONa 滴定液物质的量浓度，mol/L；$m_{C_7H_6O_2}$ 为称取基准物质 $C_7H_6O_2$ 的质量，g；$M_{C_7H_6O_2}$ 为 $C_7H_6O_2$ 的摩尔质量，g/mol；$V - V_0$ 为滴定消耗 CH_3ONa 滴定液的体积，mL。

CH_3ONa 滴定液每次临用前均应重新标定。

2. 指示剂的选择

标定碱标准溶液和测定酸时，常用的指示剂是百里酚蓝，其碱式色为蓝色，酸式色为黄色。偶氮紫、溴酚蓝、麝香草酚蓝等也是常用的指示剂。

（二）弱碱的滴定

$K_b c < 10^{-8}$ 的弱碱在水溶液中不能用酸直接滴定，此时应选择能提高被测物质碱性的酸性溶剂，使弱碱性化合物的碱性增强，滴定突跃明显。冰醋酸是常用的酸性溶剂，滴定液一般选择高氯酸。

1. 高氯酸滴定液的配制与标定

市售冰醋酸中常含有少量水分，一般需加入少量醋酐与水反应，除去水分。市售高氯酸含水，也需加入醋酐除去水分。另外，高氯酸与有机物接触，遇热时极易引起爆炸，因此不能将醋酐直接加入到高氯酸中，应先用无水冰醋酸将高氯酸稀释，然后在不断搅拌下慢慢滴加醋酐。

具体配制方法是：取无水冰醋酸（按含水量计算，每 1g 水加醋酐 5.22mL）750mL，加入高氯酸（70%~72%）8.5mL，摇匀，在室温下缓缓滴加醋酐 24mL，边滴边摇，加完后摇匀，冷却。加适量无水冰醋酸定容至 1000mL，摇匀，置棕色玻璃瓶中，密闭保存。放置 24h，待标定后备用。

标定高氯酸滴定液，常用邻苯二甲酸氢钾为基准物质，结晶紫为指示剂。标定反应如下：

标定方法是：精密称取在 105℃ 干燥至恒重的基准邻苯二甲酸氢钾（$KHC_8H_4O_4$）约 0.16g，加无水冰醋酸 20mL 使其溶解，加入结晶紫指示液 1 滴，用待标定液缓缓滴定至溶液显蓝色，并将滴定的结果用空白试验校正，进行平行试验 3 次。正确记录数据并进行结果分析。

按下式计算 $HClO_4$ 滴定液的物质的量浓度：

$$c_{HClO_4} = \frac{m_{KHC_8H_4O_4} \times 10^3}{M_{KHC_8H_4O_4}(V-V_0)}$$

式中，c_{HClO_4} 为 $HClO_4$ 滴定液物质的量浓度，mol/L；$m_{KHC_8H_4O_4}$ 为称取基准物质 $KHC_8H_4O_4$ 的质量，g；$M_{KHC_8H_4O_4}$ 为 $KHC_8H_4O_4$ 的摩尔质量，g/mol；$V-V_0$ 为滴定消耗 $HClO_4$ 滴定液的体积，mL。

非水溶剂的体积膨胀系数较大，即体积随温度的改变值较大。冰醋酸的体积膨胀系数为 $1.1 \times 10^{-3}/℃$，即温度改变 1℃，体积有 0.11% 的变化。因此若用高氯酸的冰醋酸滴定液滴定样品时的温度与标定时的温度有显著差异，应重新标定或按式（4-11）加以校正。

$$c_1 = \frac{c_0}{1+0.0011(t_1-t_0)} \tag{4-11}$$

式中，c_0 为标定时的浓度，mol/L；c_1 为测定时的浓度，mol/L；t_0 为标定时的温度，℃；t_1 为测定时的温度，℃。

2. 指示剂的选择

以冰醋酸作溶剂，用酸标准溶液滴定碱时，最常用的指示剂为结晶紫（0.5% 冰醋酸溶液），其碱式色为紫色，酸式色为黄色。在滴定不同的碱时，终点颜色变化不同。若滴定较强的碱，应以蓝色或蓝绿色为终点；若滴定较弱的碱，应以蓝绿色或绿色为终点。指示剂还有 α-萘酚苯甲醇（0.2% 冰醋酸溶液，其碱式色为黄色，酸式色为绿色）和喹哪啶红（0.1% 甲醇溶液，其碱式色为红色，酸式色为无色）。

三、应用实例

（一）弱酸的滴定

在非水溶液中，酸的滴定主要是利用碱性溶剂增强弱酸的酸性，再用碱滴定液进行滴定。例如：胆酸和去氧胆酸为熊胆的药效成分，具有利胆溶石作用，其含量可采用非水溶液滴定法测定。甲醇钠滴定胆酸、去氧胆酸的反应如下：

$$RCOOH + CH_3OH \Longrightarrow CH_3OH_2^+ + RCOO^-$$
$$CH_3ONa \Longrightarrow CH_3O^- + Na^+$$
$$CH_3OH_2^+ + CH_3O^- \Longrightarrow 2CH_3OH$$
总反应式：$RCOOH + CH_3ONa \Longrightarrow CH_3OH + RCOONa$

精密称取胆酸或去氧胆酸 50～150mg 于 150mL 烧杯中，加入中性的苯-甲醇（10:1）混合溶剂 55mL，摇匀，加入 0.5%百里酚蓝指示液 2 滴，在不断搅拌下用 0.1mol/L 甲醇钠滴定液滴定至溶液变蓝，即为终点。

（二）弱碱的滴定

具有碱性基团的化合物，如胺类、氨基酸、弱酸盐及有机碱的盐等都可用高氯酸滴定液滴定。各国药典中应用高氯酸-醋酸非水溶液滴定法测定的有机化合物有：有机弱碱、有机酸的碱金属盐、有机碱的氢卤酸盐及有机碱的有机酸盐等。例如，盐酸麻黄碱（$C_{10}H_{15}NO \cdot HCl$）为拟肾上腺素药，能兴奋交感神经，可用于支气管哮喘、百日咳、枯草热及其他过敏性疾病，还能对抗脊椎麻醉引起的血压降低、扩大瞳孔，也用于重症肌无力、痛经等疾患。其测定方法如下：精密称取本品 0.15g，加冰醋酸 10mL，加热溶解后，加醋酸汞试液 4mL 与结晶紫指示剂 1 滴，用 0.1mol/L 高氯酸滴定液滴定至溶液显蓝绿色，并将滴定的结果用空白试验校正。每 1mL 高氯酸滴定液（0.1mol/L）相当于 20.17mg 的 $C_{10}H_{15}NO \cdot HCl$。根据消耗 $HClO_4$ 滴定液的体积计算 $C_{10}H_{15}NO \cdot HCl$（$M=210.70g/mol$）的含量。计算公式如下：

$$w_{C_{10}H_{15}NO \cdot HCl} = \frac{c_{HClO_4} V_{HClO_4} M_{C_{10}H_{15}NO \cdot HCl} \times 10^{-3}}{m_s} \times 100\%$$

式中，$w_{C_{10}H_{15}NO \cdot HCl}$ 为盐酸麻黄碱试样中 $C_{10}H_{15}NO \cdot HCl$ 的质量分数；c_{HClO_4} 为 $HClO_4$ 滴定液的物质的量浓度，mol/L；V_{HClO_4} 为滴定消耗 $HClO_4$ 滴定液的体积，mL；$M_{C_{10}H_{15}NO \cdot HCl}$ 为 $C_{10}H_{15}NO \cdot HCl$ 的摩尔质量，g/mol；m_s 为称取样品的质量，g。

任务一　HCl 滴定液（0.1mol/L）的配制与标定

【任务描述】

1. 配制
取盐酸 9.0mL，加适量的水配成 1000mL，摇匀。

2. 标定
取在 270～300℃干燥至恒重的基准无水碳酸钠约 0.15g，精密称定，加

HCl 滴定液（0.1mol/L）
的配制与标定

水 50mL 使其溶解，加甲基红-溴甲酚绿混合指示液 10 滴，用 HCl 滴定液滴定至溶液由绿色转变为紫红色时，煮沸 2min，冷却至室温，继续滴定至溶液由绿色变为暗紫色。根据本液的消耗量与无水碳酸钠的取用量，计算本液的浓度。（《中国药典》）

【任务分析】

1. 关键问题
① 为什么不能用直接法配制 HCl 滴定液？
② 指示剂如何选择？
③ 在临近滴定终点时，为什么要将溶液加热煮沸？

2. 乐学善思
盐酸是常用的酸标准溶液，通常使用的浓度为 0.01～1mol/L。浓盐酸极易挥发而放出氯化氢气体，直接配制准确度差，所以不能作为基准物质，故采用间接法配制。先配制成所需近似浓度的溶液，再用无水碳酸钠或硼砂等基准物质标定其浓度。

市售浓盐酸的密度约为 1.19g/mL，质量分数为 37%，物质的量浓度为 12mol/L。配制

盐酸滴定液（0.1mol/L）1000mL，应取浓盐酸的体积为：

$$V_1 = \frac{c_2 V_2}{c_1} = \frac{0.1 \times 1000}{12} = 8.3(\text{mL})$$

因浓盐酸易挥发，故取用量可比计算量多一些，可取 9mL。

本任务选用无水碳酸钠作为基准物质，其价格便宜，且容易提纯，但摩尔质量较小，具有吸湿性，故需预先在 270～300℃干燥至恒重，然后置于干燥器中冷却后备用。标定反应式如下：

$$Na_2CO_3 + 2HCl \Longrightarrow 2NaCl + H_2O + CO_2 \uparrow$$

化学计量点时溶液的 pH 值约为 3.89，可选择甲基橙作为指示剂，溶液颜色由黄色变为橙色即为终点。但此变色点不易分辨，为减小终点误差，可使用甲基红-溴甲酚绿混合指示液。该混合指示液在 pH＜5.1 时显紫红色，pH＞5.1 时显绿色，pH＝5.1 时显浅灰色，颜色变化更明显，更敏锐。

在标定过程中需要注意，水中溶解的二氧化碳会影响溶液的 pH，应用新煮沸的冷水。另外反应中亦生成二氧化碳，导致溶液的酸度增大，使溶液颜色变化提前出现。故需在滴定终点前，将溶液加热煮沸 2～3min，并摇动赶走二氧化碳，冷却后再滴定至溶液由绿色变为暗紫色，从而确保标定结果的准确性。

【绿色技能】

① 请分析本任务是否有健康和安全问题，如有，请写出相应预防措施。

② 本任务是否会有环境问题？如有，请写出相关环境保护措施。

【任务准备】

仪器：电子天平（精度 0.0001g）、酸式滴定管（50mL）、量筒（10mL、50mL）、烧杯（500mL）、容量瓶（1000mL）、锥形瓶（250mL）、pH 试纸、试剂瓶、称量瓶、干燥器、电炉。

试剂：浓盐酸（37%，AR）、基准无水碳酸钠、甲基红-溴甲酚绿指示剂、新煮沸的冷水。

【任务实施与评价】

见《学生技能训练工作手册》（活页工单）。

【回顾与提高】

本任务中所用的锥形瓶是否需要烘干？加入的纯化水体积是否需要准确？

任务二　NaOH 滴定液（0.1mol/L）的配制与标定

【任务描述】

1. 配制

取氢氧化钠适量，加水振摇使其溶解成饱和溶液，冷却后，置聚乙烯塑料瓶中，静置数日，澄清后备用。取澄清的氢氧化钠饱和溶液 5.6mL，加新煮沸过的冷水至 1000mL，摇匀。

NaOH 滴定液
（0.1mol/L）
的配制与标定

2. 标定

取在 105℃干燥至恒重的基准邻苯二甲酸氢钾约 0.6g，精密称定，加新煮沸过的冷水50mL，振摇，使其尽量溶解；加酚酞指示液 2 滴，用本液滴定；在临近终点时，应使邻苯二甲酸氢钾完全溶解，滴定至溶液显粉红色。根据本液的消耗量与邻苯二甲酸氢钾的取用量，算出本液的浓度。

3. 贮藏

置聚乙烯塑料瓶中，密封保存；塞中有 2 个孔，孔内各插入玻璃管 1 支，一支管与钠石灰管相连，一支管供吸出本液使用。(《中国药典》)

【任务分析】

1. 关键问题

① 为何要用间接法配制氢氧化钠滴定液？

② 配制氢氧化钠滴定液时，为何要先配制饱和溶液？

③ 为什么要用新煮沸过的冷水溶解邻苯二甲酸氢钾？

2. 乐学善思

氢氧化钠试剂本身不纯，常含有 SO_4^{2-}、SiO_3^{2-}、Cl^- 等杂质，且易吸潮，易与二氧化碳发生反应，不能作为基准物质，需采用间接法配制，即先进行粗配，再进行精确标定。

由于氢氧化钠易吸收空气及水中的二氧化碳，配制的溶液中含有少量碳酸钠，碳酸钠亦具有碱性，令标定反应复杂化，因此应配制不含碳酸钠的氢氧化钠溶液。因为碳酸钠在饱和氢氧化钠溶液中的溶解度很小，所以可将氢氧化钠配制成饱和溶液，静置数日，上清液即为不含碳酸钠的氢氧化钠溶液，可量取适量，再稀释成所需的近似浓度。

饱和 NaOH 溶液物质的量浓度为 20mol/L。如果配制 0.1mol/L NaOH 1000mL，应取饱和 NaOH 溶液的体积为：

$$V_1 = \frac{c_2 V_2}{c_1} = \frac{0.1 \times 1000}{20} = 5(mL)$$

配制时为了使溶液浓度不小于 0.1mol/L，故常取饱和 NaOH 上清液 5.5～5.6mL，加入纯化水稀释至 1000mL，摇匀待标定。

标定氢氧化钠标准溶液通常使用的基准物质是邻苯二甲酸氢钾（KHP）、苯甲酸和草酸。邻苯二甲酸氢钾易制得纯品，且不含结晶水，不吸水，摩尔质量较大，因此，本任务用邻苯二甲酸氢钾标定氢氧化钠滴定液，标定反应式如下。

化学计量点时，生成的强碱弱酸盐水解，溶液的 pH 值约为 9.1，可选择酚酞作为指示剂，终点颜色由无色变为粉红色。

需要注意，本任务中的标定反应为酸碱反应，水中溶解的二氧化碳会影响溶液的 pH，干扰滴定终点的判断，所以应使用新煮沸的冷水，除去水中溶解的二氧化碳。

此外，欲提高标定结果的准确度，还应做空白试验。空白试验的作用是消除试剂、实验用水和器皿带进杂质所造成的系统误差。本任务的空白试验，除不加邻苯二甲酸氢钾外，其他步骤与标定一致。

【绿色技能】

① 请分析本任务是否有健康和安全问题，如有，请写出相应预防措施。

② 本任务是否会有环境问题？如有，请写出相关环境保护措施。

【任务准备】

仪器：电子天平（精度 0.01g、0.0001g）、碱式滴定管（50mL）、量筒（50mL）、容量瓶（1000mL）、烧杯（500mL）、锥形瓶（250mL）、吸量管（5mL、10mL）、聚乙烯瓶、称量瓶、干燥器、电炉。

试剂：基准邻苯二甲酸氢钾、酚酞指示剂、氢氧化钠（AR）、新煮沸的冷水。

【任务实施与评价】

见《学生技能训练工作手册》（活页工单）。

【回顾与提高】

到滴定终点时，若溶液颜色在 30s 后褪色对标定结果是否有影响？为什么？

任务三　阿司匹林的含量测定

阿司匹林的含量测定

【任务描述】

阿司匹林（$C_9H_8O_4$）的化学名为 2-乙酰氧基苯甲酸，其含量测定方法为：取本品约 0.4g，精密称定，加中性乙醇（对酚酞指示液显中性）20mL 溶解后，加酚酞指示液 3 滴，用氢氧化钠滴定液（0.1mol/L）滴定。每 1mL 氢氧化钠滴定液（0.1mol/L）相当于 18.02mg 的 $C_9H_8O_4$。按干燥品计算，本品含 $C_9H_8O_4$ 不得少于 99.5%。请测定其含量。（《中国药典》）

【任务分析】

1. 关键问题

① 为什么可以用 NaOH 滴定液测定阿司匹林含量？

② 为什么要向试样中加入中性乙醇？

2. 乐学善思

阿司匹林主要成分是乙酰水杨酸（$pK_a=3.49$），是一种历史悠久的解热镇痛药，用于治感冒、发热、头痛、牙痛、关节痛、风湿等疾病。乙酰水杨酸含有芳酸酯类结构，在水溶液中能电离出 H^+（$K_a=3.24\times10^{-4}$）从而显酸性，所以可用 NaOH 滴定，以酚酞作指示剂进行滴定可测定其含量。滴定反应方程式如下：

$$\begin{array}{c}\text{COOH}\\\text{OCOCH}_3\end{array}+NaOH\Longrightarrow\begin{array}{c}\text{COONa}\\\text{OCOCH}_3\end{array}+H_2O$$

乙酰水杨酸含有酯类结构，为防止酯在滴定时水解而使测定结果偏高，应在中性乙醇溶液中进行滴定以防止局部碱量过大而促进酯水解，干扰滴定，所以滴定时应在不断振摇下稍快地进行。终点时溶液颜色由无色变为浅红色。

【绿色技能】

① 请分析本任务是否有健康和安全问题，如有，请写出相应预防措施。

② 本任务是否会有环境问题？如有，请写出相关环境保护措施。

【任务准备】

仪器：电子天平（精度 0.0001g）、碱式滴定管（50mL）、量筒（25mL）、锥形瓶（250mL）。

试剂：阿司匹林、NaOH 滴定液（使用任务二中已标定的滴定液）、酚酞指示液、中性乙醇（AR）。

【任务实施与评价】

见《学生技能训练工作手册》（活页工单）。

【回顾与提高】

除了酚酞，还可以选用何种指示剂？

重点回顾

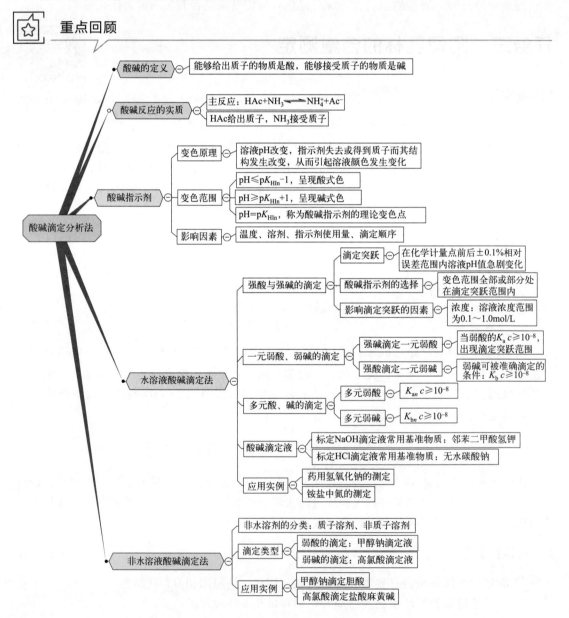

？ **目标检测**

一、单项选择题

1. 强碱滴定弱酸时，在下列情况下，可以直接滴定的是（　　）。

A. $c=0.1mol/L$　　B. $K_a=10^{-7}$　　C. $K_a c \geqslant 10^{-8}$　　D. $K_a c \leqslant 10^{-8}$

2. 物质的量浓度相同的下列物质溶液中，pH 最高的是（　　）。

A. Na_2CO_3　　B. NaAc　　C. NH_4Cl　　D. NaCl

3. 用酸碱滴定法测定工业醋酸中的乙酸含量，应选择的指示剂是（　　）。

A. 酚酞　　B. 甲基橙　　C. 甲基红　　D. 甲基红-亚甲基蓝

4. 对于酸碱指示剂，下列说法中不恰当的是（　　）。

A. 指示剂本身可以是弱酸或弱碱　　B. 指示剂的颜色变化与溶液的 pH 有关

C. 指示剂的用量多一些变色更灵敏　　D. 指示剂的变色范围与指示剂的用量有关

5. 标定 NaOH 滴定液时常用的最佳基准物质是（　　）。

A. 无水碳酸钠　　B. 邻苯二甲酸氢钾　　C. 草酸钠　　D. 苯甲酸

6. 酸碱滴定中需要用溶液润洗的器皿是（　　）。

A. 锥形瓶　　B. 移液管　　C. 量筒　　D. 烧杯

7. 下列属于碱性溶剂的是（　　）。

A. 乙醇　　B. 苯　　C. 乙二胺　　D. 水

8. 用 HCl 滴定 Na_2CO_3 接近终点时，需要煮沸溶液，其目的是（　　）。

A. 驱赶 O_2　　B. 加快反应速率

C. 指示剂在热溶液中易于变色　　D. 驱赶 CO_2

9. 用无水 Na_2CO_3 标定 HCl 溶液浓度前，无水 Na_2CO_3 未在 270～300℃烘烤，其标定的浓度（　　）。

A. 偏高　　B. 偏低　　C. 无影响　　D. 以上都不是

10. 下列溶液（浓度为 0.1mol/L）能用 NaOH 直接准确滴定的是（　　）。

A. 醋酸（$K_a=1.76\times10^{-5}$）　　B. 氨水（$K_b=1.76\times10^{-5}$）

C. 苯酚（$K_a=1.14\times10^{-10}$）　　D. 硼酸（$K_a=7.30\times10^{-10}$）

二、多项选择题

1. 酸碱滴定法选择指示剂时需要考虑的因素是（　　）。

A. 滴定突跃的范围　　B. 指示剂的变色范围

C. 酸碱滴定法的滴定程序　　D. 酸碱的强度或浓度

E. 指示剂分子量的大小

2. 标定盐酸滴定液常用的基准物质是（　　）。

A. 硼砂　　B. 氧化锌　　C. 邻苯二甲酸氢钾

D. 苯甲酸　　E. 碳酸钠

3. 邻苯二甲酸氢钾可标定下列物质中的（　　）。

A. 盐酸　　B. 冰醋酸　　C. 氢氧化钠

D. 高氯酸　　E. 甲醇钠

4. 用 0.1000mol/L HCl 溶液滴定 0.1000mol/L NaOH 溶液，滴定突跃范围是 9.70～4.30，可选择的指示剂是（　　）。

A. 甲基红（pH 变色范围 4.4～6.2）　　B. 甲基橙（pH 变色范围 3.1～4.4）

C. 百里酚蓝（pH 变色范围 1.2～2.8）　　D. 酚酞（pH 变色范围 8.0～10.0）

E. 百里酚酞（pH 变色范围 9.4～10.6）

三、填空题

1. 在用 NaOH 滴定液滴定某酸液时，若碱式滴定管未用 NaOH 滴定液润洗，则测定酸的浓度_____。

2. 0.1mol/L Na_2CO_3 的 OH^- 浓度是_____。

3. 在滴定分析中，指示剂颜色突变而停止滴定的那一点称为_____，在化学计量点附近，由于加入一滴酸或碱所引起的溶液 pH 急剧改变称为_____。

4. 用强碱滴定弱酸时，影响滴定突跃的两个主要因素是_____和_____。

四、简答题

1. 选择酸碱指示剂的原则是什么？

2. 强碱滴定弱酸时，滴定曲线有何特点？应如何选择指示剂？

五、计算题

1. 市售浓盐酸的密度约为 1.19g/mL，质量分数为 0.37，其物质的量浓度应为多少？

2. 用 0.1000mol/L NaOH 滴定 20.00mL 0.1000mol/L HAc，当到达化学计量点时，溶液的 pH 值为多少？

3. 用碳酸钠作基准物标定盐酸溶液的浓度，若用甲基橙作指示剂，称取碳酸钠 0.3524g，用去盐酸溶液 25.49mL，求盐酸溶液的浓度。

模块五

配位滴定分析法

 学前导语

1956 年，日本熊本县暴发了震惊世界的"水俣病"环境公害事件。因工业生产过程中的含汞废水未经处理就被排放到水俣湾，导致当地民众深受其害。水是生命之源，水质的好坏与我们的健康息息相关。水中锌、铁、钴、镍、镉、铬、铜、铅、汞等金属元素超标，会加剧重金属在体内的堆积，增加癌症等疾病的发病率。所以规范生产、节能减排、保护环境，才能守护人民健康。如何检测水中金属元素？如何知道它们是否超标？让我们进入本模块——配位滴定分析法的学习。

 学习目标

【知识目标】

1. 掌握EDTA的结构特点；配位滴定法的原理及应用；金属指示剂的变色原理；常见金属指示剂。

2. 熟悉EDTA的性质及其与金属离子的配位特点；金属指示剂应具备的条件；配位滴定方式与应用。

3. 了解配位平衡的影响因素；配位滴定条件的选择；指示剂的封闭、僵化现象及消除方法。

【能力目标】

学会 EDTA 滴定液的配制及标定方法；学会用 EDTA 滴定法测定样品中金属元素的含量。

【思政与职业素养目标】

通过学习《中国药典》中真实检验项目，培养职业标准意识和对技术标准的理解能力。通过实施饮用水的总硬度测定任务，了解国家《生活饮用水卫生标准》，增强环保意识。通过完成技能训练任务，检验专业知识和实验技术的学以致用能力，培养求真拓新、精益求精的工匠精神，以及遭遇挫折的自我调节能力。通过思考每个任务中的绿色技能问题，积极做好健康、安全、环保措施，养成绿色生活与工作习惯。

【证书考点】

药物检验员（三级）	1. 能根据分析检验内容准备实验用试剂溶液、仪器设备。 2. 能标定滴定液。 3. 能对检验数据进行处理，并准确报告。 4. 掌握安全环保操作程序，解决检验安全问题。

单元一 配位滴定分析法介绍

一、配位滴定法与 EDTA

（一）配位滴定法的定义

配位滴定法是以配位反应为基础的滴定分析方法，主要用于测定金属离子的含量，滴定液是与之发生配位反应的配位剂。

（二）配位滴定法对化学反应的要求

能用于配位滴定的配位反应必须具备如下条件：配位反应必须完全，形成的配合物要稳定；在一定的条件下，金属离子与配位剂的配位比恒定；反应速率快；有适当的方法确定滴定终点。

受上述条件的限制，众多无机和有机配位剂中仅有少部分可用于配位滴定，其中应用最普遍的是氨羧配位剂，如乙二胺四乙酸（EDTA）、乙二醇二乙醚二胺四乙酸（EGTA）、乙二胺四丙酸（EDTP）以及环己烷二胺四乙酸（DCTA）等，其中 EDTA 最具有代表性。

（三）EDTA 滴定法

1. EDTA 的结构

EDTA 分子中含有 2 个氨基 N 和 4 个羧基 O，共有 6 个配位原子，可以和很多金属离子形成稳定性好的配合物。用 EDTA 作滴定液可以滴定几十种金属离子，因此，通常所说的配位滴定法主要指 EDTA 滴定法。

EDTA 的结构式如下：

$$\text{HOOCCH}_2 \diagdown \text{N--CH}_2\text{CH}_2\text{--N} \diagup \text{CH}_2\text{COOH}$$
$$\text{HOOCCH}_2 \diagup \qquad\qquad \diagdown \text{CH}_2\text{COOH}$$

由此可以看出它是一种四元酸，用 H_4Y 表示。EDTA 在水中溶解度很小，22℃时溶解度为 0.02g/100mL，也难溶于酸和有机溶剂，但易溶于 NaOH 溶液和氨水中，可以生成相应的盐。所以在实际分析工作中，常使用它的二钠盐 $Na_2H_2Y \cdot 2H_2O$，习惯上也称为 EDTA，22℃时其溶解度为 11.1g/100mL，其饱和溶液的浓度约为 0.3mol/L，pH≈4.4。

2. EDTA 的解离与配位反应

在强酸性溶液中，EDTA 的两个 N 还可再接受 H^+ 而形成 H_6Y^{2+}，相当于六元酸，在水溶液中分六步解离：

$$H_6Y^{2+} \rightleftharpoons H^+ + H_5Y^+ \qquad K_{a1} = 1.26 \times 10^{-1}$$
$$H_5Y^+ \rightleftharpoons H^+ + H_4Y \qquad K_{a2} = 2.51 \times 10^{-2}$$
$$H_4Y \rightleftharpoons H^+ + H_3Y^- \qquad K_{a3} = 1.00 \times 10^{-2}$$
$$H_3Y^- \rightleftharpoons H^+ + H_2Y^{2-} \qquad K_{a4} = 2.16 \times 10^{-3}$$
$$H_2Y^{2-} \rightleftharpoons H^+ + HY^{3-} \qquad K_{a5} = 6.92 \times 10^{-7}$$
$$HY^{3-} \rightleftharpoons H^+ + Y^{4-} \qquad K_{a6} = 5.50 \times 10^{-11}$$

在任何水溶液中，EDTA 总是以 H_6Y^{2+}、H_5Y^+、H_4Y、H_3Y^-、H_2Y^{2-}、HY^{3-} 以及 Y^{4-} 七种形式存在，其中只有 Y^{4-} 能与金属离子直接生成稳定的配合物，所以 $[Y^{4-}]$ 称为 EDTA 的有效浓度。通过解离方程式可知加酸抑制 EDTA 的解离，加碱促进它的解离，所以溶液的 pH 越高，EDTA 的解离程度越大，当 pH>10.3 时它几乎完全解离，见表5-1，主要以 Y^{4-} 形式存在。

表 5-1　不同 pH 时 EDTA 的主要存在形式

pH	<1	1~1.6	1.6~2.0	2.0~2.7	2.7~6.2	6.2~10.3	>10.3
存在形式	H_6Y^{2+}	H_5Y^+	H_4Y	H_3Y^-	H_2Y^{2-}	HY^{3-}	Y^{4-}

3. EDTA 与金属离子配位反应的特点

(1) 普遍性。除碱金属外，EDTA 几乎能与所有金属离子发生配位反应。

(2) 配位比简单。一般情况下，EDTA 与金属离子形成配合物的配位比为 1∶1，与金属离子的价态无关，这使滴定分析的计算变得简单。

(3) 稳定性高。EDTA 与金属离子所形成的配合物属于螯合物，具有多个五元环结构（如图 5-1 所示），稳定常数大，稳定性很高。

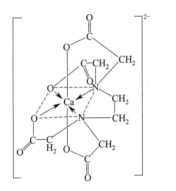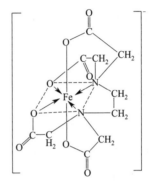

图 5-1　EDTA 与 Ca^{2+}、Fe^{3+} 形成的配合物

(4) 水溶性。EDTA 与金属离子形成的配合物一般都可溶于水，这使滴定分析能够在水溶液中进行。

(5) 颜色特点。EDTA 与无色金属离子配位时，一般生成无色化合物，与有色金属离子配位时则生成颜色更深的配合物，见表 5-2，便于指示滴定终点。

表 5-2　几种有色金属离子与 EDTA 形成配合物的颜色

配合物	CoY^{2-}	MnY^{2-}	NiY^{2-}	CuY^{2-}	CrY^-	FeY^-
颜色	玫瑰红色	紫色	蓝绿色	深蓝色	深紫色	黄色

 想一想

如果用 0.01mol/L 的 EDTA 滴定试样中的 Fe^{3+}，用去 25.00mL 滴定液，那么测得 Fe^{3+} 的质量是多少？

 拓展阅读

EDTA 及其配合物在各领域大显身手

在药物治疗方面，EDTA 的钙配合物是排出人体的铅、汞重金属和放射性元素的高效解毒剂。这是因为配合物解离出来的 Y^{4-} 可与有毒金属离子形成更稳定的无毒配合物，并随尿液排出。

EDTA 是检验医学中最常用的血液标本抗凝剂，其机制是通过与水相中的钙离子形成稳定的螯合物而阻止血液凝固。

生物体中也有很多配合物，比如金属卟啉配合物。镁卟啉是绿色植物叶绿素的核心成分，它绿化了我们的大地；在人体内，铁卟啉是血红素的主要成分，它是血液输送氧气的"机器"，让人体能够正常呼吸。酶具有生物催化功能，酶催化人体的新陈代谢，保持酶的活性离不开体内各种微量元素的作用，而这种作用是以金属元素和酶形成牢固的配合物形式实现的。

还有一些配合物，如抗肿瘤药物顺铂、抗类风湿疾病的金（Ⅰ）配合物、具有胰岛素活性的钒（Ⅴ）配合物以及具有抗艾滋病能力的锌（Ⅱ）环胺配合物。诸多金属配合物药物，始终活跃在医疗一线。

二、 EDTA 的配位平衡

配位平衡

（一）配合物的稳定常数

在配位滴定中，EDTA 与金属离子发生主反应的通式为：

$$M + Y \rightleftharpoons MY$$

M 表示金属离子，Y 表示 EDTA，二者按 1∶1 反应，生成配合物 MY。一定条件下，反应进行到一定程度时，体系中各物质的浓度不再发生改变，配位反应达到动态平衡，即配位平衡。配位反应的平衡常数用 $K_稳$ 表示。

$$K = \frac{[MY]}{[M][Y]} \tag{5-1}$$

$K_稳$ 值越大，表示配位反应越完全，生成的配合物越稳定，所以 $K_稳$ 又称为配合物的绝对稳定常数，也可用 K_{MY} 表示。

各种配合物都有一定的稳定常数，见表 5-3。无外界影响时，可用 $K_稳$ 的大小来判断配位反应的程度，通常 $\lg K_稳 \geqslant 8$ 的配位反应能用于配位滴定分析。

表 5-3　常见金属离子与 EDTA 形成配合物的稳定常数（20℃）

金属离子	配合物	$\lg K_稳$	金属离子	配合物	$\lg K_稳$
Na^+	NaY^{3-}	1.66	Cd^{2+}	CdY^{2-}	16.40
Ag^+	AgY^{3-}	7.32	Zn^{2+}	ZnY^{2-}	16.50
Ba^{2+}	BaY^{2-}	7.86	Pb^{2+}	PbY^{2-}	18.30
Mg^{2+}	MgY^{2-}	8.64	Ni^{2+}	NiY^{2-}	18.56
Ca^{2+}	CaY^{2-}	10.69	Cu^{2+}	CuY^{2-}	18.70
Mn^{2+}	MnY^{2-}	13.83	Hg^{2+}	HgY^{2-}	21.80
Fe^{2+}	FeY^{2-}	14.33	Sn^{2+}	SnY^{2-}	22.11
Al^{3+}	AlY^-	16.11	Bi^{3+}	BiY^-	27.94
Co^{2+}	CoY^{2-}	16.31	Fe^{3+}	FeY^-	25.10

（二）影响配位平衡的因素

在实际工作中，明明有的配合物 $K_稳$ 很大，但是配位反应却并不完全，因此不能用于滴定分析，这是因为有干扰因素（如溶液的酸度、其他配位剂、共存离子等）影响配位平衡。在配位滴定中，除主反应外，待测金属离子、EDTA 以及生成的配合物还有可能发生副反应。

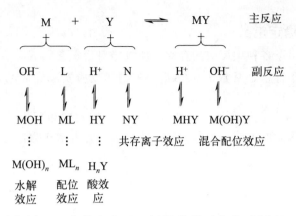

其中，L 为其他配位剂，N 为共存离子。根据化学平衡移动原理，副反应的发生必然导致主反应受影响，使主反应中配合物稳定性发生改变，增加滴定误差。

在各种副反应中，对主反应影响较大的是金属离子的配位效应和 EDTA 的酸效应。

1. 配位效应

当溶液中有其他配位剂存在时，金属离子参加主反应的能力降低，这种现象称为配位效应，影响程度用配位效应系数 $\alpha_{M(L)}$ 来表示。

$$\alpha_{M(L)} = \frac{[M']}{[M]} \tag{5-2}$$

式中，$[M]$ 为游离金属离子的浓度；$[M']$ 为未与 EDTA 配位的金属离子各种形式的总浓度，即 $[M'] = [M] + [ML] + [ML_2] + \cdots + [ML_n]$。

$\alpha_{M(L)}$ 的大小与溶液中其他配位剂 L 的浓度和 L 与金属离子 M 的配位能力有关。配位剂 L 的配位能力越强，$[M']$ 越大，则 $\alpha_{M(L)}$ 越大，金属离子被 L 配位得越完全，游离金属离子浓度越小，即配位效应引起的副反应程度越严重。

2. 酸效应

酸度对 EDTA 配合物 MY 稳定性的影响可表示为：

$$M + Y \rightleftharpoons MY$$
$$+$$
$$H^+$$
$$\Updownarrow$$
$$HY$$
$$\vdots$$
$$H_6Y$$

当增加溶液中 H^+ 的浓度，Y 的浓度降低，MY 解离，从而降低了 MY 的稳定性。这种由于酸度的增加而 EDTA 配位能力降低的现象称为酸效应。衡量酸效应程度可用酸效应系数 $\alpha_{Y(H)}$ 来表示。

$$\alpha_{Y(H)} = \frac{[Y']}{[Y]} \tag{5-3}$$

式中，$[Y]$ 为游离 EDTA 的浓度；$[Y']$ 为 EDTA 总浓度，即 $[Y'] = [Y] + [HY] + [H_2Y] + \cdots + [H_6Y]$。

可见，溶液的酸度越高，$\alpha_{Y(H)}$ 越大，参加配位反应的 EDTA 的浓度越小，副反应严重。

（三）配合物条件稳定常数

在配位滴定中，由于各种副反应的存在，所以绝对稳定常数 $K_稳$ 不能完全反映主反应完成的程度，因此引入条件稳定常数 $K'_稳$（K'_{MY}）来描述反应实际完成的程度，判断能否准确滴定。

在各种影响 EDTA 与金属离子配位的副反应中，酸效应和配位效应是最突出的两种因素。若只考虑这两种因素的影响，则条件稳定常数 $K'_稳$ 的表示式为：

$$K'_稳 = \frac{[MY]}{[M'][Y']} \tag{5-4}$$

将式(5-2) 和式(5-3) 代入上式，得：

$$K'_稳 = \frac{[MY]}{\alpha_{M(L)}[M]\alpha_{Y(H)}[Y]} = \frac{K_稳}{\alpha_{M(L)}\alpha_{Y(H)}} \tag{5-5}$$

转换为对数式，表示为：

$$\lg K'_稳 = \lg K_稳 - \lg\alpha_{M(L)} - \lg\alpha_{Y(H)} \tag{5-6}$$

若溶液中无配位效应，仅考虑酸效应的影响，则：

$$\lg K'_稳 = \lg K_稳 - \lg\alpha_{Y(H)} \tag{5-7}$$

$\lg\alpha_{Y(H)}$ 经查表 5-4 可知。上式表明，在配位滴定中，选择和控制溶液的最佳酸度对 $K'_稳$ 十分重要，它是判断配位滴定能否进行的重要依据，只有当 $\lg K'_稳 \geqslant 8$，金属离子浓度大约为 0.01mol/L 时，该金属离子才能被准确滴定。

表 5-4 EDTA 在不同 pH 时的 $\lg\alpha_{Y(H)}$

pH	$\lg\alpha_{Y(H)}$	pH	$\lg\alpha_{Y(H)}$	pH	$\lg\alpha_{Y(H)}$
0.0	23.64	3.4	9.70	6.8	3.55
0.4	21.32	3.8	8.85	7.0	3.32
0.8	19.08	4.0	8.44	7.5	2.78
1.0	18.01	4.4	7.64	8.0	2.27
1.4	16.02	4.8	6.84	8.5	1.77
1.8	14.27	5.0	6.45	9.0	1.28
2.0	13.51	5.4	5.69	9.5	0.83
2.4	12.19	5.8	4.98	10.0	0.45
2.8	11.09	6.0	4.65	11.0	0.07
3.0	10.06	6.4	4.06	12.0	0.01

【例 5-1】 若只考虑酸效应，计算 pH＝2.0 和 pH＝5.0 时 Zn^{2+} 与 EDTA 的条件稳定常数，并说明其意义。

解： 查表 5-3 可知 $\lg K_稳 = 16.50$

（1）pH＝2.0 时，查表 5-4，可知 $\lg\alpha_{Y(H)} = 13.51$。

$$\lg K'_稳 = \lg K_稳 - \lg\alpha_{Y(H)} = 16.50 - 13.51 = 2.99$$

（2）pH＝5.0 时，查表 5-4，可知 $\lg\alpha_{Y(H)} = 6.45$。

$$\lg K'_稳 = \lg K_稳 - \lg\alpha_{Y(H)} = 16.50 - 6.45 = 10.05$$

答： 由计算可知，在 pH＝2.0 滴定 Zn^{2+} 时，由于酸效应严重，$\lg K'_稳$ 仅为 2.99，ZnY 在此条件下很不稳定，配位反应进行不完全，不符合配位滴定的条件。而在 pH＝5.0 滴定

Zn^{2+} 时，酸效应显著降低，$lgK'_{稳}$ 达到 10.05，说明 ZnY 在该条件下相当稳定，配位反应完全，满足配位滴定的条件。

👥 想一想

只考虑酸效应，pH＝6.0 时，Al^{3+} 与 EDTA 能满足配位滴定的条件吗？

（四）酸度的选择

为了减小酸效应的影响，控制溶液的 pH 值使金属离子与 EDTA 生成的配合物刚好稳定存在，此时溶液的 pH 值称为最低 pH 值。滴定时，如果溶液 pH 值低于最低 pH 值，酸效应的影响已经达到干扰主反应的程度，就不能准确滴定了。EDTA 滴定常见金属离子的最低 pH 值，见表 5-5。滴定时，根据待测离子的种类，可将溶液的 pH 值调至高于最低 pH 值。

表 5-5　EDTA 滴定常见金属离子的最低 pH 值

金属离子	pH	金属离子	pH
Mg^{2+}	9.8	Zn^{2+}	3.9
Ca^{2+}	7.5	Pb^{2+}	3.2
Mn^{2+}	5.2	Ni^{2+}	3.0
Fe^{2+}	5.0	Cu^{2+}	2.9
Al^{3+}	4.2	Hg^{2+}	1.9
Co^{2+}	4.0	Sn^{2+}	1.7
Cd^{2+}	3.9	Fe^{3+}	1.0

但是 pH 过大，溶液的碱性增强，使得待测金属离子发生水解反应，生成氢氧化物沉淀，使金属离子浓度变小，主反应平衡向左移动，不利于配位滴定。金属离子即将发生水解时溶液的 pH 值称为允许滴定的最高 pH 值。

综上所述，在实际滴定分析时，可以加入一定量的缓冲溶液，把溶液 pH 值控制在最低 pH 值和最高 pH 值之间，就可以避免酸效应和金属离子水解的影响了。

三、 EDTA 滴定液的配制与标定

见本模块任务一 EDTA 滴定液（0.01mol/L）的配制与标定。

需要注意配位滴定法对于蒸馏水的要求较高，若配液用水中含有钙、镁、铅等离子，会消耗部分 EDTA，影响测定结果；若水中含有铝、铜等离子，对某些指示剂有封闭作用使终点难以判断。所以配位滴定法最好使用去离子水或二次蒸馏水。标定 EDTA 常用的基准物质有纯金属锌、氧化锌、碳酸钙等，国家标准中采用基准氧化锌。标定后的 EDTA 滴定液应贮存于聚乙烯塑料瓶或硬质玻璃瓶中，以防 EDTA 溶液溶解玻璃中的钙离子形成 CaY。

单元二　金属指示剂

一、金属指示剂的定义及变色原理

金属指示剂

（一）金属指示剂的定义

配位滴定分析中的指示剂是用来指示溶液中金属离子的浓度的变化情况，故称为金属离

子指示剂，简称金属指示剂。

（二）金属指示剂的变色原理

金属指示剂自身也是一种有机配位剂，可与金属离子生成有色的配合物，使得配位前后的溶液颜色明显不同，故可以指示滴定过程中金属离子浓度的变化情况。

用 In 表示金属指示剂，变色原理如下：

滴定前 　　　M(少量)＋In(甲色)$\Longleftrightarrow$MIn(乙色)

滴定过程 　　M＋Y$\Longleftrightarrow$MY

终点时 　　　MIn(乙色)＋Y$\Longleftrightarrow$MY＋In(甲色)

（三）金属指示剂必须具备的条件

① 在滴定 pH 范围内，游离指示剂与其金属配合物之间应有明显的颜色差别。

② 指示剂与金属离子生成的配合物应有适当的稳定性。不能太大，保证在化学计量点时 In 能被 EDTA 置换出来，一般要求 $K'_{MY}/K'_{MIn} \geqslant 10^2$；不能太小，否则未到终点时 In 游离出来，终点提前，通常要求 $K'_{MIn} \geqslant 10^4$。

③ 指示剂要有一定的选择性，即在一定条件下只与一种或几种离子发生显色反应。

④ 指示剂与金属离子之间的反应要灵敏、迅速，有良好的可逆性。

⑤ 指示剂应易溶于水，不易变质，便于使用和保存。

二、常见金属指示剂及在使用中遇到的问题

（一）常用的金属指示剂

常用金属指示剂及其应用见表 5-6。

表 5-6　常见金属指示剂

指示剂	适用的 pH 范围	颜色变化		直接滴定的离子	指示剂配制方法	注意事项
		In	MIn			
铬黑 T （简称 EBT）	8～10	纯蓝	酒红	pH＝10：Mg^{2+}、Zn^{2+}、Cd^{2+}、Pb^{2+}、Mn^{2+}、稀土离子	1：100 NaCl （固体）	Fe^{3+}、Al^{3+}、Cu^{2+}、Ni^{2+}、Co^{2+} 等离子封闭指示剂
二甲酚橙 （简称 XO）	＜6	亮黄	红	pH＝1～3：Bi^{3+}、Th^{4+}　pH＝5～6：Pb^{2+}、Zn^{2+}、Cd^{2+}、Hg^{2+}、稀土离子	0.5％水溶液	Fe^{3+}、Al^{3+}、Ni^{2+}、Ti^{4+} 等离子封闭指示剂
钙指示剂 （简称 NN）	12～13	纯蓝	酒红	pH＝12～13：Ca^{2+}	1：100 NaCl(固体)	Fe^{3+}、Al^{3+}、Cu^{2+}、Ni^{2+}、Co^{2+} 等离子封闭指示剂
吡啶偶氮萘酚 （简称 PAN）	2～12	黄	紫红	pH＝2～3：Bi^{3+}、Th^{4+}　pH＝4～5：Cu^{2+}、Ni^{2+}	0.1％乙醇溶液	MIn 在水中溶解度小，为防止 PAN 僵化，滴定时必须加热

（二）金属指示剂在使用中遇到的问题

1. 封闭现象

若 $K'_{MIn} > K'_{MY}$，即指示剂与金属离子形成的配合物 MIn 更稳定，则在化学计量点附近，即使加入过量的 EDTA 也不能把指示剂 In 从 MIn 中置换出来，导致指示剂颜色不改变，称为指示剂的封闭现象。

① 被测离子引起的封闭现象，可更换指示剂或采用返滴定法予以消除。

② 如果待测试样中有干扰离子，如滴定 Mg^{2+} 时有少量 Al^{3+}、Fe^{3+} 等离子存在，能造成 EBT 指示剂的封闭现象。解决方法是加入掩蔽剂三乙醇胺，使干扰离子与掩蔽剂生成更稳定的配合物，从而不再与指示剂作用。常用的掩蔽剂有 NH_4F、三乙醇胺、二巯基丙醇、酒石酸等。

2. 僵化现象

金属离子与指示剂生成的配合物 MIn 的溶解度太小，导致 EDTA 与 MIn 的置换反应进行缓慢，以致终点拖长的现象，称为指示剂的僵化现象。此时，可加入适当有机溶剂或加热促进溶解。

 拓展阅读

原子吸收分光光度法

配位滴定法适用于常量分析，需要考虑配合物的稳定性、配位反应是否进行完全、是否有适宜的指示剂、体系内是否有干扰离子。如果试样量极少，或者被测组分为痕量组分，配位滴定法的缺点就会被放大，EDTA 因"看不到"被测金属离子而"束手无策"。

原子吸收分光光度法是 20 世纪 50 年代创立的一种仪器分析方法，目前已成为元素定量分析的主要手段。该法是基于测量蒸气中呈原子状态的金属元素和部分非金属元素对特征电磁辐射的吸收强度进行定量分析的方法。本法采用的仪器为原子吸收分光光度计，本法分为火焰法和石墨炉法，测定每个元素都需要一个特定元素的空心阴极灯。原子吸收分光光度法具有灵敏度高、选择性好、准确度高、分析速度快、应用范围广的特点。通常，共存元素对被测元素干扰少，一般不需要分离共存元素就可以进行测定。该法可测定元素周期表上 70 多种元素，常用于食品、药品中无机元素的测定。不仅可以测定金属元素，还可以测定非金属元素。准确度较高，火焰法一般相对误差小于 1%，石墨炉法的相对误差在 3%～5% 之间。

单元三　配位滴定方式与应用实例

一、配位滴定方式

（一）直接滴定法

用 EDTA 滴定液直接滴定被测物质的方法，称为直接滴定法。它是配位滴定的基本方式。直接滴定法是将试样处理成溶液后，调节至一定的酸度，加入指示剂（有时还要加入适当的辅助配位剂或掩蔽剂），直接用 EDTA 标准溶液进行滴定，然后根据 EDTA 标准溶液的浓度和消耗的体积，计算出待测组分的含量。

（二）返滴定法

当待测金属离子与 EDTA 配位缓慢，或在滴定的 pH 值下发生水解，或对指示剂有封闭作用，或使指示剂产生僵化，或无合适的指示剂等，常用返滴定法测定。返滴定法是在被测试液中，先加入已知过量的 EDTA 滴定液，使之与待测离子配位，待反应完全后，调节溶液的 pH，加入指示剂，再用另外一种金属离子的滴定液滴定剩余的 EDTA，根据两种标准溶液的浓度和体积，求出待测物质的含量。

（三）置换滴定法

利用置换配位反应，从配合物中置换出等物质的量的另一种金属离子或 EDTA，然后用滴定液进行滴定。置换滴定法的方式灵活多样，不仅能扩大配位滴定的范围，同时还可以提高配位滴定的选择性。

1. 置换出金属离子

当待测金属离子 M 与 EDTA 反应不完全，或形成的配合物不稳定时，可使 M 置换出另一配合物 NL 中的 N，再用 EDTA 滴定 N，从而求得 M 的含量。反应式如下：

$$M + NL \rightleftharpoons ML + N$$

2. 置换出 EDTA

将待测离子 M 与干扰离子全部用 EDTA 配位，加入选择性高的配位剂 L 以争取 M，并放出 EDTA。反应式如下：

$$MY + L \rightleftharpoons ML + Y$$

再用另一种金属离子的滴定液滴定释放出来的 EDTA，可测出 M 的含量。

（四）间接滴定法

有些金属离子（如 Li、Na、K、Ru 等）和一些非金属离子（如 SO_4^{2-}、PO_4^{3-} 等），由于和 EDTA 形成的配合物不稳定或不能与 EDTA 配位，可采用间接滴定法进行测定。例如，测定 CN^- 可加入已知过量的 Ni^{2+}，此时 CN^- 与 Ni^{2+} 形成 $[Ni(CN)_4]^{2-}$，以紫脲酸铵作指示剂，用 EDTA 滴定剩余的游离 Ni^{2+}，从而间接地计算出 CN^- 的含量。

二、应用实例

（一）药用硫酸镁的含量测定

药用硫酸镁临床上用作泻药、利胆药。采用配位滴定法测其含量，控制 pH≈10，以铬黑 T 为指示剂。滴定前，铬黑 T 能与硫酸镁解离出的 Mg^{2+} 形成比较稳定的紫红色螯合物 Mg-EBT；滴定开始至终点前，EDTA 与 Mg^{2+} 能形成更为稳定的无色螯合物 Mg-EDTA；终点时，EDTA 将铬黑 T 从 Mg-EBT 中置换出来，使溶液呈现铬黑 T 的颜色，即蓝色，从而测得硫酸镁的含量。

测定方法：取本品约 0.25g，精密称定，加水 30mL 溶解后，加氨-氯化铵缓冲液（pH 10.0）10mL 与铬黑 T 指示剂少许，用 EDTA 滴定液（0.05mol/L）滴定至溶液由紫红色转变为纯蓝色。按照下式计算硫酸镁的含量。

$$w_{MgSO_4 \cdot 7H_2O} = \frac{c_{EDTA} V_{EDTA} M_{MgSO_4 \cdot 7H_2O} \times 10^{-3}}{m_s} \times 100\%$$

式中，$w_{MgSO_4 \cdot 7H_2O}$ 为药用硫酸镁试样中 $MgSO_4 \cdot 7H_2O$ 的质量分数；c_{EDTA} 为 EDTA 滴定液的物质的量浓度，mol/L；V_{EDTA} 为滴定消耗 EDTA 滴定液的体积，mL；$M_{MgSO_4 \cdot 7H_2O}$ 为 $MgSO_4 \cdot 7H_2O$ 的摩尔质量，g/mol；m_s 为称取样品的质量，g。

（二）氯化钙注射液的含量测定

氯化钙是药用辅料、渗透压调节剂。氯化钙注射液主要的作用是补钙，对于手足抽搐、骨质疏松、儿童发育缓慢等缺钙造成的症状，都有很明显的辅助治疗作用。

Ca^{2+} 在碱性条件下与 EDTA 稳定配位，以钙紫红素为指示剂，pH 为 12～13 时指示终点颜色鲜明，易于观察。

测定方法：精密量取本品适量（约相当于氯化钙 0.15g），置锥形瓶中，加水适量使成

100mL，加氢氧化钠试液 15mL 与钙紫红素指示剂约 0.1g，用 EDTA 滴定液（0.05mol/L）滴定至溶液由紫红色转变为纯蓝色。按照下式计算氯化钙的含量。

$$\rho_{CaCl_2 \cdot 2H_2O} = \frac{c_{EDTA} V_{EDTA} M_{CaCl_2 \cdot 2H_2O}}{V_s}$$

式中，$\rho_{CaCl_2 \cdot 2H_2O}$ 为注射液中 $CaCl_2 \cdot 2H_2O$ 的含量，mg/mL；c_{EDTA} 为 EDTA 滴定液的物质的量浓度，mol/L；V_{EDTA} 为滴定消耗 EDTA 滴定液的体积，mL；$M_{CaCl_2 \cdot 2H_2O}$ 为 $CaCl_2 \cdot 2H_2O$ 的摩尔质量，g/mol；V_s 为量取氯化钙注射液的体积，mL。

在配位滴定分析中，可根据不同的情况，采用不同的滴定方式完成滴定。常用的配位滴定方式及其应用实例见表 5-7。

表 5-7　配位滴定分析法部分应用实例

被测元素或化合物	试样	滴定方法	方法类型
Ca	葡萄糖酸钙	加氢氧化钠试液与钙紫红素指示剂，用 EDTA 直接滴定	直接滴定法
Al 或 Al_2O_3	碳酸二羟铝钠（制酸药）	pH＝5～6，XO 指示剂，加入过量 EDTA，$ZnSO_4$ 回滴	返滴定法
Sn^{4+}、Sn^{2+}	铅锡合金镀液	F^- 置换法测得 Sn 总量；加酒石酸掩蔽 Sn^{4+}，于 pH＝5～6，用对苯二酚稳定 Sn^{2+}，F^- 置换法测得 Sn^{2+}，两次测量之差为 Sn^{4+} 的量	置换滴定法
甘油三酯	食品	EBT 甲醇液指示终点，加过量 $Bi(NO_3)_3$，过剩 Bi^{3+}，用 EDTA 滴定	间接滴定法

任务一　EDTA 滴定液（0.01mol/L）的配制与标定

EDTA 滴定液
（0.01mol/L）
的配制与标定

【任务描述】

1. 配制

取 EDTA（$C_{10}H_{14}N_2Na_2O_8 \cdot 2H_2O$）2g，加适量的水使其溶解成 500mL 溶液，摇匀。

2. 标定

称取 0.24g 于 800℃±50℃ 的高温炉中灼烧至恒量的工作基准试剂氧化锌，用少量水湿润，加 2mL 盐酸溶液（20%）溶解，移入 250mL 容量瓶中，稀释至刻度，摇匀。取 25.00mL，加 70mL 水，用氨试液（10%）将溶液 pH 值调至 7～8，加 10mL 氨-氯化铵缓冲液（pH≈10）及 5 滴铬黑 T 指示液（5g/L），用配制好的乙二胺四乙酸二钠溶液滴定至溶液由紫色变为纯蓝色。同时做空白试验。计算本滴定液的浓度。

（执行 GB/T 601—2016 标准：《化学试剂　标准滴定溶液的制备》）

【任务分析】

1. 关键问题

① 为什么不能用直接法配制 EDTA 滴定液？

② 标定 EDTA 滴定液的过程中为什么要加入氨-氯化铵缓冲液？

③ 为什么要做空白试验？

2. 乐学善思

工作基准试剂 EDTA 可采用直接法配制，但因其略有吸湿性，所以配制前应先在硝酸镁饱和溶液恒湿器中干燥不少于 7 天至恒重方可使用。一般的分析纯试剂 EDTA 因其可与多种金属离子形成稳定配合物，在提纯过程中，这些金属离子很难去除，所以为了保证滴定液浓度的准确性，只能用间接法配制，即先配制成近似所需浓度的溶液，再用基准物质纯锌或氧化锌标定其浓度。

本任务使用 EDTA 二钠盐，用 H_2Y^{2-} 表示，铬黑 T 指示剂用 HIn^{2-} 表示，有关反应式如下。

滴定前 Zn^{2+} 与铬黑 T 反应：$Zn^{2+} + HIn^{2-}$（纯蓝色）$\rightleftharpoons ZnIn^-$（紫红色）$+ H^+$

滴定开始至终点前：$Zn^{2+} + H_2Y^{2-} \rightleftharpoons ZnY^{2-} + 2H^+$

滴定终点时：$ZnIn^-$（紫红色）$+ H_2Y^{2-} \rightleftharpoons ZnY^{2-} + HIn^{2-}$（纯蓝色）$+ H^+$

本任务中基准氧化锌用稀盐酸溶解，再用氨试液中和多余的酸，调节 pH 为 7～8，溶液呈弱碱性。因铬黑 T 最佳 pH 使用范围为 8～10，所以滴定前需加入氨-氯化铵缓冲液（pH 10.0），保证滴定过程中 pH 无明显变化，防止酸效应带来误差。

空白试验的作用是消除试剂、实验用水和器皿带进杂质所造成的系统误差。做空白试验时，除氧化锌不加外，其他步骤与标定一致。

配位滴定法通常使用的 EDTA 滴定液浓度为 0.02～0.1mol/L，配制 0.01mol/L EDTA 滴定液按 GB/T 601—2016 标准减量操作。

【绿色技能】

① 请分析本任务是否有健康和安全问题，如有，请写出相应预防措施。

② 本任务是否会有环境问题？如有，请写出相关环境保护措施。

【任务准备】

仪器：电子天平（精度 0.01g、0.0001g）、酸式滴定管（50mL）、量筒（10mL、100mL）、烧杯（100mL）、锥形瓶（250mL）、容量瓶（250mL、500mL）、移液管（25mL）、硬质玻璃瓶或聚乙烯瓶（500mL）、称量瓶、干燥器、马弗炉。

试剂：乙二胺四乙酸二钠（AR）、基准氧化锌、铬黑 T 指示剂（5g/L）、稀盐酸（20%）、氨试液（10%）、氨-氯化铵缓冲液（pH≈10）。

【任务实施与评价】

见《学生技能训练工作手册》（活页工单）。

常用缓冲溶液

【回顾与提高】

本任务中，基准氧化锌为什么要如此处理，换算成对应质量，直接称取可以吗？为什么？

任务二　生活饮用水总硬度的测定

生活饮用水总硬度的测定

【任务描述】

精密移取 100mL 水样于 250mL 锥形瓶中，加三乙醇胺（掩蔽剂）5mL（若无 Fe^{3+}、

Al^{3+} 可不加），加 10mL 氨-氯化铵缓冲液（pH 10.0），加铬黑 T 指示剂少量，立即用 ED-TA 滴定液（0.01mol/L）滴定至溶液由紫红色变为纯蓝色即为终点，记录消耗 EDTA 的体积。平行测定 3 次，同时做空白试验。国家《生活饮用水卫生标准》（GB 5749—2022）规定，生活饮用水的总硬度以 $CaCO_3$ 计，应不超过 450mg/L。

【任务分析】

1. 关键问题

① 什么是水的总硬度？硬度高的水对健康有什么危害？

② 如何测定水的总硬度？

③ 为什么要加入氨-氯化铵缓冲液（pH≈10.0）？

2. 乐学善思

水的硬度主要是指水中含有可溶性的钙盐和镁盐的量。测定水的总硬度，就是测定水中钙、镁离子的总量。水的总硬度有多种表示方法，常用的表示方法是将每升水中所含钙、镁离子总量折算成 $CaCO_3$ 的质量，单位为 mg/L。水的硬度高，也就是水中钙镁离子含量高，硬水中的钙离子易与食物中的草酸等发生反应，形成草酸钙等沉淀，导致肾结石发病率增加，对人体健康有潜在危害。

测定水的总硬度，可用 EDTA 滴定法。在 pH=10 的溶液中，钙、镁离子与 EDTA 和铬黑 T 形成配合物的稳定常数的大小排序为：$K_{CaY} > K_{MgY} > K_{Mg\text{-铬黑}T} > K_{Ca\text{-铬黑}T}$。所以滴定前，加入的少量铬黑 T 全部与镁离子结合成 Mg-铬黑 T，颜色为紫红色。滴定开始后，加入的 EDTA 先与钙离子反应，再与镁离子反应。滴定终点时，EDTA 滴定液从 Mg-铬黑 T 中夺取镁离子，使得铬黑 T 游离出来，呈现其本色纯蓝色，指示终点的到来。EDTA 用 H_2Y^{2-} 表示，铬黑 T 指示剂用 HIn^{2-} 表示，有关反应式如下。

滴定前：Mg^{2+}（少量）$+HIn^{2-}$（纯蓝色）$\Longrightarrow MgIn^-$（紫红色）$+H^+$

滴定开始至终点前：$Ca^{2+} + H_2Y^{2-} \Longrightarrow CaY^{2-} + 2H^+$

$$Mg^{2+} + H_2Y^{2-} \Longrightarrow MgY^{2-} + 2H^+$$

滴定终点时：$MgIn^-$（紫红色）$+H_2Y^{2-} \Longrightarrow MgY^{2-} + HIn^{2-}$（纯蓝色）$+H^+$

因为 EDTA 滴定钙、镁离子的最低 pH 分别为 7.5 和 9.8，所以应控制 pH>9.8，两种离子才能都与 EDTA 稳定配位。另外，考虑到铬黑 T 最佳 pH 使用范围为 8～10，故控制滴定反应的 pH≈10，滴定前加入氨-氯化铵缓冲液调节酸度。

【绿色技能】

① 请分析本任务是否有健康和安全问题，如有，请写出相应预防措施。

② 本任务是否会有环境问题？如有，请写出相关环境保护措施。

【任务准备】

仪器：酸式滴定管（50mL）、锥形瓶（250mL）、量筒（10mL）、移液管（100mL）。

试剂：待测水样、EDTA 滴定液（0.01mol/L，已标定）、铬黑 T 指示剂（5g/L）、氨-氯化铵缓冲液（pH≈10）。

【任务与评价】

见《学生技能训练工作手册》（活页工单）。

【回顾与提高】

用 EDTA 测定水的总硬度时，可能存在哪些离子的干扰？如何排除干扰？

任务三　氢氧化铝的含量测定

氢氧化铝的含量测定

【任务描述】

① 本品为白色粉末；无臭，为以氢氧化铝为主要成分的混合物，可含有一定量的碳酸盐。

② 本品在水或乙醇中不溶，在稀无机酸或氢氧化钠溶液中溶解。

③ 测定本品含量，方法如下：取本品约 0.6g，精密称定，加盐酸与水各 10mL，煮沸溶解后，放冷，定量转移至 250mL 容量瓶中，用水稀释至刻度，摇匀；精密量取 25mL，加氨试液中和至恰析出沉淀，再滴加稀盐酸至沉淀恰溶解为止，加醋酸-醋酸铵缓冲溶液（pH 6.0）10mL，再精密加 EDTA 滴定液（0.05mol/L）25mL，煮沸 3~5min，放冷，加二甲酚橙指示剂 1mL，用锌滴定液（0.05mol/L）滴定至溶液自黄色转变为红色。本品含 Al（OH）$_3$ 不得少于 76.5%。（《中国药典》）

【任务分析】

1. 关键问题

① 氢氧化铝的含量测定是哪种滴定方式？为何要采用此滴定方式？

② 本任务中，盐酸、氨试液以及醋酸-醋酸铵缓冲溶液的作用是什么？

2. 乐学善思

Al（OH）$_3$ 的含量测定采用的是返滴定法。因为 Al^{3+} 与 EDTA 反应速率缓慢，且 Al^{3+} 对二甲酚橙指示剂有封闭作用，所以测定时只能先加入准确过量的 EDTA 滴定液与 Al^{3+} 充分反应，之后再用 Zn^{2+} 滴定液回滴剩余的 EDTA，即可求出待测物质的量。有关反应式如下。

滴定前：$Al^{3+} + 2H_2Y^{2-}$（准确过量）$\Longleftrightarrow AlY^- + 2H^+ + H_2Y^{2-}$（剩余）

滴定开始至终点前：$Zn^{2+} + H_2Y^{2-}$（剩余）$\Longleftrightarrow ZnY^{2-} + 2H^+$

终点时：HIn^{2-}（黄色）$+ Zn^{2+} \Longleftrightarrow ZnIn^-$（红色）$+ H^+$

因为供试品为固体，且不溶于水，加入盐酸、水、煮沸的目的是加速 Al（OH）$_3$ 的溶解，再用氨试液中和多余的酸。二甲酚橙指示剂适用的 pH 范围为 <6，其与 Zn^{2+} 结合的 pH 应为 5~6，所以需加入醋酸-醋酸铵缓冲溶液（pH 6.0）调节，终点时溶液颜色由黄变红，易于判断。

【绿色技能】

① 请分析本任务是否有健康和安全问题，如有，请写出相应预防措施。

② 本任务是否会有环境问题？如有，请写出相关环境保护措施。

【任务准备】

仪器：电子天平（精度 0.0001g）、酸式滴定管（50mL）、量筒（10mL）、烧杯（100mL）、容量瓶（250mL）、移液管（25mL）、锥形瓶（250mL）、干燥器、电炉或水浴锅。

试剂：氢氧化铝试样（待测）、EDTA 滴定液（0.05mol/L，已标定）、锌滴定液（0.05mol/L，已标定）、二甲酚橙指示剂、盐酸（AR）、稀盐酸（10%）、氨试液（10%）、醋酸-醋酸铵缓冲溶液（pH≈6）。

【任务实施与评价】

见《学生技能训练工作手册》（活页工单）。

【回顾与提高】

如果供试品没有完全溶解就测定，对结果有什么影响？

 重点回顾

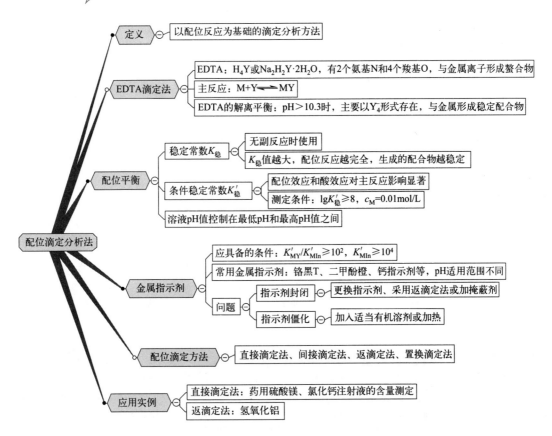

 目标检测

一、单项选择题

1.EDTA 标准溶液的配制一般采用（　　）。

A. 直接法　　　　　B. 间接法　　　　　C. 置换法　　　　　D. 蒸馏法

2. 指示剂铬黑 T 在 pH＝10 时的颜色为（　　）。

A. 红色　　　　　B. 黄色　　　　　C. 蓝色　　　　　D. 绿色

3.EDTA 与金属离子形成的配合物的配位比为（　　）。

A. 1∶1　　　　　B. 2∶1　　　　　C. 3∶1　　　　　D. 4∶1

4. 通常测定水的硬度所用的方法是（　　）。

A. 酸碱滴定法　　　B. 氧化还原滴定法　C. 配位滴定法　　　D. 沉淀滴定法

5. EDTA 中含有配位原子的数目是（　　）。

A. 2 个氨基氮　　　　　　　　　　B. 8 个羧基氧

C. 4 个羧基氧　　　　　　　　　　D. 2 个氨基氮与 4 个羧基氧，共 6 个

6. 在配位滴定时，使用铬黑 T 作指示剂，其溶液的酸度应用（　　）来调节。

A. 硝酸　　　　　　　　　　　　　B. 盐酸

C. 醋酸-醋酸钠缓冲液　　　　　　　D. 氨-氯化铵缓冲液

7. 配位滴定准确性判断条件是（　　）。

A. $\lg K'_{稳} \geqslant 6$, $c_M = 0.01\text{mol/L}$　　　B. $\lg K'_{稳} \geqslant 8$, $c_M = 0.01\text{mol/L}$

C. $\lg K'_{稳} \leqslant 8$, $c_M = 0.01\text{mol/L}$　　　D. $\lg K'_{稳} \leqslant 6$, $c_M = 0.01\text{mol/L}$

8. 配位滴定最低 pH 是（　　）。

A. MY 能生成氢氧化物的酸度　　　B. MY 保持稳定的最高酸度

C. MY 开始解离的最低酸度　　　　D. 形成 Y^{4-} 形式 EDTA 需要的酸度

9. EDTA 七种存在形式中能与金属离子直接配位的是（　　）。

A. H_5Y^+　　　　　B. H_4Y　　　　　C. H_3Y^-　　　　　D. Y^{4-}

10. 铁离子和铝离子对铬黑 T 有（　　）。

A. 僵化作用　　　B. 封闭作用　　　C. 沉淀作用　　　D. 氧化作用

二、多项选择题

1. 实验室常用于标定 EDTA 标准溶液的基准物质是（　　）。

A. 基准氯化钠　　B. 重铬酸钾　　C. 基准氧化锌　　D. 基准金属锌　　E. 无水碳酸钠

2. 用于配位滴定的反应必须具备的条件有（　　）。

A. 配位反应要进行完全而且快速　　B. 反应要按一定反应式定量进行

C. 要有适当的指示终点的方法　　　D. 滴定过程中生成的配合物最好是可溶的

E. 生成的配合物稳定

3. EDTA 不能直接滴定的金属离子有（　　）。

A. 钠离子　　　B. 钾离子　　　C. 锂离子　　　D. 镁离子　　　E. 钙离子

4. 下列指示剂中可用于配位滴定的有（　　）。

A. 铬黑 T　　　B. 酚酞　　　C. 淀粉　　　D. 钙指示剂　　　E. 二甲酚橙

5. 影响配位平衡的因素有（　　）。

A. OH^-　　　　　B. H^+　　　　　C. 其他配位剂

D. 共存离子　　　E. 生成的配合物发生副反应

三、填空题

1. EDTA 的化学名称为＿＿＿＿＿＿＿，当溶液酸度较高时，可作＿＿＿＿＿元酸，有＿＿种存在形式。EDTA 与金属离子配位时，一分子的 EDTA 可提供＿＿＿＿＿＿个配位原子。

2. 已知 $[Zn(NH_3)_4]SO_4$ 溶液浓度为 2mol/L，则 SO_4^{2-} 的浓度是＿＿＿＿＿＿＿。

3. 由于某些金属离子的存在，加入过量的 EDTA 滴定液，指示剂无法指示终点的现象称为＿＿＿＿。故被测溶液中应提前加入＿＿＿＿＿，以克服共存金属离子的干扰。

4. 在配位滴定中，由于氢离子的存在，EDTA 参加主反应能力降低的效应称为＿＿＿＿＿＿；由于其他配位剂的存在，金属离子参加主反应能力降低的效应称为＿＿＿＿＿＿。

四、简答题

1. 金属指示剂的作用原理是什么？它应具备哪些条件？

2. 在配位滴定中，为什么要加入缓冲溶液控制滴定体系保持一定的 pH？

五、计算题

1. 通过计算解释为什么用 EDTA 滴定钙离子的 pH 为 10.0 而不是 5.0，滴定锌离子时可以是 5.0。

2. 称取葡萄糖酸钙试样 0.5500g，溶解后，在 pH 10 的氨性缓冲液中用 EDTA 滴定，以铬黑 T 为指示剂，用去 EDTA 滴定液（0.04985mol/L）24.50mL。试计算葡萄糖酸钙的含量（$C_{12}H_{22}O_{14}Ca \cdot H_2O$ 的摩尔质量为 448.4g/mol）。

3. 取 100mL 水样，用氨性缓冲液调节至 pH = 10，以铬黑 T 为指示剂，用 EDTA 滴定液（0.008826mol/L）滴定至终点，共消耗 12.58mL，计算水的总硬度。如果再取上述水样 100mL，用 NaOH 调节 pH = 12.5，加入钙指示剂，用上述 EDTA 滴定液滴定至终点，消耗 10.11mL，试分别求出水样中 Ca^{2+} 和 Mg^{2+} 的量。

模块六

氧化还原滴定分析法

学前导语

水污染是现阶段我国水资源利用和保护领域存在的主要问题，水中化学需氧量（COD）是环境检测分析中检测水质污染程度的一个重要指标，若河流中 COD 偏高，水体中的溶解氧大量被消耗，从而引起水体中厌氧细菌的大量繁殖，最终导致水体发臭和水环境恶化。 COD 值越大，表示水体受污染程度越严重，因此，对化学需氧量 COD 超标的水体进行治理势在必行。那么，如何检测水中 COD？如何知道它们是否超标？让我们进入本模块——氧化还原滴定分析法的学习。

学习目标

【知识目标】

1. 掌握高锰酸钾法、碘量法、亚硝酸钠法的滴定原理、滴定条件和应用；标准溶液的配制和标定方法。

2. 熟悉氧化还原滴定法的基本原理；熟悉氧化还原指示剂的分类。

3. 了解氧化还原滴定法的种类；氧化还原平衡的相关概念。

【能力目标】

能正确选择滴定方法和条件；能运用高锰酸钾法、碘量法、亚硝酸钠法进行实际样品的测定，并给出正确的分析结果。

【思政与职业素养目标】

党的二十大报告提出"推动绿色发展，促进人与自然和谐共生""尊重自然、顺应自然、保护自然，是全面建设社会主义现代化国家的内在要求"。水是生命之源，绿水青山就是金山银山，要明确"净水"的重要性，树立坚定的理想信念、专业使命感和责任感。

【证书考点】

药物检验员（三级）	1. 能根据分析检验内容准备实验用试剂溶液、仪器设备。 2. 能标定滴定液。 3. 能对检验数据进行处理，并准确报告。 4. 掌握安全环保操作程序，解决检验安全问题。
1+X 食品检验管理职业技能等级证书（中级）	1. 熟知食品检测检验知识及技能，掌握管理相关的知识和复合技能，熟练操作较复杂设备。 2. 能够独立完成且胜任食品检验检测工作，特别是检验等合格评定工。 3. 能够参与承担实验室质量安全管理等工作。 4. 能够对工作执行情况进行检查，纠正和持续跟进。

单元一　氧化还原滴定分析法介绍

一、氧化还原滴定法的基本原理

（一）氧化还原滴定法的定义

氧化还原滴定法是以氧化还原反应为基础的滴定分析方法。通常利用一些氧化剂或还原剂作滴定液来测定本身具有氧化性或还原性的物质的含量，还可以间接测定一些本身不具备氧化还原性质，但能与氧化剂或还原剂发生定量反应的物质的含量，是应用最广泛的滴定方法之一。

（二）氧化还原平衡

1. 氧化还原反应

氧化还原反应是基于电子转移的反应，获得电子的物质叫作氧化剂，失去电子的物质叫作还原剂，例如 Br_2 和 I^- 的反应：

$$Br_2 + 2I^- = 2Br^- + I_2$$

其中 Br_2 获得 I^- 给予的电子，即 $Br_2 + 2e = 2Br^-$，Br_2 是氧化剂；I^- 失去电子，将电子给了 Br_2，即 $2I^- - 2e = I_2$，I^- 是还原剂。Br_2 氧化 I^- 而自身被还原成 Br^-。Br_2/Br^- 是一个电对，Br_2 称为电对的氧化态，Br^- 为其还原态。同样，I_2/I^- 也是一个电对，I_2 为电对的氧化态，I^- 为其还原态。所以氧化还原反应的实质是电子在两个电对之间的转移过程，转移的方向由电极电势的高低来决定。

2. 电极反应和能斯特方程式

对于可逆电对的电极电势，可利用能斯特方程计算。以 Ox 代表电对的氧化态，Red 代表其还原态，任意一个电极反应，可表示为：

$$a\,Ox + ne \rightleftharpoons b\,Red$$

式中，a、b 分别为反应物和生成物的系数。该电对的能斯特方程式为：

$$\varphi_{Ox/Red} = \varphi_{Ox/Red}^{\ominus} + \frac{RT}{nF}\ln\frac{[Ox]^a}{[Red]^b} \tag{6-1}$$

式中，φ 为条件电极电势；$\varphi^{\ominus}$ 为标准电极电势；R 为理想气体状态常数，即 $8.314J/(mol \cdot ℃)$；T 为热力学温度，K；n 为电极反应中转移的电子数；F 为法拉第常数，即 $96486C/mol$；$[Ox]^a$ 代表氧化态一侧各物质浓度的幂乘积；$[Red]^b$ 代表还原态一侧各物质浓度的幂乘积。

当 $T = 298K$ 时，将各常数代入上式，则

$$\varphi_{Ox/Red} = \varphi_{Ox/Red}^{\ominus} + \frac{0.0592}{n}\lg\frac{[Ox]^a}{[Red]^b} \tag{6-2}$$

（三）用于滴定分析的氧化还原反应条件

氧化还原反应进行的过程比较复杂，反应常是分步进行的，需要一定时间才能完成。必须注意反应速率，特别是在应用氧化还原反应进行滴定时，更应注意使滴定速度与反应速率相适应。在氧化还原滴定中，除了主反应外，还经常伴有各种副反应或因条件不同而生成不同产物。因此，滴定时要创造适当的滴定条件，使其符合滴定分析的基本要求。

能用于滴定分析的氧化还原反应必须具备如下条件：

① $\varphi(+)-\varphi(-)\geqslant 0.4\text{V}$，才能保证反应完全。

② 反应能定量进行。为此，滴定分析中常需用强氧化剂和较强的还原剂作滴定液。

③ 有适当的方法或指示剂指示反应的终点。

④ 要保证较快的反应速率，需要考虑酸度、温度和催化剂等影响反应速率的因素。

 拓展阅读

氧化还原滴定曲线

在氧化还原滴定的过程中，反应物和生成物的浓度不断改变，使有关电对的电极电势也发生变化，以溶液体系的电极电势为纵坐标，以滴定液的体积（或滴定百分数）为横坐标，绘制的曲线称为氧化还原滴定曲线。图 6-1 是 0.1000mol/L Ce(SO$_4$)$_2$ 溶液在 1mol/L H$_2$SO$_4$ 溶液介质中滴定 0.1000mol/L Fe^{2+} 溶液的滴定曲线。

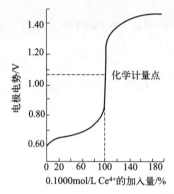

图 6-1　以 0.1000mol/L Ce(SO$_4$)$_2$ 溶液在 1mol/L H$_2$SO$_4$ 溶液介质中滴定
0.1000mol/L Fe^{2+} 溶液的滴定曲线

滴定反应为：

$$Ce^{4+}+Fe^{2+}\Longrightarrow Ce^{3+}+Fe^{3+}$$

由滴定曲线看出，在化学计量点前后，溶液的电极电势值发生了突跃性的变化，这个突变称为滴定的电势突跃范围。计算结果表明，0.1000mol/L Ce(SO$_4$)$_2$ 溶液滴定 0.1000mol/L Fe^{2+} 溶液的电势突跃范围为 0.86~1.26V，改变了 0.40V。

滴定电势突跃范围大小与氧化剂和还原剂两电对的条件电极电势的差值有关。两电对的条件电极电势相差较大，突跃范围较大；反之较小。电势突跃范围是选择氧化还原指示剂的依据。

氧化还原滴定曲线常因滴定介质的不同而其位置和突跃范围的大小发生变化。这主要是由于在不同介质（主要是酸）中，相关电对的条件电极电势发生了改变。

二、氧化还原滴定法指示剂

氧化还原滴定中常利用指示剂在化学计量点附近颜色的改变来指示终点，常用的指示剂有四类：

（一）自身指示剂

在氧化还原滴定中，有些滴定液本身有很深的颜色，而滴定产物为无色或浅色，在这种情况下，滴定时可不必另加指示剂，例如 KMnO$_4$ 本身显紫红色，用它来滴定 Fe^{2+}、

$C_2O_4^{2-}$ 时，反应产物 Mn^{2+}、Fe^{3+} 等颜色很浅或是无色，滴定到化学计量点，只要 $KMnO_4$ 稍微过量半滴就能使溶液呈现淡红色，指示滴定终点的到达。

（二）显色指示剂

显色指示剂也称为专属指示剂。这种指示剂本身并不具有氧化还原性，但能与滴定液或被测物质发生显色反应，而且显色反应是可逆的，因而可以指示滴定终点。这类指示剂最常用的是淀粉，如可溶性淀粉与碘溶液反应生成深蓝色的化合物，当 I_2 被还原为 I^- 时，深蓝色立即消失，颜色变化极为明显。因此，在碘量法中，多用淀粉溶液作指示剂。用淀粉指示液可以检出约 10^{-5} mol/L 的 I_2，但淀粉指示液与 I_2 的显色灵敏度与淀粉的性质和加入时间、温度及反应介质等条件有关（详见碘量法），如温度升高，显色灵敏度下降。

此外，Fe^{3+} 滴定 Sn^{2+} 时，可用 KSCN 作指示剂，溶液出现红色（Fe^{3+} 与 SCN^- 形成的硫氰配合物的颜色）即为终点。

（三）氧化还原指示剂

这类指示剂本身是氧化剂或还原剂，它的氧化态和还原态具有不同的颜色。在滴定过程中，指示剂由氧化态转为还原态，或由还原态转为氧化态时，溶液颜色随之发生变化，从而指示滴定终点。例如，用 $K_2Cr_2O_7$ 滴定 Fe^{2+} 时，常用二苯胺磺酸钠作指示剂。二苯胺磺酸钠的还原态为无色，当滴定至化学计量点时，稍过量的 $K_2Cr_2O_7$ 使二苯胺磺酸钠由还原态转变为氧化态，溶液显紫红色，因而指示滴定终点的到达。一些重要氧化还原指示剂见表 6-1。

表 6-1　常用的氧化还原指示剂

氧化还原指示剂	$\varphi_{In}^{\ominus'}$（$[H^+]=1$mol/L）/V	颜色变化	
		还原态	氧化态
亚甲基蓝	+0.52	无	蓝
二苯胺磺酸钠	+0.85	无	紫红
邻苯氨基苯甲酸	+0.89	无	紫红
邻二氮菲亚铁	+1.06	红	浅蓝

氧化还原指示剂不仅对某种离子有特效，而且对氧化还原反应普遍适用，因而是一种通用指示剂，应用范围比较广泛。选择这类指示剂的原则是，指示剂变色点的电势应在滴定的电势突跃范围内，尽可能选择指示剂的变色点电势 $\varphi^{\ominus'}$ 与化学计量点时的电势 $\varphi_{等}$ 相接近，而且指示剂在终点时颜色变化要明显，以便于观察。应该注意：指示剂本身消耗滴定液，若滴定液浓度太小则应做指示剂空白校正。

👥 想一想

在 0.5mol/L H_2SO_4 溶液中，用 Ce^{4+} 滴定 Fe^{2+} 时，滴定的电势突跃范围是 $0.86\sim 1.26$V。应该选择哪种指示剂？

（四）外指示剂

在滴定过程中指示剂不加入被滴定的溶液中，而是在临近终点时，将被滴定溶液用细玻璃棒蘸取少许，在溶液外面与该种指示剂接触，根据颜色变化来判断终点，这种指示剂称为外指示剂。亚硝酸钠滴定法中用到的淀粉-KI 指示剂就是一种外指示剂。它不能直接加到被滴定的溶液里去，否则，滴入的亚硝酸钠会先和 KI 作用，生成 I_2，使滴定终点无法观察，造成误差。

三、氧化还原滴定法的分类

氧化还原滴定法所用的标准溶液为具有氧化性或还原性物质的溶液，根据标准溶液不同，氧化还原滴定法主要分为高锰酸钾法、重铬酸钾法、碘量法、亚硝酸钠法、溴酸钾法以及铈量法等。各种方法都有特点和应用范围，应根据实际测定情况选用。

单元二　高锰酸钾法

高锰酸钾法

一、基本原理

以高锰酸钾为滴定液的氧化还原滴定法称为高锰酸钾法。高锰酸钾的氧化能力和还原产物随着溶液的酸度不同而有所不同。

在强酸性溶液中：$MnO_4^- + 8H^+ + 5e^- \rightleftharpoons Mn^{2+} + 4H_2O$　　　　$\varphi^\ominus = 1.51V$

在中性或弱碱性溶液中：$MnO_4^- + 2H_2O + 3e^- \rightleftharpoons MnO_2 \downarrow + 4OH^-$　$\varphi^\ominus = 0.595V$

在强碱性溶液中：$MnO_4^- + e^- \rightleftharpoons MnO_4^{2-}$　　　　　　　　　$\varphi^\ominus = 0.564V$

由 $\varphi^\ominus$ 值可知 $KMnO_4$ 在强酸性溶液中氧化能力最强。因此 $KMnO_4$ 法一般都在 $0.5 \sim 1mol/L$ H_2SO_4 的强酸性溶液中进行，酸度过高导致 $KMnO_4$ 分解，酸度过低会生成 MnO_2 沉淀。调节酸度避免使用盐酸和硝酸，因为 Cl^- 具有还原性，能被 MnO_4^- 氧化，而硝酸具有氧化性，它可能氧化被测定的物质。

用 $KMnO_4$ 法测定甘油、甲醇、甲酸、葡萄糖、酒石酸等有机物一般适宜在碱性条件（pH>12）下进行。

高锰酸钾法有如下特点：

① $KMnO_4$ 氧化能力强，应用广泛，可直接或间接测定多种无机物和有机物；

② $KMnO_4$ 为自身指示剂；

③ $KMnO_4$ 标准溶液不能直接配制，且标准溶液不够稳定，不能久置，需经常标定；

④ $KMnO_4$ 氧化能力强，因此方法的选择性差，干扰严重，而且 $KMnO_4$ 与还原性物质的反应历程比较复杂，易发生副反应。

二、高锰酸钾滴定液

高锰酸钾滴定液的配制（执行 GB/T 601—2016 标准）采用间接法。

（一）配制

市售高锰酸钾试剂一般含有少量 MnO_2 及其他杂质，同时蒸馏水中含有微量有机物质，这些物质都能还原 $KMnO_4$，因此，$KMnO_4$ 标准溶液只能用间接法配制。为了获得浓度稳定的标准滴定溶液，配制时，称取稍多于理论量的高锰酸钾，溶于一定体积蒸馏水中，加热煮沸，保持微沸约 1h，使溶液中可能存在的还原物质完全被氧化。放置 2～3 天，用微孔玻璃漏斗或玻璃棉除去二氧化锰沉淀，滤液贮于棕色瓶中，暗处保存，最后用基准物质进行标定。

（二）标定

标定 $KMnO_4$ 溶液的基准物质很多，如 $Na_2C_2O_4$、$H_2C_2O_4 \cdot 2H_2O$、$(NH_4)_2Fe$

$(SO_4)_2 \cdot 6H_2O$、As_2O_3 及纯铁丝等。其中最常用的是 $Na_2C_2O_4$，它容易提纯且性质稳定，不含结晶水，在 $105 \sim 110℃$ 烘至恒重，即可使用。在 H_2SO_4 溶液中，MnO_4^- 与 $C_2O_4^{2-}$ 的反应为：

$$2MnO_4^- + 5C_2O_4^{2-} + 16H^+ \Longleftrightarrow 2Mn^{2+} + 10CO_2 \uparrow + 8H_2O$$

标定好的 $KMnO_4$ 溶液在放置一段时间后，若发现有沉淀析出，应重新过滤并标定。

为了使反应能定量且较迅速地完成，应注意以下滴定条件：

1. 温度

在室温下反应进行缓慢，通常将溶液加热到 $70 \sim 85℃$，但温度不得高于 $90℃$，否则在酸性溶液中部分 $C_2O_4^{2-}$ 分解，导致标定结果偏高。

2. 酸度

为使反应能够定量地进行，溶液应有足够的酸度，一般滴定时溶液酸度控制在 $0.5 \sim 1mol/L$ H_2SO_4。如果酸度不够，易生成 MnO_2 沉淀，酸度过高又会造成 $H_2C_2O_4$ 分解。取用高浓度硫酸时，可以使用瓶口分液器（图6-2），调节分液器至所需体积，可以安全取出所需用量的硫酸。

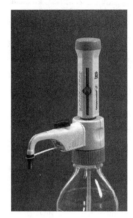

图6-2 瓶口分液器

3. 滴定速度

滴定速度要与反应速率相适应，尤其在反应开始时，滴定速度不宜太快，一定要等到第一滴 $KMnO_4$ 溶液的颜色褪去之后才接着加第二滴。一旦产生 Mn^{2+}，其自催化作用就使反应逐渐加快，故滴定速度也随之加快，但也不能太快，否则加入的 $KMnO_4$ 来不及和 $C_2O_4^{2-}$ 反应，在热的酸性溶液中，自身发生分解导致结果偏低，反应式如下：

$$4MnO_4^- + 12H^+ \Longleftrightarrow 4Mn^{2+} + 5O_2 \uparrow + 6H_2O$$

若滴定前加入少量的 $MnSO_4$ 作催化剂，则在滴定的最初阶段反应就以较快的速率进行。

4. 滴定终点

用 $KMnO_4$ 溶液滴定至溶液呈微红色且 $30s$ 不褪色即为终点。放置时间过长，空气中还原性物质能还原 $KMnO_4$ 而使溶液褪色。

【例6-1】 称取基准物质 $Na_2C_2O_4$ $0.1500g$，溶解在强酸性溶液中，用 $KMnO_4$ 滴定液滴定，到达终点时消耗 $20.00mL$，计算 $KMnO_4$ 滴定液的浓度。（$M_{Na_2C_2O_4} = 134.00g/mol$）

解：根据在强酸性溶液中，MnO_4^- 与 $C_2O_4^{2-}$ 的反应为：

$$2MnO_4^- + 5C_2O_4^{2-} + 16H^+ \Longleftrightarrow 2Mn^{2+} + 10CO_2 \uparrow + 8H_2O$$

可得 $c_{KMnO_4} = \dfrac{2m_{Na_2C_2O_4} \times 10^3}{5M_{Na_2C_2O_4}V_{KMnO_4}}$

$= \dfrac{2 \times 0.1500 \times 10^3}{5 \times 134.00 \times 20.00} mol/L = 0.02239 mol/L$

答：$KMnO_4$ 滴定液的浓度为 $0.02239 mol/L$。

👥 **想一想**

如果用纯铁丝标定 $KMnO_4$ 滴定液（$0.02mol/L$），请你设计一个实验方案。

三、应用实例

（一）过氧化氢溶液的含量测定

见本模块任务二医用双氧水的含量测定。

（二） Ca^{2+} 的测定（间接滴定法）

某些金属离子（如 Ca^{2+}、Sr^{2+}、Ba^{2+}、Ni^{2+}、Cd^{2+}、Zn^{2+} 等）能与 $C_2O_4^{2-}$ 生成草酸盐沉淀。将生成的沉淀过滤洗涤并用酸溶解，再用 $KMnO_4$ 滴定液滴定，就可以间接测定这些金属离子。

测定方法：以 Ca^{2+} 的测定为例，将试样处理成溶液后，用 $C_2O_4^{2-}$ 将 Ca^{2+} 沉淀为 CaC_2O_4，再经过滤、洗涤后将沉淀溶于热的稀 H_2SO_4 溶液中，最后用 $KMnO_4$ 滴定液滴定溶液中的 $H_2C_2O_4$。根据所消耗的 $KMnO_4$ 的量，间接求得 Ca^{2+} 的含量（$w_{Ca^{2+}}$）。反应方程式如下：

$$Ca^{2+}+C_2O_4^{2-}=\!=\!=CaC_2O_4$$

$$CaC_2O_4+2H^+=\!=\!=H_2C_2O_4+Ca^{2+}$$

$$5H_2C_2O_4+2MnO_4^-+6H^+=\!=\!=2Mn^{2+}+10CO_2\uparrow+8H_2O$$

$$w_{Ca^{2+}}=\frac{5}{2}\times\frac{c_{KMnO_4}V_{KMnO_4}M_{Ca^{2+}}\times10^{-3}}{m_{试样}}\times100\%$$

式中，c_{KMnO_4} 为 $KMnO_4$ 滴定液的物质的量浓度，mol/L；$M_{Ca^{2+}}$ 为 Ca^{2+} 的摩尔质量，g/mol；V_{KMnO_4} 为测定时消耗 $KMnO_4$ 滴定液的体积，mL；$m_{试样}$ 为被测试样的质量，g。

 拓展阅读

水中化学需氧量（COD）的测定

化学需氧量（COD）是指在强酸性条件下，用氧化剂氧化水样时所消耗氧化剂的量，以 O_2 的质量浓度（mg/L）表示，广泛应用于环境监测领域。它是度量水中还原性污染物的重要指标，COD 值越大，水体受污染程度越高。

利用化学法进行 COD 的测定，可采用重铬酸钾法、高锰酸钾法等。以重铬酸钾法为例，在强酸性溶液中，加入准确过量的 $K_2Cr_2O_7$ 标准溶液，以 Ag_2SO_4 为催化剂，加热回流，将水样中的还原性物质（主要为有机物）氧化，过量的 $K_2Cr_2O_7$ 以试亚铁灵为指示剂，用 $(NH_4)_2Fe(SO_4)_2$ 标准溶液回滴，滴定终点溶液呈试亚铁灵的红褐色，有关化学反应式如下：

$$C_6H_{12}O_6+4Cr_2O_7^{2-}+32H^+=\!=\!=8Cr^{3+}+6CO_2+22H_2O（以氧化葡萄糖为例）$$

$$Cr_2O_7^{2-}+6Fe^{2+}+14H^+=\!=\!=2Cr^{3+}+6Fe^{3+}+7H_2O（返滴定法）$$

单元三　碘量法

碘量法

碘量法是利用 I_2 的氧化性和 I^- 的还原性来进行滴定的氧化还原滴定法。由于固体 I_2 在水中溶解度很小（298K 时为 1.18×10^{-3} mol/L）且易于挥发，实际应用中常将 I_2 溶解于 KI 溶液中，以增大其溶解度，方程式为 $I_2+I^-\longrightarrow I_3^-$。为方便起见，一般仍

简写为 I_2。

碘量法利用的半反应为：

$$I_2 + 2e \Longrightarrow 2I^- \qquad \varphi^{\ominus}_{I_2/I^-} = 0.545V$$

从 $\varphi^{\ominus}_{I_2/I^-}$ 可以看出，I_2 是较弱的氧化剂，能与较强的还原剂作用；而 I^- 是中等强度的还原剂，能与许多氧化剂作用。因此，碘量法既可测定氧化性物质，又可测定还原性物质。

一、碘量法的分类

碘量法的应用范围很广，此法又可分为直接碘量法和间接碘量法。

（一）直接碘量法

直接碘量法又称为碘滴定法，它是利用 I_2 滴定液直接滴定还原性物质的滴定分析方法。此法只能测定一些具有较强还原性的物质，如 S^{2-}、SO_3^{2-}、Sn^{2+}、$S_2O_3^{2-}$、As(Ⅲ)、维生素 C 等，反应方程式例如：

$$Na_2SO_3 + H_2O + I_2 \Longrightarrow Na_2SO_4 + 2HI$$

直接碘量法不能在碱性溶液中进行，因为碘与碱发生反应：

$$3I_2 + 6OH^- \Longrightarrow IO_3^- + 5I^- + 3H_2O$$

若在强酸性条件下，I^- 易被空气或水中的氧气氧化：

$$4I^- + O_2 + 4H^+ \Longrightarrow 2I_2 + 2H_2O$$

因此，直接碘量法只能在弱酸性或中性条件下进行。由于 I_2 是一种较弱的氧化剂，能被 I_2 氧化的物质不多，故直接碘量法的应用较为有限。

（二）间接碘量法

间接碘量法又称滴定碘法，它是利用 I^- 的还原性，用一定量的氧化剂将 I^- 定量氧化为 I_2，然后用 $Na_2S_2O_3$ 滴定液滴定生成的 I_2，通过 $Na_2S_2O_3$ 消耗的量间接测定出氧化性物质的含量。即：

$$\text{氧化性物质} \xrightarrow{\text{过量KI}} \text{定量析出} I_2 \xrightarrow{Na_2S_2O_3 \text{滴定液}} \text{间接测定氧化性物质含量}$$

间接碘量法应用相当广泛，可以测定 Cu^{2+}、$Cr_2O_7^{2-}$、IO_3^-、BrO_3^-、AsO_4^{3-}、SbO_4^{3-}、ClO_4^-、NO_2^-、H_2O_2、MnO_4^- 等多种氧化性物质。例如，用间接碘量法测定高锰酸钾的含量，反应方程式为：

$$2KMnO_4 + 10KI(\text{过量}) + 8H_2SO_4 \Longrightarrow 5I_2 + 6K_2SO_4 + 2MnSO_4 + 8H_2O$$

$$2Na_2S_2O_3 + I_2 \Longrightarrow Na_2S_4O_6 + 2NaI$$

淀粉是碘量法的专属指示剂，溶液出现蓝色（直接碘量法）或蓝色消失（间接碘量法）即为滴定终点。但要注意，其显色灵敏度除与 I_2 的浓度有关以外，还与淀粉的性质、加入的时间、温度及反应介质等条件有关。

间接碘量法的反应条件非常重要，为获得准确的分析结果，必须注意以下问题：

1. 控制溶液酸度

利用间接碘量法时需注意反应必须在中性或弱酸性溶液中进行。因为在碱性条件下，I_2 易与 $Na_2S_2O_3$ 发生副反应，且 I_2 也容易发生歧化反应；若在酸性溶液中，$Na_2S_2O_3$ 易发生歧化反应，且 I^- 也容易被空气中 O_2 氧化，这些反应都使滴定无法定量进行。

2. 防止 I_2 挥发和 I^- 被氧化

I_2 挥发和 I^- 被氧化是间接碘量法误差的主要来源，应采取以下措施尽量避免：

① 加入过量的 KI（一般比理论值大 2～3 倍），使生成的 I_2 与 I^- 形成 I_3^-，防止 I_2 的挥发，同时提高淀粉指示剂的灵敏度。

② 溶液的酸度不宜过高，且应避免阳光直射，不宜剧烈振荡，以减少碘的挥发。滴定速率也不宜太慢，否则会促进 I^- 被溶液中 O_2 氧化。

③ 反应及滴定都应在室温下（低于 25℃）进行，温度较高时 I_2 易挥发。

④ 应用间接碘量法时，一般要在滴定接近终点前才加入淀粉指示剂。若加入太早，会有较多的 I_2 被淀粉所吸附，这部分 I_2 就不易与 $Na_2S_2O_3$ 反应，从而给滴定带来误差。

二、碘量法滴定液

碘量法使用的滴定液有 $Na_2S_2O_3$ 溶液和 I_2 溶液。

（一） $Na_2S_2O_3$ 滴定液的制备（执行 GB/T 601—2016 标准）

1. 配制

试剂硫代硫酸钠（$Na_2S_2O_3 \cdot 5H_2O$）一般都含有少量杂质，如 S、Na_2SO_3、Na_2CO_3、Na_2SO_4 等，不能作基准物质直接配成标准溶液，另外 $Na_2S_2O_3$ 不稳定，易与水中的细菌及 CO_2 作用，因此配制 $Na_2S_2O_3$ 标准溶液的方法是：称取比计算用量稍多的 $Na_2S_2O_3$ 溶解于新煮沸并冷却的蒸馏水（驱除 CO_2、O_2，杀死细菌），加入少量 Na_2CO_3 使溶液呈弱碱性，以抑制细菌生长。配制好的溶液应贮于棕色瓶中，置于暗处放置 8～10 天，待 $Na_2S_2O_3$ 浓度稳定后再进行标定。标定后的 $Na_2S_2O_3$ 溶液在贮存过程中如发现溶液变浑浊，应重新标定或弃去重配。

2. 标定

标定 $Na_2S_2O_3$ 溶液的基准物质有 $K_2Cr_2O_7$、KIO_3、$KBrO_3$ 及升华 I_2 等。除 I_2 外，其他物质都需在酸性溶液中与 KI 作用析出 I_2 后，再用配制的 $Na_2S_2O_3$ 溶液滴定。常用 $K_2Cr_2O_7$ 作基准物质标定，$K_2Cr_2O_7$ 在酸性溶液中与 I^- 发生反应：

$$Cr_2O_7^{2-} + 6I^- + 14H^+ \Longrightarrow 2Cr^{3+} + 3I_2 \downarrow + 7H_2O$$

反应析出的 I_2 以淀粉为指示剂用待标定的 $Na_2S_2O_3$ 溶液滴定。其反应式为：

$$I_2 + 2S_2O_3^{2-} \Longrightarrow 2I^- + S_4O_6^{2-}$$

根据称取 $K_2Cr_2O_7$ 的质量和消耗 $Na_2S_2O_3$ 滴定液的体积，可计算出 $Na_2S_2O_3$ 滴定液的浓度。计算公式为

$$c_{Na_2S_2O_3} = \frac{6m_{K_2Cr_2O_7} \times 10^3}{M_{K_2Cr_2O_7} V_{Na_2S_2O_3}}$$

式中，$c_{Na_2S_2O_3}$ 为 $Na_2S_2O_3$ 滴定液的物质的量浓度，mol/L；$m_{K_2Cr_2O_7}$ 为称取基准 $K_2Cr_2O_7$ 的质量，g；$M_{K_2Cr_2O_7}$ 为 $K_2Cr_2O_7$ 的摩尔质量，294g/mol；$V_{Na_2S_2O_3}$ 为标定时消耗 $Na_2S_2O_3$ 滴定液的体积，mL。

用 $K_2Cr_2O_7$ 标定 $Na_2S_2O_3$ 溶液时应注意：$Cr_2O_7^{2-}$ 与 I^- 反应较慢，为加快反应速率，须加入过量的 KI 并提高酸度，不过酸度过高会加速空气氧化 I^-。因此，一般应控制酸度为 $0.2～0.4mol/L$ 左右；并在暗处放置 10min，以保证反应顺利完成。

（二）I_2 滴定液的制备（执行 GB/T 601—2016 标准）

1. 配制

用升华法制得的纯 I_2，可直接配制成标准溶液。但 I_2 易挥发，通常用市售的 I_2 先配成近似浓度的 I_2 液，然后用基准试剂或已知准确浓度的 $Na_2S_2O_3$ 标准溶液来标定 I_2 液的准确浓度。由于 I_2 难溶于水，易溶于 KI 溶液，故配制时应将 I_2、KI 与少量水一起研磨后再用水稀释，并保存在棕色试剂瓶中，放置于暗处，待标定。

2. 标定

I_2 溶液可用 As_2O_3 基准物质标定。As_2O_3 难溶于水，多用 NaOH 溶解，使之生成亚砷酸钠，再用 I_2 溶液滴定 AsO_3^{3-}。反应式如下：

$$As_2O_3 + 6NaOH \Longrightarrow 2Na_3AsO_3 + 3H_2O$$

$$AsO_3^{3-} + I_2 + H_2O \Longrightarrow AsO_4^{3-} + 2I^- + 2H^+$$

此反应为可逆反应，为使反应快速定量地向右进行，可加 $NaHCO_3$ 以保持溶液 pH 在 8 左右。

I_2 滴定液浓度的计算公式为

$$c_{I_2} = \frac{2m_{As_2O_3} \times 10^3}{M_{As_2O_3} V_{I_2}}$$

式中，c_{I_2} 为 I_2 滴定液的物质的量浓度，mol/L；$m_{As_2O_3}$ 为称取基准 As_2O_3 的质量，g；$M_{As_2O_3}$ 为 As_2O_3 的摩尔质量，197.8g/mol；V_{I_2} 为标定时消耗 I_2 滴定液的体积，mL。

由于 As_2O_3（俗称砒霜）为剧毒物，一般常用已知浓度的 $Na_2S_2O_3$ 标准溶液标定 I_2 溶液。

想一想

如果用已知浓度的 $Na_2S_2O_3$ 标准溶液标定 I_2 溶液，如何计算 I_2 溶液浓度？

三、应用实例

（一）药片或水果中维生素 C 含量的测定（直接碘量法）

维生素 C（$C_6H_8O_6$）是人体中重要的维生素之一，因缺乏它时会患上坏血病，故又被称为抗坏血酸。鉴于维生素 C 分子结构中的烯二醇基具有强还原性，故可直接用碘滴定液定量地氧化它而测其含量。具体方法见本模块任务三维生素 C 的含量测定。

（二）胆矾中铜的含量测定（间接碘量法）

胆矾（$CuSO_4 \cdot 5H_2O$）是农药波尔多液的主要原料。其中所含的铜常用间接碘量法测定。测定的原理是在弱酸性溶液（pH＝3.2～4.0）中，Cu^{2+} 与过量 KI 反应，生成难溶性的 CuI 沉淀，并定量析出 I_2，再用 $Na_2S_2O_3$ 滴定液滴定析出的 I_2。相应反应式如下：

$$2Cu^{2+} + 4I^- \Longrightarrow 2CuI \downarrow + I_2$$

$$I_2 + 2S_2O_3^{2-} \Longrightarrow 2I^- + S_4O_6^{2-}$$

测定方法：准确称取胆矾试样 0.5～0.6g，置于碘量瓶中，加 1mol/L H_2SO_4 溶液 5mL、蒸馏水 100mL 使其溶解，加 20％ NH_4HF_2 溶液 10mL、10％ KI 溶液 10mL、迅速盖上瓶塞，摇匀，放置 3min，此时出现 CuI 白色沉淀。

打开碘量瓶塞，用少量水冲洗瓶塞及瓶内壁，立即用 0.1mol/L 的 $Na_2S_2O_3$ 滴定液滴定至溶液呈浅黄色，加 3mL 淀粉指示液，继续滴定至浅蓝色，再加 10％KSCN 溶液 10mL，继续用 $Na_2S_2O_3$ 滴定液滴定至蓝色刚好消失即为终点。此时溶液为米色的 CuSCN 悬浮液。记录消耗 $Na_2S_2O_3$ 滴定液的体积。平行测定两次。

试样中胆矾的质量分数可按下式求得。

$$w_{CuSO_4 \cdot 5H_2O} = \frac{c_{Na_2S_2O_3} V_{Na_2S_2O_3} M_{CuSO_4 \cdot 5H_2O} \times 10^{-3}}{m_{试样}} \times 100\%$$

式中，$w_{CuSO_4 \cdot 5H_2O}$ 为试样中 $CuSO_4 \cdot 5H_2O$ 的质量分数，％；$c_{Na_2S_2O_3}$ 为 $Na_2S_2O_3$ 滴定液的物质的量浓度，mol/L；$V_{Na_2S_2O_3}$ 为滴定消耗 $Na_2S_2O_3$ 滴定液的体积，mL；$M_{CuSO_4 \cdot 5H_2O}$ 为 $CuSO_4 \cdot 5H_2O$ 的摩尔质量，g/mol；$m_{试样}$ 为称取胆矾试样的质量，g。

 拓展阅读

样品中甘油含量的测定
（第 45 届世界技能大赛"化学实验室技术"赛项试题）

在酸性条件下，将已知过量的重铬酸钾溶液加热，氧化样品中的甘油，然后加入碘化钾与过量的重铬酸钾反应，释放出单质碘，以淀粉为指示剂，用硫代硫酸钠滴定液测定出碘的量，从而求出样品中甘油的含量。

需考虑应采取哪些健康、安全、环保措施，按下列方案实施，最后生成报告。

1. 0.1mol/L $Na_2S_2O_3$ 溶液的标定

（1）操作步骤。称取 0.0800～0.1000g 的基准试剂重铬酸钾于 250mL 碘量瓶中，用 80mL 蒸馏水或去离子水溶解，加入 10mL 的 20％碘化钾溶液，并用 5mL 硫酸溶液（1:3，体积比）酸化，摇匀。暗处静置 5min 后，用硫代硫酸钠溶液滴定析出的碘，直至所得混合物变为黄绿色，然后加入 2mL 的 0.5％淀粉溶液（此时颜色应变为深蓝色），并继续滴定至溶液颜色从深蓝色变成浅绿色。平行滴定至少三次。

（2）计算硫代硫酸钠溶液的校正因子 F

$$F = \frac{m}{0.0049037V}$$

式中，m 为重铬酸钾的质量，g；0.0049037 为相当于 1mL 0.1mol/L 硫代硫酸钠溶液的重铬酸钾的质量，g；V 为滴定消耗的硫代硫酸钠溶液体积，mL。

结果之间的差异应不超过 0.003，校正因子的算术平均值应保留有效数字到小数点后第 4 位。

2. 样品中甘油含量的测定

（1）操作步骤。称取（2.0000±0.0050）g 样品，用少量蒸馏水或去离子水稀释，定容于 250mL 容量瓶中。移取 25.00mL 于 250mL 锥形瓶中，加入 25.00mL 0.2549mol/L 重铬酸钾酸化溶液和 50mL 硫酸溶液（1:3，体积比）并混匀。将锥形瓶加热煮沸并保持温和煮沸 1h，其间避免过度蒸发。之后将锥形瓶的全部溶液转移到 500mL 容量瓶中，用蒸馏水或去离子水稀释定容。

准确移取 50.00mL 制备好的溶液到 1L 碘量瓶中，加入 10mL 的 20％碘化钾溶液，用 20mL 硫酸溶液（1:3，体积比）酸化，混匀。

暗处静置 5min 后，用水调节所得溶液的体积至约 500mL。用硫代硫酸钠溶液滴定释放的碘，直至溶液变成黄绿色，然后加入 2mL 的 0.5％淀粉溶液（此时颜色应变为深蓝色），并继续滴定，直至溶液颜色从深蓝色过渡到浅绿色。平行测定两次。

使用蒸馏水代替样品做空白试验。

（2）计算甘油含量

$$w = \frac{(V_0 - V)FN \times 0.00065783}{m} \times 100\%$$

式中，V_0 为空白试验中滴定消耗的硫代硫酸钠溶液的体积，mL；V 为滴定样品所消耗的硫代硫酸钠溶液的体积，mL；F 为硫代硫酸钠溶液的校正因子；m 为样品质量，g；0.00065783 为相当于 1mL 0.1mol/L 硫代硫酸钠溶液的甘油质量，g；N 为分析过程中的样品稀释比。

计算结果的平均值应保留有效数字到小数点后第 1 位。

想一想

测定样品中甘油含量的过程中发生了哪些化学反应？请你写出来。

单元四　亚硝酸钠法

亚硝酸钠法

一、基本原理

NaNO₂ 法是以 $NaNO_2$ 为滴定液，在盐酸存在下，测定芳香伯胺和芳香仲胺类化合物的氧化还原滴定法。

（一）亚硝酸钠法的分类

1. 重氮化滴定法

（1）原理。 芳香伯胺类药物在酸性溶液中与亚硝酸钠定量反应，生成重氮盐，用永停法或外指示剂法指示滴定终点。

$$Ar-NH_2 + NaNO_2 + 2HCl \Longleftrightarrow [Ar-N^+\equiv N]Cl^- + NaCl + 2H_2O$$

（2）滴定条件

① 酸的种类及浓度。重氮化反应的速率与酸的种类有关，该反应在 HBr 中比在 HCl 中快，在硝酸或硫酸中则较慢。因 HCl 成本更低，且芳香伯胺类盐酸盐的溶解度也较大，故常使用 HCl 酸化。

重氮化反应速率还与酸的浓度有关，该反应一般常在 1～2mol/L 酸度下进行。这是因为酸度高时反应速率快，容易进行完全，且可增加重氮盐的稳定性。如果酸度不足，生成的重氮盐易分解，且能与尚未反应的芳香伯胺发生偶合反应，使测定结果偏低；当然，酸的浓度也不可过高，否则将阻碍芳香伯胺的游离，影响重氮化反应的速率。

② 反应温度。室温（10～30℃）条件下滴定。通常温度高，重氮化反应速率快；但温度太高，亚硝酸逸失，并可使重氮盐分解：

$$Ar-N_2^+Cl^- + H_2O \longrightarrow Ar-OH + N_2\uparrow + HCl$$

已经证明，温度在 15℃ 以下时，虽然反应速率稍慢，但测定结果较准确。如采用"快速滴定法"，则在 30℃ 以下均能得到满意结果。

③ 滴定速度。重氮化反应为分子反应，反应速率较慢，故滴定不宜过快，并要不断搅

拌，临近终点时，因尚未反应的芳香伯胺浓度极稀，须一滴一滴地加入并搅拌数分钟后才能确定终点。如采用"快速滴定法"，为了避免滴定过程中亚硝酸挥发和分解，滴定时将滴定管的尖端插入液面下约 2/3 处，在不断搅拌下迅速滴定至近终点，然后将滴定管尖端提出液面，用少量水淋洗尖端，洗液并入溶液中，再缓缓滴定，至永停滴定仪的电流计指针突然偏转，并持续 1min 不再恢复，即为滴定终点。

2. 亚硝基化滴定法

芳香仲胺类化合物也可用 $NaNO_2$ 滴定液滴定，发生亚硝基化反应，生成亚硝基化合物。根据消耗 $NaNO_2$ 滴定液的浓度和体积，可计算芳香仲胺类化合物的含量。

$$\underset{R}{\overset{Ar}{\diagdown}}NH + NaNO_2 + HCl \Longleftrightarrow \underset{R}{\overset{Ar}{\diagdown}}N-NO + HaCl + H_2O$$

（二）亚硝酸钠法指示剂

1. 外指示剂

亚硝酸钠法常用的外指示剂是含氯化锌的碘化钾-淀粉糊或者试纸，其中氯化锌起到防腐作用。指示终点的原理是在化学计量点后，稍过量的 $NaNO_2$ 将 KI 氧化为碘单质，生成的碘单质与淀粉作用使溶液显蓝色。需要注意的是，滴定时，不能直接把指示剂加到被滴定的溶液里，否则，滴入的亚硝酸钠先与 KI 作用，不能指示终点。因此，只能在临近终点时，用玻璃棒蘸取少许被滴定的溶液，在外面与指示剂作用，依据是否出现蓝色判断滴定终点。

2. 内指示剂

应用较多的有橙黄IV-亚甲基蓝-中性红、亮甲酚蓝及二苯胺。使用内指示剂操作虽然简便，但有时候指示终点不敏锐，尤其重氮盐有色时更难以观察。

3. 永停滴定法

《中国药典》多用永停滴定法指示终点，滴定时可以得到准确的分析结果，具体操作过程见模块九。

二、亚硝酸钠法滴定液

$NaNO_2$ 滴定液的配制和标定（执行 GB/T 601—2016 标准）方法如下。

（一）0.5mol/L $NaNO_2$ 滴定液的配制

$NaNO_2$ 溶液在 pH = 10 左右最稳定，$NaNO_2$ 滴定液通常用间接法配制。称取 36g $NaNO_2$ 固体、0.5g NaOH 和 1g Na_2CO_3，加新煮沸并冷却的蒸馏水溶解，稀释至 1000mL，摇匀。$NaNO_2$ 溶液遇光易分解，应置于棕色试剂瓶中，密闭保存。

（二）标定

称取于（120±2）℃的电烘箱中干燥至恒重的工作基准试剂无水对氨基苯磺酸 3g，加氨水 3mL 溶解，加 200mL 水（冰水）及 20mL 盐酸。将装有相应浓度的 $NaNO_2$ 滴定液的滴管尖插入溶液内约 10mm 处，在搅拌下进行滴定，临近终点时，将滴管的尖端提出液面，用少量水淋洗尖端，洗液并入溶液中。继续慢慢滴定，当淀粉-碘化钾试纸（外用）出现明显蓝色时，放置 5min，再用试纸测试，如仍出现明显蓝色即为滴定终点。同时做空白试验。

临用前标定。

浓度计算公式为

$$c_{NaNO_2} = \frac{m_{对氨基苯磺酸} \times 10^3}{M_{对氨基苯磺酸} V_{NaNO_2}}$$

式中，c_{NaNO_2} 为 $NaNO_2$ 滴定液的物质的量浓度，mol/L；$m_{对氨基苯磺酸}$ 为称取基准对氨基苯磺酸的质量，g；$M_{对氨基苯磺酸}$ 为对氨基苯磺酸的摩尔质量，$173.19g/mol$；V_{NaNO_2} 为标定时消耗 $NaNO_2$ 滴定液的体积，mL。

三、应用实例

盐酸普鲁卡因（$C_{13}H_{20}O_2N_2 \cdot HCl$），属芳香伯胺类有机碱的盐酸盐，可与 $NaNO_2$ 在酸性条件下定量地进行重氮化反应，采用碘化钾-淀粉外指示剂法，溶液呈现持续稳定的纯蓝色即为终点。还可以中性红作指示剂或电位滴定法确定终点。反应式为：

$$H_2N\!-\!\!\!\bigcirc\!\!\!-COOCH_2CH_2N(C_2H_5)_2HCl + NaNO_2 + 2HCl \longrightarrow$$

$$Cl^-N_2^+\!-\!\!\!\bigcirc\!\!\!-COOCH_2CH_2N(C_2H_5)_2 + NaCl + 2H_2O$$

测定方法：取试样约 $0.6g$，精密称定；加蒸馏水 $50mL$ 使其溶解，加盐酸 $5mL$、溴化钾 $2g$；将滴定管尖端插入液面下的 $2/3$ 处，在 $15\sim25℃$ 条件下，用 $0.1000mol/L$ $NaNO_2$ 滴定液迅速滴定，并随时振摇或搅拌；至终点前约 $1\sim2mL$ 时，在白瓷板上加入碘化钾-淀粉指示剂 1 滴，将滴定管尖端提出液面，用少量水冲洗，将被滴定的溶液加入白瓷板上，立刻显蓝色，且 $30s$ 不褪色；若没有立即显色，则继续滴定，至白瓷板上指示剂呈稳定的纯蓝色即为终点。（$1mL$ $0.1000mol/L$ $NaNO_2$ 约相当于 $27.28mg$ 的 $C_{13}H_{20}O_2N_2 \cdot HCl$）。《中国药典》规定，本品含 $C_{13}H_{20}O_2N_2 \cdot HCl$ 不得少于 99.0%。

任务一　$KMnO_4$ 滴定液（0.02mol/L）的配制与标定

【任务描述】

$KMnO_4$ 滴定液（0.02mol/L）的配制与标定

1. 配制

取高锰酸钾 $3.2g$，加水 $1000mL$，煮沸 $15min$，密塞，静置 2 日以上，用垂熔玻璃滤器过滤，摇匀。（可根据实际用量配制）

2. 标定

取在 $105℃$ 干燥至恒重的基准草酸钠约 $0.2g$，精密称定，加新煮沸过的冷水 $250mL$ 与硫酸 $10mL$，搅拌使其溶解，自滴定管中迅速加入本液约 $25mL$（边加边振摇，以避免产生沉淀），待褪色后，加热至 $65℃$，继续滴定至溶液显微红色并保持 $30s$ 不褪；当滴定终了时，溶液温度应不低于 $55℃$。根据本液的消耗量与草酸钠的取用量，算出本液的浓度。

3. 贮藏

配制后置玻璃塞的棕色玻璃瓶中，密闭保存。（《中国药典》）

【任务分析】

1. 关键问题

① 为何 $KMnO_4$ 滴定液不能用直接法配制？

② 配制后的 $KMnO_4$ 滴定液为什么需贮存于棕色试剂瓶中？

③ "自滴定管中迅速加入本液约 25mL" 的目的是什么？

2. 乐学善思

市售高锰酸钾试剂常含有少量 MnO_2 及其他杂质，配制溶液的蒸馏水中的微量还原性物质可与 $KMnO_4$ 反应，因此，$KMnO_4$ 滴定液只能用间接法配制，再用基准物质进行标定。

标定 $KMnO_4$ 溶液的基准物质很多，以基准 $Na_2C_2O_4$ 为例，在 $105\sim110℃$ 烘干至恒重，即可使用。在 H_2SO_4 溶液中，$KMnO_4$ 与 $Na_2C_2O_4$ 发生反应：

$$2MnO_4^- + 5C_2O_4^{2-} + 16H^+ \Longrightarrow 2Mn^{2+} + 10CO_2\uparrow + 8H_2O$$

标定初始，"自滴定管中迅速加入本液约 25mL"，目的是产生足够量的 Mn^{2+} 发挥催化作用，"边加边振摇"，防止滴定液局部过浓来不及充分反应，产生 MnO_2 沉淀，影响后续滴定。"待褪色后，加热至 65℃，继续滴定"，此时已经非常接近终点，应小心控制滴速，防止过量。

本任务无需外加指示剂，$KMnO_4$ 溶液自身可指示终点，滴定至溶液呈微红色且 30s 不褪色即为终点。放置时间过长，空气中还原性物质能还原 $KMnO_4$ 而褪色。

标定好的 $KMnO_4$ 溶液应贮存于棕色试剂瓶中，避免见光分解。在放置一段时间后，若发现有沉淀析出，应重新过滤并标定。

为了使反应能定量且较迅速地完成，应注意以下滴定条件：在室温下反应缓慢，加热有利于反应进行，但温度不宜超过 90℃，否则 $C_2O_4^{2-}$ 易分解；为使反应能够定量地进行，溶液应有足够的酸度，应使用硫酸调节酸度；滴定速度要与反应速率相适应。

【绿色技能】

① 请分析本任务是否有健康和安全问题，如有，请写出相应预防措施。

② 本任务是否会有环境问题？如有，请写出相关环境保护措施。

【任务准备】

仪器：电子天平（精度 0.01g、0.0001g）、棕色酸式滴定管（50mL）、量筒（10mL）、烧杯（1000mL）、锥形瓶（500mL）、表面皿、棕色试剂瓶（500mL）、微孔玻璃漏斗、称量瓶、干燥器、电炉、温度计、游标可调瓶口分液器。

试剂：高锰酸钾（AR）、基准草酸钠、硫酸（AR）。

【任务实施与评价】

见《学生技能训练工作手册》（活页工单）。

【回顾与提高】

本任务中，滴定过程中如果锥形瓶内产生了棕色浑浊，请你分析其中原因。

任务二　医用双氧水的含量测定

医用双氧水的含量测定

【任务描述】

准确量取一定体积的医用双氧水试样，用硫酸调节酸度，使用 $KMnO_4$ 滴定液（0.02000mol/L）滴定至溶液颜色变为微红色，并在 30s 内不褪色即为终点，记录消耗 $KMnO_4$ 滴定液的体积，求得本品的含量。根据《中国药典》规定，本品过氧化氢（H_2O_2）的含量应为 2.5%～3.5%（g/mL）。

【任务分析】

1. 关键问题

① 加热有利于高锰酸钾法测定，本任务为什么没有加热？

② 调节酸度为什么使用硫酸而不是盐酸？

③ 测定实验中为什么没有加入指示剂？

2. 乐学善思

医用双氧水是浓度约为 3% 的 H_2O_2 水溶液，可用于日常消毒，能杀灭肠道致病菌和化脓性球菌，一般用于物体表面消毒。H_2O_2 既有氧化性，又有还原性，当它与强氧化剂相遇时，表现为还原性，因此，可在酸性条件下用 $KMnO_4$ 滴定液直接滴定。

虽然加热有利于 $KMnO_4$ 法，但是 H_2O_2 不稳定，遇热易分解，所以该测定过程在室温下进行。因此，滴定的速度不宜过快。有关反应式如下：

$$2KMnO_4 + 5H_2O_2 + 3H_2SO_4 = 2MnSO_4 + K_2SO_4 + 8H_2O + 5O_2\uparrow$$

应控制反应的酸度，考虑到 HCl 是还原性酸，HNO_3 是氧化性酸，二者均干扰测定，所以用稀硫酸调节酸度。指示剂为 $KMnO_4$ 自身，终点为溶液呈微红色并保持 30s 不褪。

【任务准备】

仪器：棕色酸式滴定管（50mL）、锥形瓶（250mL）、量筒（10mL、50mL）、移液管（5mL、25mL）、容量瓶（100mL）。

试剂：待测医用双氧水（3%）、$KMnO_4$ 滴定液（0.02mol/L，已标定）、稀硫酸（3mol/L）。

【任务实施与评价】

见《学生技能训练工作手册》（活页工单）。

【回顾与提高】

如果初始滴速过快，会对测定结果产生什么影响？

任务三　维生素 C 的含量测定

维生素 C 的含量测定

【任务描述】

取维生素 C 试样约 0.2g，精密称定，加新煮沸过的冷水 100mL 与稀醋酸 10mL 使其溶解，加淀粉指示液 1mL，立即用碘滴定液（0.05mol/L）滴定至溶液显蓝色并在 30s 内不褪即为终点。记录消耗碘滴定液（0.05mol/L）的体积，计算试样中维生素 C 的含量，应不低于 99.0%。（《中国药典》）

【任务分析】

1. 关键问题

① 溶解维生素 C 为什么要用新煮沸过的冷水？

② 加稀醋酸的目的是什么？

③ 测定实验中使用的淀粉溶液属于哪种指示剂？

2. 乐学善思

维生素 C 又称抗坏血酸，分子式为 $C_6H_8O_6$，分子中含烯醇式结构，具有还原性，能被氧化剂 I_2 定量地氧化为二酮基结构，生成脱氢抗坏血酸。可用 I_2 滴定液直接滴定其含量，有关反应式如下：

维生素 C 还原性很强，容易被空气和水中的 O_2 氧化，在碱性溶液中这种氧化作用更强，所以适宜在酸性介质中滴定，以减少副反应的发生。但 I_2 在强酸中也易被氧化，所以测定需要在 pH＝3～4 的醋酸溶液中进行。由于纯化水中有溶解的 O_2，因此纯化水必须在临用前经煮沸除去 O_2，放冷后使用，否则测定结果偏低。

本任务使用的指示剂属于碘量法的专属指示剂，是由可溶性淀粉加纯化水，缓缓倾入沸水中煮沸，放冷取上清液所得，其中淀粉是一种多糖类物质，容易腐败，应现用现配制。

【绿色技能】

① 请分析本任务是否有健康和安全问题，如有，请写出相应预防措施。

② 本任务是否会有环境问题？如有，请写出相关环境保护措施。

【任务准备】

仪器：电子天平（精度 0.0001g）、棕色酸式滴定管（50mL）、锥形瓶（250mL）、量筒（10mL、100mL）、烧杯（500mL）。

试剂：待测维生素 C 试样、碘滴定液（0.05mol/L，已标定）、稀醋酸（10%）、淀粉指示液（0.5%）。

【任务实施与评价】

见《学生技能训练工作手册》（活页工单）。

【回顾与提高】

为什么本任务用棕色滴定管？采用哪些手段可以提高本任务结果的准确度？

☆ **重点回顾**

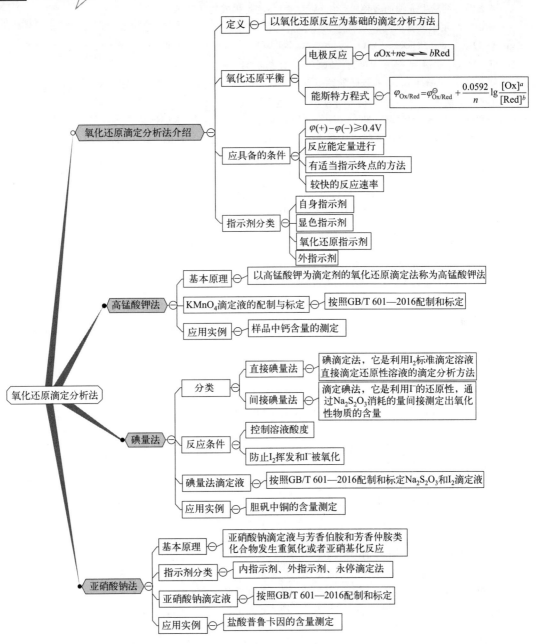

？ **目标检测**

一、单项选择题

1. 用 $KMnO_4$ 滴定所需的介质是（　　）。

A. 硫酸　　　　　B. 盐酸　　　　　C. 磷酸　　　　　D. 硝酸

2. 对于高锰酸钾法，下列说法错误的是（　　）。

A. 可在盐酸介质中进行滴定　　　　B. 直接法可测定还原性物质

C. 滴定液用标定法制备　　　　　　D. 在硫酸介质中进行滴定

3. 在碘量法中，淀粉是专属指示剂，当溶液呈蓝色时，这是（　　）。

A. 碘的颜色　　　　　　　　　　　B. I^- 的颜色

C. 游离碘与淀粉生成物的颜色　　　D. I^- 与淀粉生成物的颜色

4. 标定 I_2 滴定液的基准物质是（　　）。

A. As_2O_3　　　　B. $K_2Cr_2O_7$　　　　C. Na_2CO_3　　　　D. $H_2C_2O_4$

5. 用 $KMnO_4$ 法测定 Fe^{2+}，可选用（　　）作指示剂。

A. 甲基红-溴甲酚绿　B. 二苯胺磺酸钠　　C. 铬黑 T　　　　D. $KMnO_4$ 自身

6. 间接碘量法测定 Cu^{2+} 含量时，介质的 pH 值应控制在（　　）。

A. 强酸性　　　　　B. 弱酸性　　　　　C. 弱碱性　　　　　D. 强碱性

7. 间接碘量法要求在中性或弱酸性介质中进行测定，若酸度太高，则（　　）。

A. 反应不定量　　　　　　　　　　B. I_2 易挥发

C. 终点不明显　　　　　　　　　　D. I^- 被氧化，$Na_2S_2O_3$ 被分解

8. 《中国药典》现行版中亚硝酸钠法指示终点的方法为（　　）。

A. 电位法　　　　B. 永停滴定法　　　C. 内指示剂法　　　D. 外指示剂法

9. 氧化还原滴定的主要依据是（　　）。

A. 滴定过程中氢离子浓度发生变化　　B. 滴定过程中金属离子浓度发生变化

C. 滴定过程中电极电势发生变化　　　D. 滴定过程中有配合物生成

10. 关于亚硝酸钠法的叙述，错误的有（　　）。

A. 对有酚羟基的药物，均可用此方法测定含量

B. 芳香伯氨基在碱性溶液中与亚硝酸钠定量反应，生成重氮盐

C. 在强酸性介质中，反应可加速进行

D. 滴定终点多用永停滴定法指示

二、多项选择题

1. 以下关于氧化还原滴定法中指示剂的叙述正确的是（　　）。

A. 能与氧化剂或还原剂产生特殊颜色的试剂称为氧化还原指示剂

B. 专属指示剂本身可以发生颜色的变化，它随溶液电势的不同而颜色改变

C. 以 $K_2Cr_2O_7$ 滴定 Fe^{2+}，采用二苯胺磺酸为指示剂，滴定终点是紫红色褪去

D. 高锰酸钾法一般无需外加指示剂

E. 邻二氮菲亚铁盐指示剂的还原态是红色，氧化态是浅蓝色

2. 关于维生素 C 含量的测定，下列说法正确的有（　　）。

A. 采用直接碘量法　　　　　　　　B. 采用间接碘量法

C. 使用淀粉指示剂　　　　　　　　D. 滴定开始时加入指示剂

E. 滴定至近终点时加入指示剂

3. 在碘量法中为了减少 I_2 的挥发，常采用的措施有（　　）。

A. 使用碘量瓶　　　　　　　　　　B. 溶液酸度控制在 pH>8

C. 适当加热增加 I_2 的溶解度，减少挥发　D. 加入过量 KI

E. 反应析出 I_2 后立即进行滴定，滴定速度应适当快些

4. 配制 $Na_2S_2O_3$ 标准溶液时，应用新煮沸的冷却蒸馏水并加入少量 Na_2CO_3，其目的是（　　）。

A. 防止 $Na_2S_2O_3$ 氧化　　　　　B. 增加 $Na_2S_2O_3$ 溶解度

C. 驱除 CO_2　　　　　　　　　　D. 易于过滤

E. 杀死微生物

5. 高锰酸钾法可以直接滴定的物质是（　　）。

A. $H_2C_2O_4$　　　　B. Fe^{2+}　　　　C. Fe^{3+}　　　　D. Na_2SO_3　　　　E. Ca^{2+}

三、填空题

1. 在氧化还原滴定中常利用指示剂在化学计量点附近颜色的改变来指示终点，常用的指示剂有四类 _____、_____、_____ 和 _____。

2. 碘量法采用_____指示剂。直接碘量法又称为_____，滴定终点为溶液出现_____；间接碘量法又称为_____，滴定终点为溶液_____消失。

3. 高锰酸钾在强酸性介质中被还原为_____，在微酸、中性、微碱性介质中被还原为_____，强碱性介质中被还原为_____。

4. 碘量法的主要误差来源为_____和_____。为防止碘的挥发，配制碘标准溶液时，将一定量的 I_2 溶于_____溶液。

5. 配制 $Na_2S_2O_3$ 标准溶液采用_____法配制，其标定采用的基准物质是_____，基准物质先与_____试剂反应生成_____，再用 $Na_2S_2O_3$ 溶液滴定。

6. 能斯特方程中，氧化态物质的浓度_____或还原态物质的浓度_____时，则 φ 越大，酸度越高或 pH 越小则 φ_____。

四、简答题

1. 用 $KMnO_4$ 法测定物质含量时，能否用 HNO_3 或 HCl 调节溶液的酸度？为什么？

2. 用间接碘量法测定物质含量时，淀粉指示剂应何时加入？为什么？

五、计算题

1. 精密称定维生素 C 片剂 0.2027g，按《中国药典》规定用 0.1000mol/L I_2 滴定液滴定至终点，消耗 22.89mL，每 1mL 0.1000mol/L I_2 滴定液相当于 8.806mg 维生素 C，求维生素 C 的含量。

2. 称取 0.2000g 含铜样品，用碘量法测定含铜量，如果加入 KI 后析出的碘需要用 20.00mL $c(Na_2S_2O_3)=0.1000mol/L$ 的标准溶液滴定至终点。求样品中铜的质量分数。

3. 测定 2.00g CaO 样品中的钙，先将钙生成 CaC_2O_4 沉淀，再将沉淀溶解于酸中，然后用 0.1000mol/L $KMnO_4$ 标准溶液滴定草酸，如果滴定所需 $KMnO_4$ 的体积为 35.60mL，求该样品中 CaO 的质量分数。

模块七

沉淀滴定和重量分析法

 学前导语

在涉及无机制备，提纯工艺的生产、科研、废水处理等领域，常利用生成沉淀来达到分离和除去某些离子的目的。在化学分析中，也常利用沉淀反应测定某些元素和化合物的含量。在本模块中我们将学习以沉淀反应为基础的沉淀滴定法和重量分析法。

 学习目标

【知识目标】

1. 掌握溶度积与溶解度的关系及溶度积规则；沉淀滴定法对沉淀反应的要求；银量法确定终点的基本原理；沉淀重量法对沉淀形式和称量形式的要求及沉淀剂选择的原则。

2. 熟悉莫尔法、佛尔哈德法、法扬司法的滴定条件、应用范围及有关计算；沉淀重量法晶型沉淀的沉淀条件；换算因数的计算。

3. 了解银量法的特点、滴定方式和测定对象；重量分析法的分类和方法特点。

【能力目标】

能熟练制备硝酸银、硫氰酸钾等滴定液，并能够用沉淀滴定法测定试样含量；能选择合适的沉淀剂，用沉淀重量法准确测定试样的含量。能较为准确地判断实验结果，并能对实验误差进行分析。在实验过程中，能与其他组员进行良好的沟通，并能根据实际情况，进行方法的变通，解决实际问题。

【思政与职业素养目标】

通过列表比较银量法指示滴定终点的三种方法，培养精细分析知识点的意识、能力及系统观。通过完成技能训练任务，养成实验安全、节能降耗和环境保护的意识，提高与化学相关的职业技能和专业素质，培育职业认同感，树立职业自信心。

【证书考点】

药物检验员（三级）	1. 能根据分析检验内容准备实验用试剂溶液、仪器设备。 2. 能标定滴定液。 3. 能对检验数据进行处理，并准确报告。 4. 掌握安全环保操作程序，解决检验安全问题。
1＋X 食品检验管理职业技能等级证书（中级）	1. 能根据分析检验内容准备实验用试剂溶液、仪器设备。 2. 国标法标准滴定溶液的制备方法。 3. 国标法检测仿真软件的使用。 4. 熟悉信息化数据处理分析方法。

单元一　沉淀滴定分析法

一、沉淀滴定法介绍

（一）方法简介

沉淀滴定法是以沉淀反应为基础的滴定分析法。能生成沉淀的反应虽然很多，但能用于滴定分析的反应并不多，能用于沉淀滴定的反应必须符合下列条件：

① 沉淀的溶解度必须很小（一般小于 10^{-6} g/mL）。

② 沉淀反应必须迅速、定量地完成。

③ 沉淀的吸附现象不能影响滴定终点的确定。

④ 有适当的方法确定滴定终点。

由于受上述条件的限制，目前应用较为广泛的是生成难溶性银盐的反应，例如：

$$Ag^+ + Cl^- \Longrightarrow AgCl\downarrow（白）$$
$$Ag^+ + Br^- \Longrightarrow AgBr\downarrow（黄）$$
$$Ag^+ + SCN^- \Longrightarrow AgSCN\downarrow（白）$$

这种利用生成难溶性银盐的沉淀滴定法称为银量法。该法常用于测定含 Cl^-、Br^-、I^-、CN^-、SCN^- 和 Ag^+ 等离子的无机化合物含量，也可以测定经处理后能定量产生这些离子的有机化合物的含量。

（二）难溶电解质的沉淀溶解平衡

不同电解质的溶解度是不同的。习惯上，把 25℃时，溶解度小于 0.01g/100g 的电解质叫作难溶电解质，如氯化银、硫酸钡、氢氧化铁等。溶液中难溶电解质固体与其溶解在溶液中的相应离子之间存在的平衡，称为沉淀溶解平衡。

1. 溶度积常数

电解质的溶解度有大有小，但绝对不溶于水的物质是不存在的。例如，难溶电解质 AgCl 在水中为白色沉淀。若将固体 AgCl 放入水中，固体表面上的 Ag^+ 和 Cl^- 受到极性水分子的吸引和撞击，就会脱离固体表面形成水合离子进入溶液，这个过程称为溶解；同时，溶液中的水合 Ag^+ 和 Cl^- 在运动过程中又会受到固体 AgCl 表面带相反电荷的离子的吸引，脱去水而重新回到固体表面，这个过程称为沉淀（或结晶）。在一定温度下，当溶解速率和沉淀速率相等时，未溶解的固体和溶液中的离子之间达到动态平衡，即：

$$AgCl(s) \Longrightarrow Ag^+ + Cl^-$$

溶液中的离子浓度不再改变，形成饱和溶液，此时溶液中 Ag^+ 和 Cl^- 浓度的乘积是一个常数，即：

$$K_{sp(AgCl)} = [Ag^+][Cl^-]$$

式中，K_{sp} 称为难溶电解质的溶度积常数，简称"溶度积"，它只与难溶电解质的性质和温度有关，而与溶液中离子的浓度无关。

对于任一难溶电解质 A_mB_n，在一定温度下达到平衡时，若用通式表示：

$$A_mB_n(s) \Longrightarrow mA^{n+} + nB^{m-}$$

则

$$K_{sp(A_mB_n)} = [A^{n+}]^m[B^{m-}]^n \tag{7-1}$$

上式表明，当温度一定时，难溶电解质的饱和溶液中，其各阴、阳离子浓度的系数幂的乘积是一个常数，即溶度积常数。

应用以上关系式时，应注意以下几点：

① 溶度积只适用于难溶电解质的饱和溶液，即只有在沉淀溶解达到平衡时，溶液中相应离子浓度的系数幂的乘积才等于 K_{sp}。

② 溶度积随温度变化而改变。

③ 在溶度积关系式中，离子浓度为物质的量浓度，单位为 mol/L。

举一反三

请写出难溶电解质 $Mg(OH)_2$ 和 Ag_2CrO_4 的沉淀溶解平衡表达式及溶度积常数 K_{sp}。

2. 溶度积规则

溶度积规则是判断某溶液中有无沉淀生成或沉淀能否溶解的标准。为此需要引入离子积概念。离子积是指一定温度下，难溶电解质在任意状态时，溶液中离子浓度系数幂的乘积，用符号 Q 表示。例如：

$$BaSO_4(s) \rightleftharpoons Ba^{2+} + SO_4^{2-}$$

其离子积 $Q = c_{Ba^{2+}} \cdot c_{SO_4^{2-}}$，其中 $c_{Ba^{2+}}$ 和 $c_{SO_4^{2-}}$ 分别表示 Ba^{2+} 和 SO_4^{2-} 在任意状态的浓度；而 $K_{sp} = [Ba^{2+}][SO_4^{2-}]$，其中 $[Ba^{2+}]$ 和 $[SO_4^{2-}]$ 分别表示 Ba^{2+} 和 SO_4^{2-} 在沉淀溶解平衡状态时的浓度。显然，离子积 Q 与溶度积 K_{sp} 具有不同的意义，K_{sp} 仅仅是 Q 的一个特例。

对于某一给定溶液，Q 与溶度积 K_{sp} 相比较，得到以下结论：

若 $Q = K_{sp}$，则表示溶液为饱和溶液，沉淀和溶解处于动态平衡，无沉淀析出。

若 $Q > K_{sp}$，则表示溶液为过饱和溶液，有沉淀从溶液中析出，直至形成该温度下的饱和溶液而达到新的平衡。

若 $Q < K_{sp}$，则表示溶液为不饱和溶液，无沉淀析出，如溶液中还存在该难溶电解质，将继续溶解直至形成饱和溶液为止。

以上规则称为溶度积规则。由溶度积规则可知，要使沉淀自溶液中析出，必须设法增大溶液中相关离子的浓度，使难溶电解质的离子积大于溶度积（即 $Q > K_{sp}$）。

【例 7-1】 若将 0.002mol/L 硝酸银溶液与 0.005mol/L 氯化钠溶液等体积混合，请判断是否有氯化银沉淀析出？（已知氯化银的溶度积 $K_{sp} = 1.8 \times 10^{-10}$）

解： 由于硝酸银溶液与氯化钠溶液等体积混合，浓度各减小一半，即

$$c_{AgNO_3} = 0.001mol/L, c_{NaCl} = 0.0025mol/L$$

因为硝酸银溶液与氯化钠溶液完全解离，所以

$$c_{Ag^+} = 0.001mol/L, c_{Cl^-} = 0.0025mol/L$$

离子积为：

$$Q = c_{Ag^+} \cdot c_{Cl^-} = 0.001 \times 0.0025 = 2.5 \times 10^{-6}$$

而氯化银的溶度积为：$K_{sp} = 1.8 \times 10^{-10}$

即 $Q > K_{sp}$，则有沉淀析出。

3. 溶度积与溶解度的关系

难溶电解质的溶度积及溶解度的大小均反映了该难溶电解质的溶解能力。根据溶度积关系式，可以将溶度积和溶解度进行换算。假设难溶电解质为 A_mB_n，在一定温度下，其溶解度为 S，根据沉淀溶解平衡：

$$A_mB_n(s) \rightleftharpoons mA^{n+} + nB^{m-}$$

有

$$[A^{n+}] = mS, [B^{m-}] = nS$$

则
$$K_{sp(A_m B_n)} = [A^{n+}]^m [B^{m-}]^n = (mS)^m (nS)^n = m^m n^n S^{mn} \qquad (7-2)$$

溶解度习惯上常用100g溶剂中所能溶解溶质的质量表示，单位为g/100g。在利用上述公式进行计算时，需将溶解度的单位转化为物质的量的浓度单位mol/L。

【例7-2】 已知298K时，碳酸钙的溶度积为2.9×10^{-9}，氟化钙的溶度积为2.7×10^{-11}，试通过计算比较两者溶解度的大小。

解：(1) 设碳酸钙的溶解度为S_1。根据沉淀溶解平衡反应式

$$CaCO_3(s) \Longleftrightarrow Ca^{2+} + CO_3^{2-}$$

平衡浓度/(mol/L) 　　　　　　　S_1　　　S_1

$$K_{sp} = [Ca^{2+}][CO_3^{2-}] = S_1^2$$

$$S_1 = \sqrt{2.9 \times 10^{-9}} = 5.4 \times 10^{-5}(mol/L)$$

(2) 设氟化钙的溶解度为S_2。

$$CaF_2(s) \Longleftrightarrow Ca^{2+} + 2F^-$$

平衡浓度/(mol/L) 　　　　　　　S_2　　　$2S_2$

$$K_{sp} = [Ca^{2+}][F^-]^2 = S_2(2S_2)^2 = 4S_2^3$$

$$S_2 = \sqrt[3]{\frac{2.7 \times 10^{-11}}{4}} = 1.9 \times 10^{-4}(mol/L)$$

答：氟化钙的溶解度大于碳酸钙的。

在例7-2中，氟化钙的溶度积比碳酸钙的小，但溶解度却比碳酸钙的大。可见，对于不同类型（例如碳酸钙为AB型，氟化钙为AB_2型）的难溶电解质，溶度积小的，溶解度却不一定小。因而不能由溶度积直接比较其溶解能力的大小，而必须计算出其溶解度才能比较。对于相同类型的难溶物，则可以由溶度积直接比较其溶解能力的大小。

4. 分步沉淀

以上讨论的是溶液中只有一种能生成沉淀的离子，而实际上溶液中往往含有多种离子，随着沉淀剂的加入，各种沉淀会相继产生。例如，在含有相同浓度Cl^-和I^-的混合溶液中，逐滴加入硝酸银溶液后，先产生黄色的碘化银沉淀，而后才出现氯化银沉淀。

为什么沉淀的次序会有先后呢？可以用溶度积规则加以解释。假定溶液中Cl^-和I^-的浓度都是0.001mol/L，在此溶液中加入硝酸银溶液，由于氯化银和碘化银的溶度积不同，相应沉淀开始时所需Ag^+的浓度也不同，氯化银和碘化银沉淀开始析出时，$[Ag^+]$分别为：

$$[Ag^+]_{AgI} = \frac{K_{sp}(AgI)}{[I^-]} = \frac{9.3 \times 10^{-17}}{0.001} = 9.3 \times 10^{-14}(mol/L)$$

$$[Ag^+]_{AgCl} = \frac{K_{sp}(AgCl)}{[Cl^-]} = \frac{1.8 \times 10^{-10}}{0.001} = 1.8 \times 10^{-7}(mol/L)$$

由上式可知，沉淀I^-所需要的Ag^+浓度远比沉淀Cl^-所需要的Ag^+浓度小得多。因此，对于同类型的难溶电解质氯化银和碘化银来说，在Cl^-和I^-的浓度相同或相近的情况下，逐滴加入硝酸银溶液，先到达碘化银的溶度积而析出碘化银沉淀，之后才会逐渐析出溶度积较大的氯化银沉淀。这种由于难溶电解质的溶度积（或溶解度）不同而出现先后沉淀的现象称为分步沉淀。

分步沉淀是实现各种离子间分离的有效方法。

二、莫尔法

（一）基本原理

莫尔法又称铬酸钾指示剂法，是在中性或弱碱性介质中，以 K_2CrO_4 为   莫尔法

指示剂直接测定可溶性氯化物和溴化物的一种银量法。现以 $AgNO_3$ 滴定液测定 Cl^- 为例，说明莫尔法测定的基本原理。

莫尔法的理论依据是分步沉淀原理。设 $[Cl^-]=[CrO_4^{2-}]=0.1mol/L$，$Cl^-$ 开始生成 $AgCl$ 沉淀时需 $[Ag^+]$ 为：

$$[Ag^+]=\frac{K_{sp(AgCl)}}{[Cl^-]}=\frac{1.8\times10^{-10}}{0.1}=1.8\times10^{-9}(mol/L)$$

CrO_4^{2-} 开始生成 Ag_2CrO_4 沉淀时需 $[Ag^+]$ 为：

$$[Ag^+]=\sqrt{\frac{K_{sp(Ag_2CrO_4)}}{[CrO_4^{2-}]}}=\sqrt{\frac{2.0\times10^{-12}}{0.1}}=4.5\times10^{-6}(mol/L)$$

从溶度积角度考虑，显然 Cl^- 比 CrO_4^{2-} 开始沉淀时所需 Ag^+ 的浓度小，所以当用 $AgNO_3$ 滴定液滴定同时含有 Cl^- 和 CrO_4^{2-} 的溶液时，首先析出 $AgCl$ 沉淀。当滴定到化学计量点附近时，溶液中 Cl^- 浓度越来越小，Ag^+ 的浓度增加，直到 $[Ag^+]^2[CrO_4^{2-}]\geqslant K_{sp(Ag_2CrO_4)}$ 时，立即生成砖红色的 Ag_2CrO_4 沉淀（量少时为橙色），指示滴定终点到达。其反应为：

终点前 $Ag^+ + Cl^- \longrightarrow AgCl\downarrow$（白色） $K_{sp(AgCl)}=1.8\times10^{-10}$

终点时 $2Ag^+ + CrO_4^{2-} \longrightarrow Ag_2CrO_4\downarrow$（砖红色） $K_{sp(Ag_2CrO_4)}=2.0\times10^{-12}$

（二）滴定条件

应用莫尔法时，必须注意下列滴定条件。

1. 铬酸钾指示剂的用量

K_2CrO_4 指示剂的用量对滴定终点的影响很大，如果溶液中 CrO_4^{2-} 浓度过高或过低，Ag_2CrO_4 沉淀的析出将提前或滞后。最理想的情况是 Ag_2CrO_4 沉淀恰好在化学计量点时析出，因此必须严格控制溶液中 K_2CrO_4 指示剂的用量。根据溶度积规则，当反应达到化学计量点时，形成氯化银的饱和溶液，此时 $[Ag^+]=[Cl^-]$。

由于 $[Ag^+][Cl^-]=K_{sp(AgCl)}=1.8\times10^{-10}$，则化学计量点时

$$[Ag^+]=\sqrt{K_{sp(AgCl)}}=\sqrt{1.8\times10^{-10}}=1.3\times10^{-5}(mol/L)$$

如恰好在化学计量点时析出 Ag_2CrO_4 沉淀，此时所需 $[CrO_4^{2-}]$ 应按下式计算

$$[CrO_4^{2-}]=\frac{K_{sp(Ag_2CrO_4)}}{[Ag^+]^2}=\frac{2.0\times10^{-12}}{(1.3\times10^{-5})^2}=1.2\times10^{-2}mol/L$$

由以上计算可以看出，恰好在化学计量点时析出 Ag_2CrO_4 沉淀所需 K_2CrO_4 的浓度较高，由于 K_2CrO_4 的溶液呈黄色，若浓度较高，实际测定时将影响终点现象的观察，所以实际测定时常使 K_2CrO_4 的浓度比理论所需浓度略低些。实验证明，在一般浓度（$0.1mol/L$）溶液的滴定中，K_2CrO_4 浓度约为 $5.0\times10^{-3}mol/L$（相当于每 $50\sim100mL$ 溶液中加入 5% K_2CrO_4 溶液 $1\sim2mL$）是确定终点的适宜浓度。显然，K_2CrO_4 的浓度降低，要使 Ag_2CrO_4 沉淀析出，必将多消耗一些 $AgNO_3$，这样滴定终点将在化学计量点后出现。但由于产生的终点误差一般都小于 0.1%，不会影响分析结果的准确度。如果溶液较稀，如用

$0.01mol/L$ $AgNO_3$ 滴定液滴定 $0.01mol/L$ 的 Cl^- 溶液，滴定误差可达 0.6%，在这种情况下，应做指示剂空白试验进行校正，以减小误差。

2. 溶液酸度

莫尔法应在中性或弱碱性介质中进行。若在酸性溶液中，CrO_4^{2-} 与 H^+ 结合生成 $HCrO_4^-$ 并转化为 $Cr_2O_7^{2-}$，使 CrO_4^{2-} 浓度降低，Ag_2CrO_4 沉淀出现过迟，甚至不生成沉淀；若溶液碱性过高，又出现棕黑色氧化银沉淀。相关反应式如下：

$$2H^+ + 2CrO_4^{2-} \rightleftharpoons 2HCrO_4^- \rightleftharpoons Cr_2O_7^{2-} + H_2O$$

$$2Ag^+ + 2OH^- \longrightarrow 2AgOH \downarrow \longrightarrow Ag_2O \downarrow + H_2O$$

莫尔法测定最适宜的 pH 范围是 $6.5\sim10.5$。若溶液酸性过强，可用碳酸氢钠、硼砂或碳酸钙中和；若溶液碱性过强，可用稀硝酸中和后再进行滴定。如果溶液中有 NH_4^+ 存在，需用稀硝酸将溶液中和至 pH 为 $6.5\sim7.2$，再进行滴定。

👥 想一想

莫尔法中，若待测定溶液中有 NH_4^+ 存在，调节 pH 高于 7.2，会对测定产生什么影响？

3. 干扰离子

莫尔法选择性较差，所以在滴定条件下，凡能与 Ag^+ 生成沉淀的阴离子（如 PO_4^{3-}、SO_3^{2-}、CO_3^{2-}、S^{2-}、$C_2O_4^{2-}$ 等）以及能与 CrO_4^{2-} 生成沉淀的阳离子（如 Ba^{2+}、Pb^{2+} 等）均不应存在。此外，易水解的离子（如 Fe^{3+}、Al^{3+}、Sn^{4+} 等）、有色金属离子（如 Cu^{2+}、Co^{2+}、Ni^{2+} 等）的存在，也会给滴定结果带来较大的误差。因此，若有上述离子存在，应采用分离或掩蔽等方法将干扰排除后，再进行滴定。

4. 充分振荡

由于滴定生成的 $AgCl$ 沉淀容易吸附溶液中的 Cl^-，溶液中 Cl^- 浓度降低，Ag_2CrO_4 沉淀提前出现。因此，在滴定时必须充分摇瓶振荡溶液，使被吸附的 Cl^- 释放出来，以保证分析结果的准确度。

（三）应用范围

莫尔法可直接测定 Cl^- 或 Br^-，当两者共存时，测定的是 Cl^- 和 Br^- 的总量。莫尔法不能用于测定 I^- 和 SCN^-，因为 AgI 和 $AgSCN$ 沉淀表面强烈地吸附 I^- 和 SCN^-，使终点提前出现，且终点变化不明显。

莫尔法也不适于以 $NaCl$ 滴定液直接滴定 Ag^+，因为先生成的 Ag_2CrO_4 转化为 $AgCl$ 的速率缓慢，滴定终点难以确定。若测量试样中的 Ag^+，应采用返滴定法，即在试液中准确地加入定量且过量的 $NaCl$ 滴定液，然后用 $AgNO_3$ 滴定液返滴定剩余的 Cl^-。

【例 7-3】 准确称取 $0.1169g$ 基准氯化钠，加水溶解后，以铬酸钾作指示剂，用硝酸银滴定液滴定至终点，消耗 $20.00mL$ 滴定液，求该硝酸银溶液的物质的量浓度。

解：由题意可知，测定 $AgNO_3$ 滴定液的浓度采用莫尔法直接滴定。

$$c_{AgNO_3} = \frac{m_{NaCl} \times 1000}{M_{NaCl} V_{AgNO_3}} = \frac{0.1169 \times 1000}{58.44 \times 20} mol/L = 0.1000 mol/L$$

答：$AgNO_3$ 滴定液的浓度为 $0.1000mol/L$。

三、佛尔哈德法

（一）基本原理

佛尔哈德法又称铁铵矾指示剂法，是在酸性介质中，以铁铵矾[NH_4Fe 佛尔哈德法 $(SO_4)_2 \cdot 12H_2O$]作指示剂来测定可溶性银盐或卤化物的一种银量法。根据滴定方式的不同，佛尔哈德法分为直接滴定法和返滴定法两种。

1. 直接滴定法测定 Ag^+

在含有 Ag^+ 的酸性溶液中，以铁铵矾作指示剂，用硫氰酸铵（或硫氰酸钾、硫氰酸钠）滴定液滴定，溶液中首先析出硫氰酸银白色沉淀。当 Ag^+ 定量沉淀后，稍过量的 SCN^- 与 Fe^{3+} 生成[$Fe(SCN)$]$^{2+}$ 红色配离子，指示滴定终点的到达。反应式如下：

终点前　　　　　　$Ag^+ + SCN^- \longrightarrow AgSCN \downarrow$（白色）

终点时　　　　　　$Fe^{3+} + SCN^- \longrightarrow [Fe(SCN)]^{2+}$（红色）

在滴定过程中，不断有 AgSCN 沉淀生成，由于它具有强烈的吸附作用，部分 Ag^+ 被吸附于其表面上，会造成终点提前出现而导致测定结果偏低。为此，滴定时必须充分摇动溶液，使被吸附的 Ag^+ 及时释放出来。

2. 返滴定法测定卤素离子（X^-）

在含有卤素离子（X^-）的硝酸溶液中，加入准确过量的 $AgNO_3$ 滴定液，以铁铵矾作指示剂，用 NH_4SCN 或 KSCN 滴定液返滴定剩余的 Ag^+。反应式如下：

滴定前　　　　　　Ag^+（量）$+ X^- \longrightarrow AgX \downarrow$

终点前　　　　　　Ag^+（剩余）$+ SCN^- \longrightarrow AgSCN \downarrow$

化学计量点时稍过量的 SCN^- 与铁铵矾指示剂反应，生成红色的[$Fe(SCN)$]$^{2+}$，指示终点到达。反应式如下：

终点时　　　　　　$Fe^{3+} + SCN^- \longrightarrow [Fe(SCN)]^{2+}$（红色）

当以佛尔哈德法滴定 Cl^- 时，由于 AgSCN 的溶解度小于 AgCl 的溶解度，加入过量的 NH_4SCN 后，会将 AgCl 沉淀转化为 AgSCN 沉淀，生成的红色又逐渐地消失。如果继续滴定到稳定的红色，必将多消耗 NH_4SCN，使分析结果产生较大的误差。

$$AgCl + SCN^- \longrightarrow AgSCN \downarrow + Cl^-$$

为了避免上述现象的发生，可采取下列措施：

(1) 加热煮沸。 当试液中加入过量的 $AgNO_3$ 滴定液后，立即将溶液加热煮沸，使 AgCl 凝聚，以减少 AgCl 沉淀对 Ag^+ 的吸附。将 AgCl 沉淀滤去后，用稀 HNO_3 洗涤沉淀，然后用 NH_4SCN 滴定液滴定滤液中剩余的 Ag^+。但这种方法操作烦琐，易丢失 Ag^+。

(2) 加入有机溶剂。 在 AgCl 沉淀完全之后，滴加 NH_4SCN 滴定液之前，加入适量的 1,2-二氯乙烷（或硝基苯、邻苯二甲酸二丁酯等）有机溶剂，使 AgCl 沉淀进入 1,2-二氯乙烷有机层中而不与 SCN^- 接触，从而阻止了 SCN^- 与 AgCl 发生沉淀转化反应。

用本法测定 Br^- 和 I^- 时，由于 $K_{sp(AgI)} = 9.3 \times 10^{-17}$ 和 $K_{sp(AgBr)} = 5.0 \times 10^{-13}$ 都小于 $K_{sp(AgSCN)}$，因此不会发生沉淀转化反应。但需要注意，在测定碘化物时，必须在加入过量 $AgNO_3$ 滴定液之后再加入铁铵矾指示剂，以免 Fe^{3+} 将 I^- 氧化成 I_2，造成误差，影响分析结果。

（二）滴定条件

佛尔哈德法适用于酸性（稀 HNO_3）溶液中，其酸度通常控制在 $0.1 \sim 1mol/L$。许多

弱酸盐如 PO_4^{3-}、AsO_4^{3-}、S^{2-}、CO_3^{2-} 等都不干扰卤素离子的测定，因此佛尔哈德法在酸性（稀 HNO_3）介质中选择性高。而在碱性或中性溶液中，指示剂中的 Fe^{3+} 发生水解而析出沉淀，使测定无法进行。此外，对于能够与 SCN^- 反应的强氧化剂、铜盐、汞盐等应预先除去，否则将干扰测定。

 想一想

佛尔哈德法在盐酸溶液中可以进行吗？

（三）应用范围

佛尔哈德法可直接测定 Ag^+ 含量，选择性较高。可利用返滴定法测定卤素离子 X^- 和 SCN^-，除测定 Cl^- 时注意沉淀转化问题，在测定 Br^-、I^- 和 SCN^- 时，滴定终点十分明显，不会发生沉淀转化，不必采取任何措施。

【例 7-4】 称取某可溶性氯化物试样 0.2266g，加入 30.00mL 0.1121mol/L 的硝酸银滴定液。剩余的硝酸银用 0.1185mol/L 的硫氰酸铵滴定液滴定，消耗 6.50mL。计算试样中氯的质量分数。

解： 由题意可知，测定试样中氯的质量分数采用的是佛尔哈德法，滴定方式为返滴定法。

因为
$$n_{Cl} = n_{AgNO_3} - n_{NH_4SCN}$$

$$w_{Cl} = \frac{m_{Cl}}{m_s} \times 100\%$$

故
$$w_{Cl} = \frac{(c_{AgNO_3}V_{AgNO_3} - c_{NH_4SCN}V_{NH_4SCN}) \times 10^{-3} \times M_{Cl}}{m_s} \times 100\%$$

$$= \frac{(0.1121 \times 30.00 - 0.1185 \times 6.50) \times 10^{-3} \times 35.45}{0.2266} \times 100\%$$

$$= 40.56\%$$

答： 试样中氯的质量分数为 40.56%。

举一反三

请你设计一个磺胺嘧啶银含量测定的检验方案。

四、法扬司法

（一）基本原理

法扬司法又称吸附指示剂法，是通过吸附指示剂确定滴定终点的一种银量法。

吸附指示剂是一类有色的有机染料，它的阴（阳）离子在溶液中能被带正（负）电荷的胶体沉淀表面吸附，使分子结构发生改变，从而引起颜色的变化，以指示滴定终点。

例如，以 $AgNO_3$ 滴定液滴定 Cl^- 时，以荧光黄为吸附指示剂来指示滴定终点。荧光黄（HFIn）是一种有机弱酸，在溶液中存在下列解离平衡：

$$HFIn \Longrightarrow H^+ + FIn^-（黄绿色）$$

在化学计量点前，溶液中尚有未被滴定的 Cl^-，AgCl 沉淀表面优先吸附 Cl^- 而带负电荷，形成的 $AgCl \cdot Cl^-$ 对荧光黄阴离子 FIn^- 有排斥作用，溶液出现 FIn^- 的黄

法扬司法

绿色。

达到化学计量点时，稍过量的 $AgNO_3$ 滴定液使溶液中有微过量的 Ag^+，此时 AgCl 沉淀表面吸附 Ag^+ 而带正电荷，形成的 $AgCl \cdot Ag^+$ 吸附 FIn^-，结构发生变化而呈粉红色。溶液颜色由黄绿色变为粉红色，指示到达滴定终点。

$$AgCl \cdot Ag^+ + FIn^- \longrightarrow AgCl \cdot Ag^+ \cdot FIn^-$$

$\qquad\qquad$ 黄绿色 $\qquad\qquad\qquad$ 粉红色

 想一想

如果用 NaCl 滴定液滴定 Ag^+，则终点颜色如何变化？

（二）滴定条件

为了使滴定终点变色敏锐、准确，使用吸附指示剂时应注意以下条件。

1. 应加入保护胶

因为吸附指示剂颜色的变化发生在沉淀的表面，欲使滴定终点变色明显，应尽量使沉淀的比表面积大一些。为此，需加入一些保护胶（如糊精、淀粉等），阻止卤化银凝聚，使其保持胶体状态。

2. 溶液的酸度要适当

吸附指示剂大多是有机弱酸，而起指示作用的是它们的阴离子，为使其能在溶液中解离出更多的阴离子，必须控制溶液的 pH。如荧光黄指示剂 $pK_a \approx 7$，控制 pH 为 $7 \sim 10$ 时使用；若 pH < 7，荧光黄主要以 HFIn 存在，不被吸附。二氯荧光黄 $pK_a \approx 4$，可在 pH 为 $4 \sim 10$ 的范围内使用。

3. 滴定时应避免强光照射

因卤化银沉淀对光敏感，很容易转变为灰黑色而影响终点的观察。

4. 选择合适的吸附指示剂

沉淀胶体微粒对指示剂的吸附能力应略小于对被测离子的吸附能力，否则指示剂将在化学计量点前变色。但吸附能力又不能太小，否则终点会出现过迟。卤化银对卤化物和几种吸附指示剂吸附能力的大小顺序为：

$$I^- > SCN^- > 二甲基二碘荧光黄 > Br^- > 曙红 > Cl^- > 二氯荧光黄 > 荧光黄$$

因此，滴定 Cl^- 不能选曙红，而应选荧光黄；测定 Br^- 应选择曙红为指示剂；测定 I^- 则选择二甲基二碘荧光黄或曙红。吸附指示剂种类较多，常用的吸附指示剂的适用范围及配制方法见表 7-1。

表 7-1　常用吸附指示剂的适用范围及配制方法

名称	终点颜色变化	溶液 pH 范围	被测离子	配制方法
荧光黄	黄绿色→粉红色	$7 \sim 10$	Cl^-	0.2%乙醇溶液
溴酚蓝	黄绿色→蓝色	$5 \sim 6$	Cl^-、I^-	0.1%水溶液
二氯荧光黄	黄绿色→红色	$4 \sim 10$	Cl^-、Br^-、I^-、SCN^-	70%乙醇溶液
曙红	橙黄色→红紫色	$2 \sim 10$	Br^-、I^-、SCN^-	70%乙醇溶液

（三）应用范围

此法可用于测定 Cl^-、Br^-、I^-、SCN^-、Ag^+ 及生物碱盐类（如盐酸麻黄碱）等的含量。方法简单、终点明显、较为准确，但反应条件较为严格。

想一想

列表比较银量法的三种滴定终点的指示方法。

五、应用实例

（一）银量法滴定液的制备

1. AgNO₃ 滴定液（0.1mol/L）的制备

AgNO₃ 滴定液（0.1mol/L）可以用符合基准物质要求的 AgNO₃ 直接配制。但市售的 AgNO₃ 常含有杂质，如银、氧化银、游离硝酸和亚硝酸等，因此需用间接法配制。即粗称一定质量的硝酸银，溶于水中配成接近所需浓度的溶液，摇匀。溶液应保存于棕色瓶中。

AgNO₃ 滴定液
（0.1mol/L）的制备

（1）配制。 取 AgNO₃ 17.5g，加水适量使其溶解并定容至 1000mL，摇匀。

（2）标定。 取在 110℃ 干燥至恒重的基准 NaCl 约 0.2g，精密称定，加水 50mL 使其溶解，再加糊精溶液（1→50）5mL、碳酸钙 0.1g 与荧光黄指示液 8 滴，用本液滴定至浑浊液由黄绿色变为粉红色。根据本液的消耗量与氯化钠的取用量，算出本液的浓度，即得。

如需用 0.01mol/L AgNO₃ 滴定液，可取 0.1mol/L AgNO₃ 滴定液在临用前加水稀释制成。

AgNO₃ 滴定液的浓度以 mol/L 表示，按下式计算：

$$c_{AgNO_3} = \frac{m_{NaCl} \times 1000}{M_{NaCl}(V - V_0)}$$

式中，c_{AgNO_3} 为 AgNO₃ 滴定液的物质的量浓度，mol/L；m_{NaCl} 为称取基准 NaCl 的质量，g；M_{NaCl} 为 NaCl 的摩尔质量，g/mol；V 为标定时消耗 AgNO₃ 滴定液的体积，mL；V_0 为空白试验时消耗 AgNO₃ 滴定液的体积，mL。

2. NH₄SCN 滴定液（0.1mol/L）的制备

市售的硫氰酸铵常含有硫酸盐、硫化物等杂质，而且容易潮解。因此，只能用间接法配制。

（1）配制。 取硫氰酸铵 8.0g，加水使其溶解并定容至 1000mL，摇匀。

（2）标定。 精密量取 AgNO₃ 滴定液（0.1mol/L）25mL，加水 50mL、硝酸 2mL 与铁铵矾指示液 2mL，用本液滴定至溶液微显淡棕红色，经剧烈振摇后仍不褪色，即为终点。根据本液的消耗量算出本液的浓度，即得。

硫氰酸钠滴定液（0.1mol/L）或硫氰酸钾滴定液（0.1mol/L）均可作为本液的代用品。

NH₄SCN 滴定液的浓度以 mol/L 表示，按下式计算：

$$c_{NH_4SCN} = \frac{c_{AgNO_3} V_{AgNO_3} \times 1000}{V_{NH_4SCN}}$$

式中，c_{NH_4SCN} 为 NH₄SCN 滴定液的物质的量浓度，mol/L；c_{AgNO_3} 为 AgNO₃ 滴定液的物质的量浓度，mol/L；V_{AgNO_3} 为 AgNO₃ 滴定液的体积，mL；V_{NH_4SCN} 为标定消耗 NH₄SCN 滴定液的体积，mL。

（二）水样中氯离子含量的测定

氯离子起着各种生理学作用。许多细胞中都有氯离子通道，它主要负责控制静止期细胞的膜电位以及细胞体积。氯离子还与维持血液中的酸碱平衡有关，肾是调节血液中氯离子含量的器官，氯离子转运失调会导致一些病理学变化。地表水与地下水都含有氯化物，它主要以 NaCl、CaCl$_2$ 和 MgCl$_2$ 等盐类形式存在。天然水用漂白粉消毒会增加氯的含量，受污染的水中氯的含量也会增加。国家饮用水标准明确规定，集中式供水厂所供应的自来水余氯含量不得低于 0.3mg/L。如何检测水样中的氯元素？

采集代表性水样，放在干净的玻璃瓶或聚乙烯瓶内，保存时不必加入特别的防腐剂。若采集的水样杂质含量较高，可根据具体情况选择合适的方法进行预处理。测定时用吸量管吸取一定体积的水样或经过预处理的水样（若氯化物含量高，可取适量水样用蒸馏水稀释至50mL）置于锥形瓶中，另取一锥形瓶加入同样体积的蒸馏水做空白试验。如水样 pH 在 5～9.5 内，可直接滴定；超出此范围的水样应以酚酞作指示剂，用稀硝酸或氢氧化钠溶液调节至红色刚刚褪去。以铬酸钾溶液指示滴定终点，在不断摇动下，最好在白色背景条件下用硝酸银滴定液（0.1mol/L）滴定至砖红色沉淀刚刚出现。同时做空白试验。

水样中氯离子的含量以氯的质量浓度 ρ_{Cl} 计，以 mg/L 表示，按下式计算：

$$\rho_{Cl} = \frac{c_{AgNO_3}(V-V_0)M_{Cl} \times 1000}{V_{水样}}$$

式中，ρ_{Cl} 为水样中氯离子的含量，mg/L；c_{AgNO_3} 为 AgNO$_3$ 滴定液的物质的量浓度，mol/L；M_{Cl} 为 Cl 的摩尔质量，g/mol；V 为测定水样时消耗 AgNO$_3$ 滴定液的体积，mL；V_0 为空白试验时消耗 AgNO$_3$ 滴定液的体积，mL；$V_{水样}$ 为待测水样的体积，mL。

本法适用于天然水、工业循环冷却水及以软化水为补给水的锅炉水中氯离子含量的测定。

注意：铬酸钾在水样中的浓度影响终点到达的迟早，在 50～100mL 滴定液中加入 1ml 5% 铬酸钾溶液，使 CrO$_4^{2-}$ 浓度在 2.6×10^{-3}～5.2×10^{-3} mol/L。在滴定终点时，硝酸银加入量略过量，可用空白测定值消除。

（三）生理盐水中氯化钠含量的测定

生理盐水中氯化钠的测定可采用莫尔法，以铬酸钾为指示剂，用硝酸银滴定液滴定。根据分步沉淀原理，溶解度小的氯化银先沉淀，溶解度大的铬酸银后沉淀，按铬酸钾指示剂的浓度选择适当浓度的硝酸银滴定液使氯化银恰好完全沉淀后立即出现砖红色铬酸银沉淀，指示到达滴定终点。

生理盐水中氯化钠的质量浓度可按下式进行计算：

$$\rho_{NaCl} = \frac{c_{AgNO_3} V_{AgNO_3} M_{NaCl} \times 10^{-3}}{V_{样}}$$

式中，ρ_{NaCl} 为生理盐水中氯化钠的质量浓度，g/mL；c_{AgNO_3} 为 AgNO$_3$ 滴定液的物质的量浓度，mol/L；M_{NaCl} 为 NaCl 的摩尔质量，g/mol；V_{AgNO_3} 为测定试样时消耗 AgNO$_3$ 滴定液的体积，mL；$V_{样}$ 为待测试样的体积，mL。

《中国药典》规定，本品为氯化钠的等渗灭菌水溶液。含氯化钠（NaCl）的量应为 0.850%～0.950%（g/mL）。

单元二　重量分析法

一、重量分析法介绍

重量分析法一般是用适当方法将被测组分从试样中分离出来，转化为一定的称量形式，恒重后称量其质量，进而计算出该组分的含量。

重量分析法中的全部数据都是由分析天平称量得来的，在分析过程中一般不会产生因使用基准物质和容量器皿而引入的误差。对于常量组分的测定，重量分析法比较准确，一般测定的相对误差不大于 0.1%～0.2%。但该法耗时费力，操作烦琐，不适用于快速分析，也不适用于微量组分的分析。目前，一些分析检验仍采用重量分析法，例如，一般试样中的水分测定、中草药灰分和某些药物的含量测定，以及某些药物中的水不溶物、炽灼残渣、干燥失重的检查等均采用重量分析法。

重量分析法包括分离和称量两个过程，根据待测组分的分离方式不同，重量分析法可分为沉淀重量法、挥发重量法和萃取重量法等。

二、沉淀重量法

沉淀重量法

沉淀重量法是将待测组分以难溶化合物的形式从溶液中沉淀出来，再经过陈化、过滤、洗涤、干燥或灼烧后，转化为称量形式称重，根据称量的质量算出待测组分的含量。即：

$$试样 \xrightarrow{溶解} 试液 \xrightarrow{沉淀剂} 沉淀形式 \xrightarrow{过滤、洗涤、烘干或灼烧} 称量形式 \xrightarrow{质量恒定} 计算含量$$

（一）对沉淀形式和称量形式的要求

沉淀析出的形式称为沉淀形式，烘干或灼烧后的形式称为称量形式。沉淀形式和称量形式可以相同，也可以不同，见下式。

$$Ba^{2+} \xrightarrow{沉淀剂} BaSO_4 \xrightarrow{灼烧} BaSO_4$$
$$\;\;被测组分\qquad\quad 沉淀形式\qquad\quad 称量形式$$

$$Fe^{3+} \xrightarrow{沉淀剂} Fe(OH)_3 \xrightarrow{灼烧} Fe_2O_3$$
$$\;\;被测组分\qquad\quad 沉淀形式\qquad\quad 称量形式$$

1. 对沉淀形式的要求

① 沉淀的溶解度必须足够小，保证待测组分沉淀完全。由沉淀溶解造成的损失量，应不超过电子天平的称量误差范围。例如，测定 Ca^{2+} 时，以形成 $CaSO_4$($K_{sp}=2.45\times10^{-5}$)和 CaC_2O_4($K_{sp}=1.78\times10^{-9}$)两种沉淀形式作比较，$CaSO_4$ 的溶解度显然大于 CaC_2O_4 的溶解度。因此，用 $(NH_4)_2C_2O_4$ 作沉淀剂比用 H_2SO_4 作沉淀剂沉淀得更完全。

② 沉淀必须纯净，易于过滤和洗涤，且尽量避免其他杂质的沾污。如颗粒较大的 $MgNH_4PO_4 \cdot 6H_2O$ 晶形沉淀的比表面积较小，吸附杂质的机会较少，因此沉淀较纯净，易于过滤和洗涤；颗粒细小的晶形沉淀 CaC_2O_4、$BaSO_4$ 等的比表面积大，吸附杂质多，洗涤次数也相应增多；非晶形沉淀 $Al(OH)_3$、$Fe(OH)_3$ 等体积庞大疏松，吸附杂质较多，过滤费时且不易洗净。在沉淀重量法中，应尽可能获得颗粒较大的晶形沉淀。

③ 沉淀形式应易于转化为称量形式。沉淀经烘干、灼烧后，应易于转化为称量形式。例如 Al^{3+} 的测定，若沉淀为 8-羟基喹啉铝[$Al(C_9H_6NO)_3$]，在 130℃烘干后即可称量；而沉淀为 $Al(OH)_3$，则必须在 1200℃灼烧才能转变为无吸湿性的 Al_2O_3 后，方可称量。因此测定 Al^{3+} 时选用前法比后法好。

可见选择适当的沉淀条件以满足对沉淀形式的要求，是得到准确的分析结果的必要条件。

2. 对称量形式的要求

① 称量形式的组成必须确定并与化学式完全相符，否则无法计算分析结果。

② 称量形式要有足够的稳定性，保证在称量过程中不易吸收空气中的二氧化碳和水。

③ 称量形式的摩尔质量要大，待测组分在称量形式中所占比例要小，以减少称量误差，提高分析结果的准确度。

想一想

用沉淀法测定 Ca^{2+} 时，将其沉淀为 $CaC_2O_4 \cdot H_2O$，灼烧后得到 CaO，CaO 是否可以作为称量形式？

（二）沉淀剂的选择

对沉淀剂的要求：

① 对待测离子具有较好的选择性。

② 能使待测离子沉淀完全。

③ 易挥发或易分解，在灼烧时可自沉淀中将其除去。

④ 溶解度较大。

无机沉淀剂的选择性较差，产生的沉淀溶解度较大，吸附杂质较多。如果生成无定形沉淀，不仅吸附的杂质多，而且不易过滤和洗涤。有机沉淀剂具有更好的选择性和沉淀效果。

另外，由于生成的沉淀存在沉淀溶解平衡，为避免溶解损失，在进行沉淀时，一般加入适当过量的沉淀剂，由于同离子效应的产生，沉淀的溶解度降低，从而减少了沉淀的溶解损失。分析化学中的重量分析法通常要求溶解损失不得超过分析天平的称量误差（0.2mg）。在实际操作时，不易挥发的沉淀剂，一般过量 20%～30%，易挥发的沉淀剂，一般过量 50%～100%。

想一想

在难溶电解质体系中加入含有相同离子的易溶强电解质时，会产生同离子效应。同离子效应是如何影响沉淀溶解平衡的呢？

（三）沉淀的条件

沉淀按其物理性质不同，可粗略地分为晶形沉淀和非晶形沉淀（又称无定形沉淀）两类。在沉淀过程中，究竟生成何种类型的沉淀，除取决于沉淀本身的性质外，还与沉淀形成时的条件有关。

1. 晶形沉淀的沉淀条件

① 应在适当稀的热溶液中进行沉淀。这样溶液相对过饱和度较低，有利于形成较大颗粒的晶形沉淀。但是，对于溶解度较大的沉淀，溶液不能太稀，否则沉淀溶解损失较多，影响结果的准确度。

② 应在不断搅拌下缓慢滴加沉淀剂。这样可使沉淀剂有效地分散开，避免局部相对过饱和度过大而产生大量细小晶粒。

③ 沉淀反应完毕后进行陈化。陈化是指沉淀生成后，为了减少吸附和夹带的杂质离子，经放置或加热得到易于过滤的粗颗粒沉淀的操作。沉淀经过陈化后，原来微小的晶粒逐渐变成较大的晶粒，原来不完整的晶体变得更加完整和纯净。

2. 非晶形沉淀的沉淀条件

① 应在较浓的溶液中进行沉淀，沉淀剂加入的速度要快些。这样沉淀的结构比较紧密。但在浓溶液中杂质的浓度也比较高，沉淀吸附杂质的量也较多。因此在沉淀完毕后，应立即加入大量热水稀释并搅拌，使被吸附的杂质重新转入溶液中。

② 在热溶液中及电解质存在下进行沉淀。这不仅可以防止胶体生成，减少杂质的吸附，

而且能促使带电的胶体粒子相互凝聚，加快沉降速率，有利于形成较紧密的沉淀。

③ 趁热过滤、洗涤，不必陈化。因为沉淀放置时间较长，就会逐渐失去水分，聚集得更紧，吸附的杂质更难洗去。在进行洗涤时，一般可选用稀的电解质溶液作洗涤液，以防止沉淀重新变为难以过滤和洗涤的胶体。

非晶形沉淀吸附杂质较严重，一次沉淀很难以保证沉淀纯净，必要时应进行再沉淀。

（四）沉淀的纯净

重量分析法不仅要求沉淀完全，而且要求沉淀纯净。但是，实际上当沉淀析出时，总是或多或少地夹杂着溶液中的某些组分。

1. 影响沉淀纯净的因素

① 共沉淀。在进行沉淀反应时溶液中某些可溶性杂质混于沉淀中析出，这种现象称为共沉淀。例如，在硫酸钠溶液中加入氯化钡时，若从溶解度来看，硫酸钠、氯化钡都不应沉淀，但由于共沉淀现象，有少量的硫酸钠或氯化钡被带入硫酸钡沉淀中。产生共沉淀现象的主要原因有表面吸附、机械吸留和形成混晶等。

② 后沉淀。沉淀过程结束后，当沉淀与母液一同放置时，溶液中某些杂质离子可能慢慢地沉积到原沉淀上，放置的时间越长，杂质析出的量越多，这种现象称为后沉淀。例如，以草酸铵沉淀 Ca^{2+} 时，若溶液中含有少量 Mg^{2+}，当草酸钙沉淀时，草酸镁不沉淀，但是在草酸钙沉淀放置过程中，由于草酸钙晶体表面吸附大量的 $C_2O_4^{2-}$，草酸钙沉淀表面附近 $C_2O_4^{2-}$ 的浓度增加，此时在草酸钙表面上就会有草酸镁析出。沉淀在溶液中放置时间愈长，后沉淀现象愈显著。

2. 沉淀纯净的方法

沉淀纯净是保证分析结果准确性的重要条件之一，为此，在实际工作中可采取下列措施：

① 选择适当的分析步骤。例如，测定试样中某少量组分的含量时，不要首先沉淀主要组分，否则可能由于大量沉淀的析出，部分少量组分混入沉淀中，引起测量误差。

② 降低易被吸附杂质离子的浓度。例如，沉淀硫酸钡时，Fe^{3+} 可产生共沉淀，为此，可加入还原剂使 Fe^{3+} 还原为 Fe^{2+}，或者加入 EDTA 使其发生配位反应，则 Fe^{3+} 的共沉淀量即可大为降低。

③ 进行再沉淀。将已得到的沉淀过滤后溶解，再进行第二次沉淀。第二次沉淀时，溶液中杂质的量大为降低，共沉淀或后沉淀现象自然减少。

④ 选择适当的洗涤液洗涤沉淀。由于吸附作用是一种可逆过程，选择适当的洗涤液洗涤沉淀，使洗涤液中的离子取代沉淀所吸附的杂质离子。例如，$Fe(OH)_3$ 吸附 Mg^{2+}，用 NH_4NO_3 稀溶液洗涤时，被吸附在沉淀表面的 Mg^{2+} 被洗涤液中的 NH_4^+ 取代，而吸附在沉淀表面的 NH_4^+，可在灼烧沉淀时分解除去。

⑤ 选择适宜的沉淀条件。沉淀条件包括溶液温度、浓度、试剂的加入顺序和速率以及陈化时间等情况。这些条件均对沉淀的纯度产生影响。

⑥ 选用合适的沉淀剂。例如，再沉淀时，选用有机沉淀剂，常可以减少共沉淀现象。

 拓展阅读

化学沉淀法处理废水

随着经济的快速发展，重金属废水的大量排放，使土壤和水源中重金属的积累加剧，重金属的污染也日益严重。如果用含有重金属的污泥和废水施肥和灌溉农田，土壤会受到污染，造成重金属在农作物中积蓄。在农作物中富集系数较高的重金属是镉、镍和锌，而在水生生物中富集系数较高的重金属是汞、锌等。重金属易通过食物链而发生生物富集，对生物和人体健康构成严重威胁，如何有效地治理重金属污染已成为人类共同关注的问题。国内外学者对重金属污染的治理做了大量的研究。目前已开发应用的废水处理方法主要包括化学沉淀、电解、离子交换、膜分离、活性炭和硅胶吸附、生物絮凝、生物吸附以及植物整治等方法。化学沉淀法的原理是通过化学反应废水中呈溶解状态的重金属转变为不溶于水的重金属化合物，经过过滤和分离沉淀物从水溶液中去除，化学沉淀法包括中和沉淀法、硫化物沉淀法、铁氧体沉淀法。

（五）沉淀重量法的计算

【例 7-5】 测定某铁矿石中铁的含量时，称取样品质量为 0.2500g，经处理后得沉淀形式为 $Fe(OH)_3$，然后灼烧为 Fe_2O_3，称得其质量为 0.2490g，求此矿石中铁的质量分数为多少？

解： Fe 与 $Fe(OH)_3$、Fe_2O_3 之间的计量关系为

$$2Fe \longrightarrow 2Fe(OH)_3 \longrightarrow Fe_2O_3$$

$$2 \times 55.85 \qquad 2 \times 106.87 \qquad 159.69$$

$$m_{Fe} \qquad\qquad\qquad 0.2490g$$

则

$$m_{Fe} = m_{Fe_2O_3} \times \frac{2M_{Fe}}{M_{Fe_2O_3}}$$

$$w_{Fe} = \frac{m_{Fe}}{m_s} \times 100\% = \frac{2 \times 55.85 \times 0.2490}{159.69 \times 0.2500} \times 100\% = 69.67\%$$

答： 此矿石中铁的质量分数为 69.67%。

在重量分析法操作中，最后得到的是称量形式的质量，计算时往往需要将称量形式的质量换算为待测组分的质量。从例 7-5 中可以看出，矿石中待测组分铁的质量是由称量形式 Fe_2O_3 的质量乘以待测组分摩尔质量的 2 倍与称量形式摩尔质量的比值 $\dfrac{2M_{Fe}}{M_{Fe_2O_3}}$ 得到的，该比值称为"换算因数"，又称"化学因数"，以 F 表示。

$$F = \frac{aM_{待测组分}}{bM_{称量形式}} \tag{7-3}$$

式中，a 和 b 为待测组分和称量形式的系数，在换算因数中，分子和分母中所含待测组分的原子或分子数目必须相等。显然待测组分的质量等于称量形式的质量与换算因数的乘积。利用换算因数可以很方便地依据样品以及称量形式的质量计算出待测组分的质量分数，见下式。

$$w_{待测组分} = \frac{m_{称量形式} \times F}{m_s} \times 100\% \tag{7-4}$$

此外，换算因数也可以应用于一种组分的质量换算为另一种组分的质量。例如，将 $BaCl_2 \cdot 2H_2O$ 的质量换算为 $BaCl_2$ 和 Ba 质量的换算因数分别为：

$$F = \frac{M_{BaCl_2}}{M_{BaCl_2 \cdot 2H_2O}} = \frac{208.24}{244.27} = 0.8525$$

$$F = \frac{M_{Ba}}{M_{BaCl_2 \cdot 2H_2O}} = \frac{137.33}{244.27} = 0.5622$$

【例 7-6】 在分析矿石中锰的含量时，称取 1.432g 试样，经处理后得到 0.1226g Mn_3O_4，该

矿石试样中 Mn 的质量分数为多少？若以 Mn_2O_3 表示结果，质量分数又为多少？

解：以 Mn 表示结果时，换算因数 $F = \dfrac{3M_{Mn}}{M_{Mn_3O_4}} = \dfrac{3 \times 54.94}{228.82} = 0.7203$

$$w_{Mn} = \frac{m_{Mn_3O_4}F}{m_s} \times 100\% = \frac{0.1226 \times 0.7203}{1.432} \times 100\% = 6.167\%$$

以 Mn_2O_3 表示结果时，换算因数 $F = \dfrac{3M_{Mn_2O_3}}{2M_{Mn_3O_4}} = \dfrac{3 \times 157.88}{2 \times 228.82} = 1.0350$

$$w_{Mn_2O_3} = \frac{m_{Mn_3O_4}F}{m_s} \times 100\% = \frac{0.1226 \times 1.0350}{1.432} \times 100\% = 8.861\%$$

答：矿石中 Mn 的质量分数为 6.167%，若以 Mn_2O_3 表示结果则为 8.861%。

三、挥发重量法

挥发重量法

挥发重量法一般是采用加热或其他方法使试样中的挥发性组分逸出，经称量后，根据试样质量的减少，计算试样中该组分的含量；或利用某种吸收剂吸收逸出的组分，根据吸收剂质量的增加，计算试样中该组分的含量。例如，测定氯化钡晶体（$BaCl_2 \cdot 2H_2O$）中结晶水含量，可将一定质量的氯化钡晶体加热，使水分逸出，根据氯化钡质量的减轻计算试样中的结晶水含量，也可用吸湿剂（如高氯酸镁等）吸收逸出的水分，根据吸湿剂质量的增加计算水分含量。

（一）葡萄糖干燥失重的测定

葡萄糖干燥失重指的是葡萄糖样品在规定条件下干燥后的质量损失，测量结果以样品损失质量与样品原质量之比（即质量分数）表示。对同一样品要求至少进行两次测定。测定结果按式(7-5) 计算。

$$\text{干燥失重} = \frac{\text{减失重量}}{\text{试样量}} \times 100\% \tag{7-5}$$

如允许差符合要求，取两次测定的算术平均值作为结果。允许差指分析人员同时或迅速连续进行两次测定，其结果之差的绝对值。该值应不超过 1.0%。

（二）煤样中灰分的测定（缓慢灰化法）

称取一定质量的干燥煤样，放入马弗炉中，以一定的速度加热至 815℃±10℃，灰化并灼烧到质量恒定。以残留物的质量占煤样质量的百分数作为灰分，如式(7-6) 所示。

$$\text{灰分} = \frac{\text{灰分量}}{\text{试样量}} \times 100\% \tag{7-6}$$

四、萃取重量法

萃取重量法

萃取重量法是采用互不相溶的两种溶剂，将待测组分从一种溶剂萃取到另一种溶剂中，然后将萃取液中的溶剂蒸去，干燥至恒重，通过称量萃取出的干燥物质量，计算待测组分的含量。

例如二盐酸奎宁注射液含量的测定。二盐酸奎宁注射液是一种生物碱制剂，它是水溶性的，而其游离生物碱本身不溶于水，但溶于有机溶剂，故可用有机溶剂萃取。测定时，取一定量试样，加氨液呈碱性，使奎宁生物碱游离，用氯仿分数次萃取，直至将奎宁生物碱萃取完全。合并氯仿萃取液，过滤，滤液在水浴上蒸干，干燥直至恒重，称量，即可计算样品中二盐酸奎宁的含量。

五、应用实例

（一）海盐中 SO_4^{2-} 含量的测定

准确称取海盐 20g 于烧杯中，加 150mL 水，加热溶解，冷却后移入 250mL 容量瓶中，加水至刻度，摇匀。用干滤纸和干漏斗过滤，弃去约 10mL 最初滤液，然后精密量取 50mL 滤液于烧杯中，加水 150mL，加 2 滴甲基红指示剂（2g/L），滴加 HCl（1+5）至溶液刚变红色。加热近沸，在不断搅拌下，加入 40mL $BaCl_2$ 热溶液（5g/L），剧烈搅拌，在沸水浴上陈化 30min，冷却，再用 $BaCl_2$ 溶液检查沉淀是否完全。用倾泻法过滤，用水洗涤至无 Cl^-。将沉淀连同滤纸置于已恒重的瓷坩埚中，加热烘干、炭化、灰化，置 800～850℃ 高温炉中灼烧至恒重。

$$SO_4^{2-} \text{ 含量} = \frac{(m_B - m_A) \times 0.4116}{m_s \times \frac{50}{250}} \times 100\%$$

式中，m_B 为 $BaSO_4$ 沉淀与瓷坩埚的质量，g；m_A 为瓷坩埚的质量，g；0.4116 为 $BaSO_4$ 质量换算成 SO_4^{2-} 的换算因数；m_s 为试样的质量，g。

《中国药典》对于恒重做了如下规定：除另有规定外，恒重系指供试品连续两次干燥或炽灼后称重的差异在 0.3mg 以下；干燥至恒重的第二次及以后各次称重均应在规定条件下继续干燥 1h 后进行；灼烧至恒重的第二次称重应在继续炽灼 30min 后进行。

（二）注射用甲氨蝶呤的干燥失重测定

在医药卫生领域，挥发重量法常用于干燥失重、炽灼残渣、灰分等的测定。例如，注射用甲氨蝶呤的干燥失重测定：取本品适量，以 P_2O_5 为干燥剂，在 100℃ 减压干燥至恒重。减失重量不得超过 12.0%。

注：《中国药典》规定，一般减压是指压力应在 2.67kPa（相当于 20mmHg）以下，此时的干燥温度约在 60～80℃（除另有规定外）。

 拓展阅读

电重量分析法

电重量分析法是将被测试液置于电解装置中进行电解，使被测离子在电极上以金属或其他形式析出，由电极所增加的质量计算其含量的方法。例如，在盛有硫酸铜溶液的烧杯中放入两个铂电极，加上足够大的直流电压，进行电解。此时阳极上有氧气析出，阴极上有铜析出。其电极反应如下：

阴极反应 $\qquad\qquad\qquad Cu^{2+} + 2e \longrightarrow Cu\downarrow$

阳极反应 $\qquad\qquad\qquad 2H_2O \longrightarrow 4H^+ + O_2\uparrow + 4e$

通过称量阴极上析出铜的质量，就可以对硫酸铜溶液中铜的含量进行测定。

电重量分析法的优点是准确度高，可对高含量物质进行分析测定。不足之处是不能对微量物质进行分析，而且耗时较长，目前逐渐被库仑分析法所替代。

任务一　药用氯化钠的含量测定

药用氯化钠含量的测定

【任务描述】

测定药用氯化钠的含量。取本品 0.12g，加水 50mL 溶解后，加入 2% 糊精溶液 5mL、

2.5%硼砂溶液 2mL 和荧光黄指示液 5～8 滴，用硝酸银滴定液（0.1mol/L）滴定。每 1mL 硝酸银滴定液相当于 5.844mg 的 NaCl。本品按干燥品计算，含氯化钠（NaCl）的量不得少于 99.5%。（《中国药典》）

【任务分析】

1. 关键问题

① 本任务采用哪种方法测定氯化钠含量？

② 吸附指示剂法的实验原理是什么？

③ 加入糊精和硼砂的作用是什么？

2. 乐学善思

测定氯化钠的含量目前应用较多的是银量法，它具体分为三种方法。莫尔法是采用铬酸钾为指示剂的银量法；佛尔哈德法是在酸性溶液中以铁铵矾为指示剂的银量法；法扬司法是采用吸附指示剂确定滴定终点的银量法。本任务采用的是法扬司法。

本法采用荧光黄（一种有机弱酸）为指示剂，其阴离子在溶液中易被带正电荷的胶状沉淀吸附，使得指示剂的结构发生改变，从而引起颜色变化而指示终点。其原理可表示为：

滴定前：　　　　　　　　　$HFIn \Longrightarrow H^+ + FIn^-$（黄绿色）

终点前：　　　　　　$AgCl + Cl^- \longrightarrow AgCl \cdot Cl^-$

此时 $AgCl \cdot Cl^-$ 基团带负电荷，对 FIn^- 有排斥作用，溶液仍然呈黄绿色。

终点时：　　　　　　　$AgCl + Ag^+ \longrightarrow AgCl \cdot Ag^+$

$$AgCl \cdot Ag^+ + FIn^- \Longrightarrow AgCl \cdot Ag^+ \cdot FIn^-$$

　　　　　　　　　黄绿色　　　　　　　　粉红色

由于吸附指示剂的颜色变化发生在沉淀微粒表面上，因此，应尽可能使卤化银沉淀呈胶体状态，以具有较大的比表面积。为此，在滴定前应加糊精或淀粉等高分子化合物作为保护剂，以防止卤化银沉淀凝聚。

吸附指示剂大多是有机弱酸，起指示作用的是它们的阴离子，因此必须使指示剂在溶液中解离出更多的阴离子。荧光黄适宜在 pH=7～10 的条件下使用，酸度过高则主要以 HFIn 形式存在，不易被吸附。加入 2.5%硼砂溶液可控制溶液酸度，调节 pH≈9，使其满足滴定条件。

加糊精溶液形成保护胶体作用，有利于指示剂的吸附和终点观察。加硼砂溶液调节 pH 值，促使荧光黄解离，增大指示剂阴离子有效浓度，使终点颜色变化敏锐。

【绿色技能】

① 请分析本任务是否有健康和安全问题，如有，请写出相应预防措施。

② 本任务是否会有环境问题？如有，请写出相关环境保护措施。

【任务准备】

仪器：电子天平（精度 0.0001g），棕色酸式滴定管（50mL），量筒（50mL、10mL），锥形瓶（250mL）。

试剂：待测药用氯化钠，2%糊精溶液，2.5%硼砂溶液，硝酸银滴定液（0.1mol/L，已标定），荧光黄指示液。

【任务实施与评价】

见《学生技能训练工作手册》（活页工单）。

【回顾与提高】

本滴定过程为什么应避免强光照射？

任务二　硫酸钠的含量测定

硫酸钠的含量测定

【任务描述】

测定硫酸钠的含量。取本品 0.4g，加水 200mL 使其溶解，加入盐酸 1mL，加热至沸腾，不断搅拌并缓慢滴加 12% 热氯化钡溶液约 8mL。将混合物置沸水浴上加热 1h，放冷，用无灰滤纸过滤，用水洗涤硫酸钡沉淀至无氯化物（用硝酸银试液检查滤液）。将沉淀连同滤纸置已恒重的坩埚中，小心灰化，并在 800℃ 炽灼至恒重，冷却称重，残渣质量与 0.6086 相乘，即得试样中 Na_2SO_4 的质量。本品按干燥品计算，含 Na_2SO_4 的量不得少于 99.0%。（《中国药典》）

【任务分析】

1. 关键问题

① 本任务的测定原理是什么？

② 为什么在沉淀之前要加入盐酸？

③ 为什么最终计算 Na_2SO_4 的质量时要将所得残渣质量乘以 0.6086？

2. 乐学善思

测定硫酸钠的含量时，使用过量的氯化钡为沉淀剂，在水溶液中 Ba^{2+} 与 SO_4^{2-} 形成难溶化合物 $BaSO_4$ 而析出。该反应进行得较为完全，所得 $BaSO_4$ 沉淀经陈化、过滤、洗涤、干燥、灼烧至恒重后，以 $BaSO_4$ 形式称重，经换算即可求得 Na_2SO_4 的质量。

$$Na_2SO_4 + BaCl_2 \rightleftharpoons 2NaCl + Ba_2SO_4 \downarrow$$

$$142.04 \qquad\qquad\qquad 233.39$$

$$m_{Na_2SO_4} \qquad\qquad\qquad m_{BaSO_4}$$

$$\frac{m_{Na_2SO_4}}{142.04} = \frac{m_{BaSO_4}}{233.39}$$

$$m_{Na_2SO_4} = \frac{142.04}{233.39} \times m_{BaSO_4} = 0.6086 m_{BaSO_4}$$

0.6086 为 $BaSO_4$ 质量换算成 Na_2SO_4 的换算因数。

沉淀前在溶液中加入适量的 HCl，可防止试样中 CO_3^{2-}、$C_2O_4^{2-}$ 等与 Ba^{2+} 发生反应。

【绿色技能】

① 请分析本任务是否有健康和安全问题，如有，请写出相应预防措施。

② 本任务是否会有环境问题？如有，请写出相关环境保护措施。

【任务准备】

仪器：电子天平（精度 0.0001g）、量筒（10mL、100mL）、烧杯（50mL、500mL）、表面皿、滴管、长颈漏斗、漏斗架、慢速定量滤纸、玻璃棒、坩埚、电炉、石棉网、水浴锅、马弗炉、坩埚钳、线手套、干燥器。

试剂：待测硫酸钠试样、盐酸（6mol/L）、氯化钡溶液（12%）、硝酸银试液（0.1mol/L）。

【任务实施与评价】

见《学生技能训练工作手册》（活页工单）。

【回顾与提高】

晶形沉淀形成的条件是什么？本任务中为什么加氯化钡溶液时一定要慢？

☆ 重点回顾

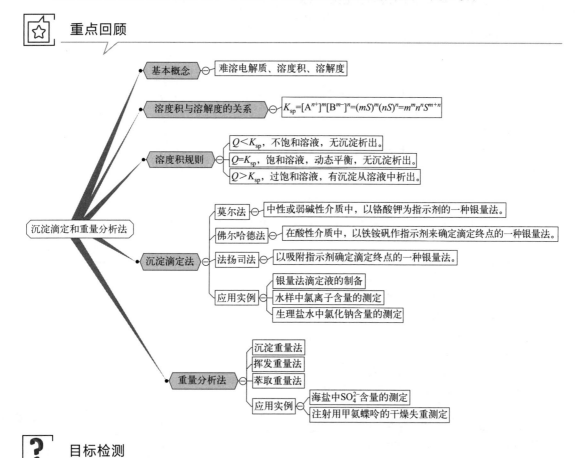

？ 目标检测

一、单项选择题

1. 在莫尔法中，如果溶液的碱性过强，则（　　）。

A. CrO_4^{2-} 浓度减小　　　　　　　　B. CrO_4^{2-} 浓度增大

C. 终点不明显　　　　　　　　　　　D. 生成 Ag_2O 沉淀

2. 晶形沉淀的沉淀条件是（　　）。

A. 浓、冷、慢、搅、陈　　　　　　　B. 稀、热、快、搅、陈

C. 稀、热、慢、搅、陈　　　　　　　D. 稀、冷、慢、搅、陈

3. 法扬司法中应用的指示剂是（　　）指示剂。

A. 配位　　　　　B. 沉淀　　　　　C. 酸碱　　　　　D. 吸附

4. 采用佛尔哈德法，直接滴定时必须充分振摇溶液，否则（　　）。

A. 被吸附的 Ag^+ 不能及时释放　　　B. 先析出 AgSCN 沉淀

C. 终点推迟　　　　　　　　　　D. 反应不发生

5. 用莫尔法测定时，干扰测定的阴离子是（　　）。

A. Ac^- 　　　　B. NO_3^- 　　　　C. $C_2O_4^{2-}$ 　　　　D. SO_4^{2-}

6. 下列物质中受到卤化银吸附作用最强的是（　　）。

A. Cl^- 　　　　B. Br^- 　　　　C. I^- 　　　　D. 荧光黄

7. $BaSO_4$ 在下列溶液中溶解度最小的是（　　）。

A. $1mol/L\ Na_2SO_4$ 　　　　　　　B. $2mol/L\ BaCl_2$

C. $0.1mol/L\ H_2SO_4$ 　　　　　　　D. 纯水

8. 在重量分析法中，洗涤非晶形沉淀的洗涤液应是（　　）。

A. 冷水　　　　　　　　　　B. 含沉淀剂的稀溶液

C. 热的电解质溶液　　　　　　D. 热水

9. 以 Fe^{3+} 为指示剂，NH_4SCN 为标准溶液滴定 Ag^+ 时，其溶液酸度是（　　）。

A. 酸性　　　　B. 碱性　　　　C. 弱碱性　　　　D. 中性

10. pH＝4 时用莫尔法滴定 Cl^- 含量，将使结果（　　）。

A. 偏高　　　　B. 偏低　　　　C. 忽高忽低　　　　D. 无影响

二、多项选择题

1. 在药物分析中常用的重量分析法有（　　）。

A. 莫尔法　　　　B. 挥发法　　　　C. 萃取法　　　　D. 沉淀法

E. 法扬司法

2. 下列说法不正确的是（　　）。

A. $CaCO_3$ 和 PbI_2 的溶度积非常接近，皆约为 10^{-9}，故二者的饱和溶液中，Ca^{2+} 及 Pb^{2+} 的浓度近似相等

B. 在常温下，Ag_2CrO_4 和 $BaSO_4$ 的溶度积分别为 1.12×10^{-12} 和 1.6×10^{-10}，前者小于后者，因此 Ag_2CrO_4 溶解度小于 $BaSO_4$

C. 法扬司法滴定过程应避免强光

D. 硝酸银滴定液对光不稳定

E. 佛尔哈德法在硫酸或盐酸中进行

3. 下列说法正确的是（　　）。

A. 佛尔哈德法按滴定方式分为直接滴定法和返滴定法

B. 采用莫尔法测定溶液中离子含量时溶液中不能含有 NH_3

C. 佛尔哈德法测定碘化物时，应先加入定量过量的 $AgNO_3$ 滴定液后，再加入铁铵矾指示剂

D. 硝酸银溶液不需要避光保存

E. 沉淀形式和称量形式不一定相同

三、填空题

1. 莫尔法的指示剂是＿＿＿＿＿＿，滴定时溶液的 pH 是＿＿＿＿＿＿。

2. 佛尔哈德法的指示剂是＿＿＿＿＿＿，滴定剂是＿＿＿＿＿＿。

3. 荧光黄指示剂的变色是因为它的＿＿＿＿＿离子被吸附了＿＿＿＿＿的沉淀颗粒吸附而结构发生变化。

4. 法扬司法测定 Cl^- 时，在荧光黄指示剂溶液中常加入淀粉或糊精溶液，其目的是保护＿＿＿＿＿，减少＿＿＿＿＿，增加＿＿＿＿＿。

5. 重量分析法包括＿＿＿＿＿和＿＿＿＿＿两个过程。

6. 恒重是指经两次干燥或灼烧处理后，称量形式的两次称量所得质量之差不超过＿＿＿＿＿。

四、简答题

1. 莫尔法的原理是什么？其滴定条件有哪些？

2. 在沉淀重量法中，获得晶型沉淀的条件是什么？

五、计算题

1. 取尿样 5.00mL，加入 0.1016mol/L AgNO$_3$ 溶液 20.00mL，过量的 AgNO$_3$ 消耗 0.1096mol/L NH$_4$SCN 滴定液 8.60mL，计算 1L 尿液中含 NaCl 多少克。

2. 某碱厂用莫尔法测定原盐中氯的含量，以 c(AgNO$_3$)＝0.1000mol/L 的硝酸银滴定液滴定，欲使滴定时消耗的滴定液的体积值（以 mL 计）恰好等于氯的质量分数值（以百分数表示），应称取试样多少克？

3. 测定某试样中 MgO 的含量时，先将 Mg^{2+} 沉淀为 MgNH$_4$PO$_4$，再灼烧成 Mg$_2$P$_2$O$_7$ 称量。若试样质量为 0.2400g，得到 Mg$_2$P$_2$O$_7$ 的质量为 0.1930g，计算试样中 MgO 的质量分数为多少。

模块八

紫外-可见分光光度分析法

学前导语

2022年1月，由于汤加火山喷发引起海啸，秘鲁海域附近石油泄漏，21个海滩遭到污染，大量海洋生物死亡。随着社会经济的飞速发展，石油作为一种重要能源其使用量日益加大，随之而来的环境问题也越来越严重。水体中的石油污染主要来源于两方面，一是石油泄漏，二是工业废水和生活污染。一种能监测水中油污染的检测技术是石油、水环境等污染控制工作中非常重要的部分。我国发布了相应的国家环境保护标准《水质　石油类的测定　紫外分光光度法（试行）》（HJ 970—2018），采用紫外分光光度法对水中的石油进行测定。除此之外，紫外-可见分光光度法还广泛应用于药物分析检验、食品营养检测、环境检测等领域。那么如何利用紫外-可见分光光度法进行检测？让我们一起来学习吧。

学习目标

【知识目标】

1. 掌握紫外-可见分光光度法的原理；紫外-可见分光光度计的基本构成及使用步骤；紫外-可见分光光度法定性及定量的基本方法。

2. 熟悉紫外-可见分光光度法的特点；紫外-可见分光光度计的仪器类型。

3. 了解光的本质及物质的颜色；紫外-可见分光光度法的发展及应用领域。

【能力目标】

学会按照操作规程使用紫外-可见分光光度计进行定量及定性分析；学会用紫外-可见分光光度法测定维生素 B_{12} 注射液的含量。

【思政与职业素养目标】

通过学习《中国药典》真实检验项目，培养职业标准意识和对技术标准的理解能力，树立通过自身职业技能的提高来维护药品安全的职业理想和信念。通过完成以全国职业院校技能大赛"化学实验技术"项目设计的训练任务，检验专业知识和实验技能的学以致用能力，培养求真拓新、精益求精的工匠精神，以及遭遇挫折的自我调节能力。通过思考每个任务中的绿色技能问题，积极做好健康、安全、环保措施，养成绿色生活和工作习惯。

【证书考点】

药物检验员（三级）	1. 能按照设备操作规程对复杂仪器设备进行开机、预热、平衡等准备工作。 2. 能够根据复杂仪器设备准备对应的溶液。 3. 能调用固定方法，使用复杂设备。 4. 能对检验数据进行处理，并准确报告。 5. 能对复杂仪器设备的检验数据进行审核，包括审核原始记录、数据运算过程。
1+X 食品检验管理职业技能等级证书（中级）	1. 能依据相关法规标准、检样性质和检验项目，选用合适方法对检样进行预处理。 2. 能规范使用紫外-可见分光光度计。 3. 能对所使用仪器设备进行日常维护与简单故障排除。 4. 能正确储存配制的溶液。

单元一 紫外-可见分光光度分析法介绍

一、紫外-可见分光光度法特点

紫外-可见分光光度法在仪器分析方法中历史悠久，是应用最为广泛的分析方法之一。紫外-可见分光光度法有以下主要特点。

（一）适用范围广

紫外-可见分光光度法可以测定大部分无机离子和许多微量有机物质，在化工、医药、环境、食品、农林等领域应用十分广泛。对于芳香化合物及含共轭体系化合物，紫外-可见分光光度法还可用于鉴定及辅助结构分析。此外，紫外-可见分光光度法还常用于化学平衡等研究。

（二）灵敏性高

紫外-可见分光光度法所测试液的浓度下限可达 $10^{-5}\sim10^{-6}\,\mathrm{mol/L}$，在某些条件下可测定 $10^{-7}\,\mathrm{mol/L}$ 的物质，因而它具有较高的灵敏度，适用于微量组分的测定。

（三）准确度高

紫外-可见分光光度法测定的相对误差为 2%～5%，若采用精密分光光度计进行测量，相对误差为 1%～2%。显然，对于常量组分的测定，其准确度不及化学分析法，但对于微量组分的测定，准确度已完全满足要求。因此，它适合于测定低含量和微量组分，而不适用于中、高含量组分的测定。不过，如果采取适当的技术措施，例如差示法，则可提高准确度，可用于测定高含量组分。

（四）简便快速

紫外-可见分光光度计的仪器构成复杂度较低，操作过程简便快速。而其对样本的要求简单，一般不需要经过复杂的前处理，整个分析过程安全环保。随着现代仪器分析的仪器制造技术和智能化水平的提升，紫外-可见分光光度法操作更为便捷，数据更为直观，加之各种联用技术的产生和发展，进一步拓展了该方法的应用范围。

 拓展阅读

紫外-可见分光光度法助力保障食品安全

1. 测定食品中的重金属含量

食品中重金属污染已成为引发食品安全问题的重要因素之一。我国制定的食品安全标准中包含了对食品添加剂中砷和铅含量的检测，其检测方法分别为二乙氨基二硫代甲酸银比色法和双硫腙比色法。随着科学技术的发展，可利用高频电场激发氧灰化溴代卟啉分光光度法对食品中的铅含量进行测定，其检测原理是铅和溴代卟啉在碱性环境下形成橙黄色化合物，该化合物在 479nm 处有最大吸收峰。2,5-二乙氨基苯酚试剂能与镉形成稳定配合物，该物质在 590nm 处具有吸收峰，常被用于猪肝、面粉中镉含量的测定。紫外-可见分光光度法还可对大米样品中萃取的镉、铜离子浓度进行测定。因此，紫外-可见分光光度法在测定食品中不同重金属含量方面具有较好的效果。

2. 食品中硝酸盐含量的测定

我国食品安全标准中明确规定需对蔬菜、水果中硝酸盐含量进行测定，其规定使用的检测方法为紫外-可见分光光度法。由于硝酸盐的紫外最大吸收波长与亚硝酸盐的紫外吸收波长非常相似，因此该方法具有一定的局限性。基于此，研究人员通过实验发现亚硝酸盐在209nm处，其一阶导数紫外分光光度值为0，而硝酸盐在该波长处一阶导数紫外分光光度值最大，因此可用该方法排除食品中亚硝酸盐对硝酸盐含量测定的影响，提高硝酸盐测定的灵敏度。

二、光的本质与物质的颜色

（一）光的波粒二象性

光是一种电磁波，具有波动性和粒子性，即我们所说的波粒二象性。

光的干涉（图8-1）和衍射现象，证明了光具有波的特征；而光的偏振现象进一步证明了光是一种横波，是一种在各个方向上振动的射线。

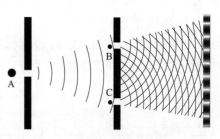

图8-1　杨氏双缝干涉实验
（A为光源，B、C为狭缝）

光具有粒子性，它是由不连续的光子构成的粒子流，具有一定的能量（E）。光与物质发生作用（例如光电效应）时，主要呈现粒子的性质，可以把光看成是一束高速运动的粒子流，每一个粒子具有一定的能量，称作"光量子"或"光子"。例如光子可被物质分子吸收或发射。

光同时具有粒子性和波动性，两者不是互相对立的，而是统一的。光的能量与其传播频率间的关系可用普朗克方程表示：

$$E = h\nu = h\frac{c}{\lambda} \tag{8-1}$$

式中，E 为光子的能量，eV；h 为 Planck 常数，6.6256×10^{-34} J·s；ν 为频率，Hz；c 为光速，其值约为 3×10^{10} cm/s；λ 为波长，nm。

在上式中，h 和 c 均为常数，那么波长越短（频率越高）的光子，能量越大；反之，波长越长（频率越低）的光子，能量越低。

如果按波长或频率大小顺序将电磁波排列起来，就形成了电磁波谱。电磁波谱按波长范围可分为 γ 射线、X 射线、紫外光、红外光、微波和无线电波等，也可根据其能量范围划分为若干区域，各区域光波可引起物质中分子或电子的不同类型的能级跃迁，由此产生相应的不同类型的分析方法。不同电磁波的波长范围及对应的分析方法见表8-1。

表 8-1　电磁波谱

波谱名称	波长范围	能级跃迁类型	分析方法
γ 射线	$5 \times 10^{-3} \sim 0.14$nm	核能级	
X 射线	$0.01 \sim 10$nm	内层电子	X 射线衍射法
远紫外区	$10 \sim 200$nm	内层电子	真空紫外光谱法
近紫外区	$200 \sim 400$nm	价电子	紫外光谱法
可见光区	$400 \sim 780$nm	价电子	可见光谱法
红外区	$0.78 \sim 1000\mu$m	分子振动	红外光谱法
微波区	$0.1 \sim 100$cm	分子转动	微波光谱法
无线电波区	$1 \sim 1000$m	电子自旋及核自旋	核磁共振波谱法

（二）物质的颜色

按组成光束的光波长或所在区域是否单一，可将光分为单色光和复色光。单色光是指单一波长的光，如 254nm 和 508nm 光等；含有多种波长的光称为复色光，如白色光、红色光、紫色光等。人的眼睛对不同波长的光的感觉是不一样的。凡是能被肉眼感觉到的光称为可见光，其波长范围为 400～780nm。凡是波长小于 400nm 的紫外光或波长大于 780nm 的红外光均不能被人的眼睛看到。在可见光的波长范围内，不同波长的光刺激眼睛后会产生不同颜色的感觉，但由于受到人的视觉分辨能力的限制，实际上是一个波段的光给人一种颜色的感觉。如果把适当颜色的两种光按照一定强度比例混合，可得到白光，这两种颜色的光则称为互补色光。光的互补关系见表 8-2。

表 8-2　光的互补关系

波长/nm	400～450	450～480	480～490	490～500	500～560	560～580	580～610	610～650	650～780
颜色	紫	蓝	绿蓝	蓝绿	绿	黄绿	黄	橙	红
互补色	黄绿	黄	橙	红	红紫	紫	蓝	绿蓝	蓝绿

许多物质都具有不同的颜色，例如三氯化铁溶液呈棕黄色，硫酸亚铁溶液呈浅绿色，硫酸铜溶液呈天蓝色。一种物质呈现何种颜色，与入射光组成和物质本身的结构有关。在可见光区物质或其溶液之所以呈色，是因其选择性地吸收了一定波长的光从而呈现出其互补色光的结果。常见的有下列三种情况：当白光通过某一均匀溶液时，如果各种波长光几乎全部被吸收，则溶液呈黑色；如果入射光全部透过（不吸收），则溶液无色透明；如果对某种色光产生选择性吸收，则溶液呈现透射光的颜色，即溶液呈现的是它吸收光的互补色光的颜色（如表 8-2 所示）。例如，硫酸铜溶液在白光照射下选择性地吸收了 580～610nm 的黄光，而呈现其互补色光的蓝色；如果将硫酸铜溶液放在钠光灯（黄光）下，则溶液呈黑色；如将它放在暗处，则什么颜色也看不到。可见物质的颜色不仅与物质本质有关，还与有无光照和光的组成有关。

 想一想

在自然光下呈现红色的溶液，实际上是吸收了哪个波长的光？

那么使用分光光度计，根据物质对不同波长光的吸收程度的不同而实现对物质定性、定量分析的方法就是分光光度法。按所用光的波谱区域不同又可分为可见分光光度法（400～780nm）、紫外分光光度法（200～400nm）和红外分光光度法（2.5～25μm，中红外区）。

 拓展阅读

墨子的小孔成像科学实验

大约两千四五百年以前，我国的学者——墨翟（墨子）和他的学生，做了世界上第一个小孔成倒像的实验。《墨经》中这样记录了小孔成像："景到，在午有端，与景长。说在端。""景。光之人，煦若射，下者之人也高；高者之人也下。足敝下光，故成景于上；首敝上光，故成景于下。在远近有端，与于光，故景库内也。"

这说的是墨子家的库房墙上有一个小孔，他观察到库房的后墙上显现了库房外面的人的影像，这个影像是倒着的。墨子根据光走直线的科学原理解释说，房外人上面的光线经过小孔后投射到墙的下面，而人下面的光线经过小孔后投射到墙的上面，所以人像就倒过来了。墨子还发现，外面的人如果离那个小孔近，墙上的像就大，外面的人如果离小孔远，墙上的像就小，这也是由光走直线造成的。这是一个有趣的小孔成像科学实验，墨子家的库房也许是世界上最早的照相机呢！可以说墨子代表了我们先秦时期光学的最高水平，不仅如此，在《墨经》中，墨子还详细介绍了力学相关的知识，介绍了杠杆原理、滑轮原理、云梯和车梯相关的技术原理，堪称我国古代工匠技术大全。

三、紫外-可见分光光度法原理

（一）吸收光谱

量子理论表明，分子具有不连续的量子化能级，光子的能量也是量子化的。因此当光线照射到某溶液时，溶液中的物质分子仅能吸收其中具有分子两个跃迁能级之差的能量的光子，使分子由较低能级 E_1 向较高能级 E_2 跃迁。当不同波长的光照射物质的粒子（分子、原子或离子）时，该溶液中物质的粒子与光子发生碰撞和能量转移，分子将从入射光中选择性吸收适于其能级跃迁的相应波长的光子，其他光线被简单地透过或反射，此过程称为光的吸收。不同物质分子具有不同的量子化能级，也就造成了不同物质对不同波长的光的吸收程度不同，从而形成了物质的吸收光谱。所以说，物质的结构决定了其吸收光谱。

那么，用紫外-可见光区的电磁辐射照射样品分子，分子中价电子（或外层电子）因为吸收光而产生能级跃迁，将照射前后的光强度变化转变为电信号并记录下来，得到光强度变化对波长的关系曲线，这就是它的紫外-可见吸收光谱，又称吸收曲线。如图8-2所示，横坐标为波长（nm），纵坐标为吸收程度（吸光度 A）。吸收曲线上有极大值的部分称为吸收峰，所对应光的波长叫最大吸收波长，用 λ_{max} 表示；吸收曲线上有极小值的部分称为吸收谷，相对应光的波长叫最小吸收波长，用 λ_{min} 表示；有时在最大

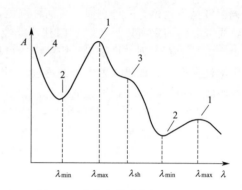

图8-2 吸收光谱示意图
1—吸收峰；2—吸收谷；3—肩峰；4—末端吸收

吸收峰旁边有一个小的曲折称为肩峰，用 λ_{sh} 表示；在吸收曲线的短波长端吸收强度相当大但不成峰形的部分，称为末端吸收。物质的结构不同，其吸收曲线的特征不同，可以作为定性分析的依据。而在吸收峰处，吸收强度最大，灵敏度高，因此通常选择最大吸收波长 λ_{max} 作为定量分析的测定波长。

测定条件的变化会影响物质吸收光谱的形状。例如温度、溶剂、pH 值、溶液浓度、仪器性能等。实际工作中要注意选择适当的测定条件。

（二）吸收定律

1. 透光率与吸光度

当一束平行单色光通过均匀而无散射的溶液时，一部分光被溶液吸收，一部分透过溶液，一部分被溶液或器皿反射（稀溶液的反射可以忽略不计）。假定入射的光强度为 I_0，吸收光的强度为 I_a，透射光的强度为 I_t。透射光强度与入射光的强度之比称为透光率，用 T 表示。

$$T = \frac{I_t}{I_0} \times 100\%$$ (8-2)

溶液的透光率越大，则说明其对光的吸收越小。为了直观地表示溶液对光的吸收程度，引入吸光度的概念，定义式如下：

$$A = -\lg T = \lg\frac{I_0}{I_t} \tag{8-3}$$

吸光度 A 越大，表明对光吸收程度越大。

【例 8-1】 紫外-可见分光光度计测得布洛芬溶液的透光率为 80%，求该溶液的吸光度是多少？

解： 已知 $T = 80\%$，根据吸光度与透光率的关系：

$$A = -\lg T = -\lg 0.8 = 0.0969$$

答： 该溶液的吸光度为 0.0969。

2. 朗伯-比尔定律

朗伯-比尔定律

1728 年 P. 布格首先提出了辐射吸收与吸收层厚度的关系，1768 年由 J. H. 朗伯将其扩充为朗伯定律；1852 年 A. 比尔发表了辐射吸收与吸收物质浓度的关系，即比尔定律。后人将两个定律合并，统称为朗伯-比尔定律，即光吸收的基本定律。

朗伯-比尔定律：当一束平行的单色光垂直照射到一定浓度的均匀、无散射的溶液时，在单色光波长、强度、溶液的温度等条件不变的情况下，溶液的吸光度（A）和溶液的浓度（c）与液层厚度（L）的乘积成正比。其数学表达式为：

$$A = KcL \tag{8-4}$$

式中 K 为吸收系数，其物理意义是吸光物质在单位浓度及单位液层厚度时的吸光度。吸收系数与物质的结构、光的波长、溶剂、温度等因素有关，是物质的特征常数，是对物质进行定性和定量等分析的依据之一。

3. 吸收系数

吸收系数表示方式有两种，且其单位与溶液浓度、液层厚度的单位有关。

（1）摩尔吸收系数（ε）。当液层厚度 L 以 cm 为单位，溶液浓度 c 以 mol/L 为单位时，此时吸收系数称为摩尔吸收系数，用 ε 表示，单位为 L/（mol·cm），表示物质的浓度为 1mol/L、液层厚度为 1cm 时溶液的吸光度。数学关系式为：

吸收系数

$$A = \varepsilon cL \tag{8-5}$$

（2）百分吸收系数（$E_{1cm}^{1\%}$）。在化合物组分不明的情况下，物质的相对分子量无从知道，因而浓度无法确定，无法使用摩尔吸收系数，此时，常采用百分吸收系数。百分吸收系数是指 c 为 1g/100mL、液层厚度 L 为 1cm 时溶液的吸光度，用 $E_{1cm}^{1\%}$ 表示，其单位为 100mL/（g·cm）。数学关系式变为：

$$A = E_{1cm}^{1\%} cL \tag{8-6}$$

两种吸收系数都不能直接测得，但可在经过校正的分光光度计上用准确浓度的稀溶液测得吸光度后，依据朗伯-比尔定律计算得到。摩尔吸收系数一般不超过 10^5 数量级，将 ε 值达 10^4 数量级划为强吸收，小于 10^2 划为弱吸收，介于两者间的称为中强吸收。应用上述两个吸收系数时，单位通常省略不写。

摩尔吸收系数和百分吸收系数的换算关系是：

$$\varepsilon = E_{1cm}^{1\%} \times \frac{M}{10} \tag{8-7}$$

式中 M 为吸光物质的摩尔质量，g/mol。

【例 8-2】 用氯霉素（$M = 323.15$g/mol）纯品配制 100mL 含 2.00mg 的溶液，使用 1cm

的吸收池，在波长为 278nm 处测得其吸光度为 0.614，试计算氯霉素在 278nm 波长处的摩尔吸收系数和百分吸收系数。

解： 已知 $M=323.15\text{g/mol}$，$c=2.00\times10^{-3}\text{g/100mL}$，$L=1\text{cm}$，$A=0.614$

根据朗伯-比尔定律，可得

$$E_{1cm}^{1\%}=\frac{A}{cL}=\frac{0.614}{2.00\times10^{-3}\times1}=307$$

根据摩尔吸收系数和百分吸收系数的换算式，可得

$$\varepsilon=E_{1cm}^{1\%}\times\frac{M}{10}=307\times\frac{323.15}{10}=9921$$

答： 氯霉素在 278nm 波长处的摩尔吸收系数和百分吸收系数分别是 9921 和 307。

4. 吸光度的加和性

当溶液中有多种吸光物质存在时，在某一波长下，总的吸光度等于溶液中各物质吸光度之和。

$$A=A_1+A_2+A_3+\cdots+A_n \tag{8-8}$$

吸光度的加和性原理对于多组分测定以及校正干扰非常重要。

想一想

根据上述所学透光率的含义，结合朗伯-比尔定律，你能写出吸收系数与透光率的关系式吗？

拓展阅读

曲安奈德吸收系数的测定

《中国药典》（第二部）规定曲安奈德吸收系数的测定：取本品，精密称定，加乙醇溶解并定量稀释制成每 1mL 中约含 10mg 的溶液，按照紫外-可见分光光度法，在 239nm 波长处测定吸光度，吸收系数为 340～370。

单元二　紫外-可见分光光度计

紫外-可见分光光度计

一、仪器主要部件

（一）仪器的基本构成

分光光度计是指在不同光区用于测定溶液吸光度的分析仪器。由于紫外分光光度计与可见分光光度计在结构上的相似性，厂家在生产时为了提高仪器的应用价值和性价比，通常都会将二者集成在一起，合称为紫外-可见分光光度计，用于测定样本在紫外及可见光区的吸光度。目前虽然有较多厂家及不同型号，仪器外观也有所不同（图 8-3），但是仪器基本构造相似，由光源、单色器、吸收池、检测器和信号显示处理系统五大部件组成，其光路及构成见图 8-4。

分光光度计的工作原理是光源发出的光，经单色器分光后获得一定波长的单色光，单色光照射到吸收池中的样品溶液，被样品溶液吸收后，未被吸收的单色光由检测器检测，将光强度变化转变为电信号，并经信号显示处理系统调制放大后，显示透光率 T 或吸光度 A，完成测定。

图 8-3 紫外-可见分光光度计外观示例

图 8-4 紫外-可见分光光度计基本结构

（二）仪器的主要部件

1. 光源

紫外-可见分光光度计中常用的光源有热辐射光源和气体放电光源两类。热辐射光源用于可见光区，如钨丝灯和卤钨灯；气体放电光源用于紫外光区，如氢灯和氘灯。钨灯及氘灯的外观见图 8-5。

2. 单色器

单色器是能从光源辐射的复合光中分出单色光的光学装置，其主要功能是能够产生光谱纯度高且波长在紫外-可见光区域内任意可调的单色光。单色器一般由入射狭缝、准直镜（利用透镜或凹面反射镜使入射光成平行光）、色散元件、聚焦元件和出射狭缝等几部分组成。其核心部分是色散元件，起分光的作用。能起分光作用的色散元件主要是棱镜和光栅。图 8-6 为光栅的作用示意图。

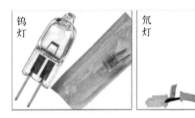

图 8-5 钨灯与氘灯

3. 吸收池

吸收池又称样品池或比色皿，用于盛放分析试样，一般有石英和玻璃两种材质。石英吸收池适用于可见光区及紫外区，多标记有 Q 字样；玻璃吸收池只能用于可见光区，多标记有 G 字样。吸收池有不同的规格（图 8-7），分析测试中多采用宽度为 1.0cm 的吸收池。为减少光的反射损失，吸收池的光学面必须完全垂直于光束方向。在高精度的分析测定（紫外区尤其重要）中，吸收池要挑选配对，因为吸收池材料的本身吸光特征以及吸收池的光程长度的精度等都对分析结果有影响。使用过程中要注意保护吸收池光学面，使用后要清洁防尘保存。

4. 检测器

检测器是检测光信号、测量单色光透过溶液后光强度变化的一种装置，常用的检测器有光电池、光电管和光电倍增管等。

5. 信号显示处理系统

它的作用是放大信号并将其以适当方式显示或记录下来。早期常用的信号显示装置有直读检流计、电位调节指零装置以及数字显示或自动记录装置等。现在很多型号的分光光度计都可配套计算机使用，一方面可对分光光度计进行操作控制，另一方面可进行数据处理。

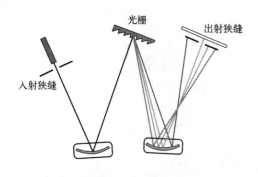

图 8-6 光栅的作用示意图

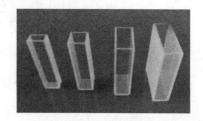

图 8-7 不同规格的吸收池

想一想

分析一下，一个样本的最大吸收波长为262nm，对其进行定量测定，用什么吸收池合适？

拓展阅读

《中国药典》中对于紫外-可见分光光度计的检定要求

紫外-可见分光光度计因环境因素的影响，用于药物检测分析时必须按《中国药典》规定，对仪器进行相关的校正或检定，才能保证分析结果的准确度与精密度符合要求。

1. 波长校正

常用汞灯中的较强谱线（237.83nm、275.28nm、313.16nm 等）或用仪器中氘灯的谱线（486.02nm、656.10nm）进行校正。亦可利用钬玻璃在 279.4nm、287.5nm、333.7nm、418.5nm 等处的尖锐吸收峰校正波长。

紫外-可见分光光度计波长的允许误差为：紫外区是±1nm，500nm 附近是±2nm。

2. 吸光度的准确度

用重铬酸钾的硫酸溶液来检定。取在 120℃ 干燥至恒重的基准重铬酸钾 60mg，精密称定，用 0.005mol/L 的硫酸溶液溶解并稀释至 1000mL，按照表 8-3 在 235nm、257nm、313nm、350nm 波长处测定其吸光度并计算其吸收系数。然后计算出的吸收系数与表中规定的数值比较，应当符合规定。

表 8-3 紫外分光光度计吸光度的准确度检定波长与吸收系数

波长/nm	235(最小)	257(最大)	313(最小)	350(最大)
$E_{1cm}^{1\%}$ 规定值	124.5	144.0	48.6	106.6
$E_{1cm}^{1\%}$ 允许范围	123.0～126.0	142.8～146.2	47.0～50.3	105.5～108.5

3. 杂散光的检查

杂散光是一些不在谱带宽度范围内的与所需波长相隔较远的光，它们可能来自吸收池或试样本身等的散射现象等。杂散光检查可按表 8-4 配制一定浓度的碘化钠和亚硝酸钠溶液，置 1cm 石英吸收池中，在规定的波长处测定透光率，其应符合表中的规定值。

表 8-4 紫外分光光度计杂散光的测定波长与透光率

试剂	浓度/[%或(g/mL)]	测定波长/nm	透光率/%
碘化钠	1.00	220	＜0.8
亚硝酸钠	5.00	340	＜0.8

二、仪器类型

紫外-可见分光光度计的类型很多，但可归纳为三种类型：单光束分光光度计、双光束分光光度计和双波长分光光度计。

1. 单光束分光光度计

经单色器分光后的一束平行光，轮流通过参比溶液和样品溶液，以进行吸光度的测定（图8-8）。这种类型的分光光度计结构简单，操作方便，维修容易，适用于常规分析。常用的单光束分光光度计有722型、751G型、752型、英国SP500型、美谱达P1型、UV1800型、北京瑞立UV1801型等。此类型的分光光度计结构比较简单、价格低廉，但是因测定结果受到光强度波动的影响较大而导致定量分析误差较大。

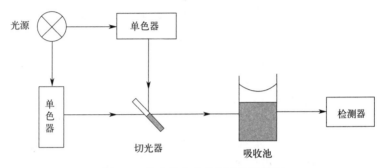

图8-8　单光束分光光度计设计原理

2. 双光束分光光度计

经单色器分光后被反射镜分解为弧度相等的两束光，一束通过参比池，另一束通过样品池。分光光度计能自动比较两束光的强度，此比值即为试样的透光率，经对数变换它转换成吸光度并作为波长的函数被记录下来（图8-9）。双光束分光光度计一般都能自动记录吸收光谱。由于两束光同时分别通过参比池和样品池，还能自动消除光源强度变

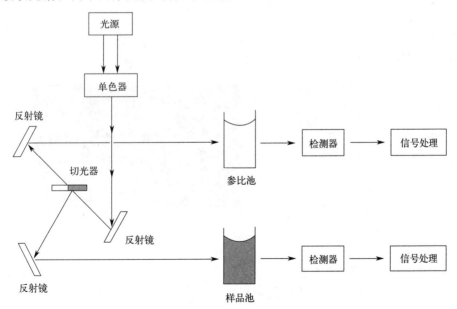

图8-9　双光束分光光度计设计原理

化所引起的误差。这类仪器有 710 型、730 型、740 型、美谱达 P9 型、日立 220 系列以及岛津 UV2450 型等。

3. 双波长分光光度计

由同一光源发出的光被分成两束，分别经过两个单色器，得到两束不同波长的单色光；再利用切光器使两束光以一定的频率交替照射同一吸收池，然后经过光电倍增管和电子控制系统，最后由显示器显示出两个波长处的吸光度差值 ΔA（$\Delta A = A_1 - A_2$）。双波长分光光度计原理见图 8-10。对于多组分混合物、浑浊试样的分析，以及存在背景干扰或共存组分吸收干扰的情况下，利用双波长分光光度计，往往能提高方法的灵敏度和选择性。

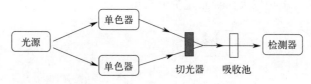

图 8-10 双波长分光光度计原理

常用的双波长分光光度计有国产 WFZ80OS、日本岛津 UV-300 和 UV-365 等。这类仪器的特点是：不使用参比溶液，只用一个待测溶液，就可以消除背景吸收干扰，包括待测溶液与参比溶液组成的不同及吸收液厚度的差异的影响，提高了测量的准确度。它特别适合混合物和浑浊样品的定量分析，可进行导数光谱分析等，但是价格较为昂贵。

三、仪器操作规程

（一）仪器使用过程

目前，紫外-可见分光光度计的品种和型号繁多，不同型号仪器的操作方法略有不同，需注意在使用前应详细阅读仪器说明书。但是由于仪器原理和基本结构相同，分光光度计的使用规程大体相同。下面以美谱达 P1 型单光束紫外-可见分光光度计为例介绍仪器的一般操作方法。

该仪器外观及主界面如图 8-11 所示。在使用分光光度计之前应该开机充分预热，待仪器自检通过之后再开始工作。下面介绍常用的光度测量及光谱测定的一般过程。

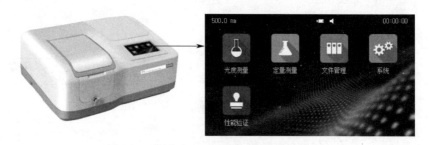

图 8-11 美谱达 P1 型紫外-可见分光光度计

1. 光度测量

① 按屏幕上的"光度测量"进入测量界面（图 8-12）。该仪器提供 3 种测量模式：吸光度、透过率、能量。可以通过界面上 🔄 进行模式切换，一般吸光度模式最常用。

② 按 λ ，弹出键盘，输入测量波长，按 ENTER 确认。仪器自动将波长设置到设定值。

③ 将装有"参比"的比色皿放入测量通道，关闭样品室，按 校零。

④ 将装有"样品"的比色皿放入测量通道，关闭样品室，等数值稳定后按▶记录。

⑤ 重复步骤④测量所有样品。

⑥ 按》查看测量结果列表（图 8-13），可对结果进行浏览、添加删除名称、保存和打印。

图 8-12　光度测量界面　　　　　　　图 8-13　光度测量结果列表

2. 光谱测定

① 按屏幕上的"光谱测量"进入光谱测量界面（图 8-14）。

② 按✖设置测量参数（起始、终止波长，模式及速度等），按██打开██选择新的测量方法后载入，标准曲线和测量参数显示在屏幕上，按██测量██接受并返回测量界面。

③ 将装有"参比"的比色皿放入测量通道，关闭样品室，按0↓扫描基线。

④ 将装有"样品"的比色皿放入测量通道，关闭样品室，等数值稳定后按▶扫描样品。

⑤ 按》进入查看界面（图 8-15），可检索曲线各点（峰）的值、删除保存和打印。

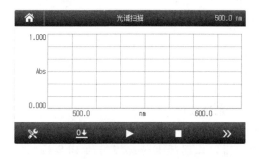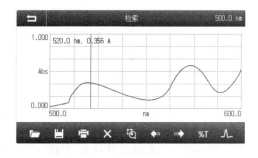

图 8-14　光谱测量界面　　　　　　　图 8-15　吸收光谱测定结果

（二）仪器维护保养

紫外-可见分光光度计是精密光学仪器，因此使用者应注意仪器的日常维护并经常对仪器主要技术指标进行测试，以保证仪器在最佳状态工作。除需日常做好必要的清洁卫生工作外，还应注意以下几点。

1. 使用环境

分光光度计应安装在稳固的工作台上，且避免阳光直射、强电场、与大功率的电器设备共用一个电源以及腐蚀性气体侵入等。室内温度宜保持在 15～35℃，相对湿度应控制为 45%～65%。

2. 光源保护

仪器光源正常使用寿命为 2000h 或者更长。为延长光源使用寿命，应避免频繁开关或在不使用时长时间打开光源。如果工作间隙时间短，则可以不关灯。刚关闭的光源不能立即重新开启，必须等灯冷却后再重新开启，并预热 15min。使用结束后，应及时关闭仪器，保护氘灯和钨灯。若自检时显示灯能量不足这会导致数据不稳定，则应及时更换新灯。

3. 样品室清洁

每次使用后要立即擦拭样品室内残留的液体样品，防止其蒸发、腐蚀光学部件。可在样品室内放置硅胶以保持仪器干燥，若硅胶的颜色由蓝色变成粉红色，应及时更换。

4. 石英窗清洁

石英窗上的脏污要及时清除以免影响测定结果。可以用沾有无水乙醇的脱脂棉轻轻擦拭，切勿用力过大将其损坏。

5. 吸收池使用

使用的吸收池必须洁净。吸收池中装入同一溶剂，在规定波长测定各吸收池的透光率，如透光率相差在 0.3% 以下者可配对使用，否则必须加以校正。

取吸收池时，手指拿两侧的毛玻璃面。装样品溶液的体积以样品池体积的 4/5 为宜，使用挥发性溶液时应加盖，透光面要用擦镜纸由上而下擦拭干净，检视应无残留溶剂，为防止溶剂挥发后溶质残留在吸收池的透光面，可先用沾有空白溶剂的擦镜纸擦拭，然后用干擦镜纸拭净。吸收池放入样品室时应注意每次放入方向要相同。使用后用溶剂及水冲洗干净，晾干，防尘保存。吸收池如污染不易洗净时，可用硫酸和发烟硝酸（体积比为 3∶1）混合液稍加浸泡后，洗净备用。如用铬酸洗液清洗时，吸收池不宜在洗液中长时间浸泡，否则其中的铬酸钾结晶会损坏吸收池的透光面。清洗完应充分用水冲洗，以防铬酸钾吸附于吸收池表面。

6. 经常开机

如果紫外-可见分光光度计不是经常使用，最好每星期开机 1～2h。一方面可去潮湿，避免光学元件和电子元件受潮；另一方面可避免各机械部件生锈，以保证仪器正常运转。

 拓展阅读

位于科技前沿的紫外分光光度计

美国公司推出的紫外-可见近红外分光光度计 Cary60001 和 DeepUV，采用了多种专利技术。Cary60001 在近红外区采用 InGaAs 固体检测器，比国际上传统惯用的 PbS 检测器的灵敏度高 10 倍；DeepUV 可检测低至 157nm 的谱线。这两种紫外分光光度计都是目前世界上位于科技前沿的紫外分光光度计。

uvpower 紫外-可见分光光度计具有快速、测试结果稳定等特点，同时可以接自动进样器，一次可测量近 30 个样品。

日本公司推出的 UV-2450PC、UV-2550PC 紫外-可见分光光度计，该仪器采用双闪耀光栅、双单色器，具有杂散光小、软件较好的特点，可用于 DNA、酶等的测定。

国产的 FUP-9800A 双光束紫外-可见分光光度计拥有强大的数据分析功能，主机可独立完成光度测量、定量测量、光谱扫描、动力学测试、DNA 和蛋白质测试。该设备采用光学系统悬架式设计，整体光路独立固定在 16mm 厚的切削铝制无变形基座上，底板的变形和外界的震动对光学系统不产生任何影响，从而大大提高了仪器的稳定性和可靠性。

单元三　分析方法及应用实例

一、定性分析方法

由于多数含有共轭不饱和基团的有机化合物都具有紫外-可见吸收光谱，所以其光谱的特征可作为定性鉴别的主要依据。但吸收光谱较为简单、平坦且曲线变化不大，在种类繁多的有机化合物中，不同的化合物可能会有相似或相同的吸收光谱，因此鉴别的专属性较差。

利用紫外-可见分光光度法进行化合物的鉴别，一般采用对比法。即将样品化合物的吸收光谱特征与标准化合物的吸收光谱特征进行对照比较，也可以利用文献或标注图谱集所记载的紫外-可见标准图谱进行核对。如果两者完全相同，则可能是同一种化合物；如果两者有明显差别，则一定不是同一种化合物。另外还可以通过比较吸收系数、吸光度比值这样的特征数值进行定性鉴别。

（一）与标准品或标准图谱对照

将样品和标准品用相同溶剂配制成相同浓度的溶液，在同一条件下分别绘制其吸收光谱，比较吸收光谱是否一致。若两者是同一物质，则两者的吸收光谱图应完全一致；如果没有标准品，可和标准光谱图（如 Sadler 标准图谱）对照比较。为了进一步确证，可变换一种溶剂或采用不同酸碱性溶剂，分别将标准品和样品配制成溶液，绘制吸收光谱图后再做比较。此种方法要求仪器准确度和精密度较高，且测定条件要相同。

（二）对比吸收光谱的特征数值

① 测定最大吸收波长、最小吸收波长或肩峰的峰位。吸收峰所在的波长（λ_{max}）是最常用于鉴别的特征数据。若一个化合物的吸收光谱中有几个吸收峰，并存在谷或肩峰，应该将其同时作为鉴别依据，这样更能显示光谱特征的全面性。

例如布洛芬的鉴别。《中国药典》规定将其用 0.4％氢氧化钠溶液制成每 1mL 中含 0.25mg 的溶液后，按照紫外-可见分光光度法测定，在 265nm 与 273nm 的波长处有最大吸收，在 245nm 与 271nm 的波长处有最小吸收，在 259nm 的波长处有一肩峰。

② 测定一定浓度的样品溶液在最大吸收波长处的吸光度。例如地西泮的鉴别。《中国药典》规定将其用 0.5％硫酸甲醇溶液制成每 1mL 中含 5μg 的溶液后，按照紫外-可见分光光度法测定，在 242nm、284nm 与 366nm 的波长处有最大吸收；在 242nm 波长处的吸光度约为 0.51，在 284nm 波长处的吸光度约为 0.23。

③ 测定最大吸收波长处的百分吸收系数。具有不同或相同吸收基团的不同化合物，可有相同的 λ_{max} 值，但它们的相对分子质量一般是难以相同的。因此它们的百分吸收系数值常有明显差异。如安宫黄体酮和炔诺酮（图 8-16），两者在无水乙醇中测得的 λ_{max} 相同，都是（240±1）nm，但它们的百分吸收系数有明显差异，可用于鉴别。

例如盐酸异丙嗪的鉴别。药典规定将其用 0.01mol/L 盐酸溶液溶解并定量稀释制成每 1mL 中约含 6μg 的溶液后，按照紫外-可见分光光度法，在 249nm 的波长处测定吸光度。百分吸收系数 $E_{1cm}^{1\%}$ 为 883～937。

（三）对比吸光度或吸收系数的比值

不止一个吸收峰的化合物，可用不同吸收峰（或谷）处测得吸光度的比值作为鉴别依据，因为使用的是同一浓度的溶液和同一厚度的吸收池，取吸光度的比值也就是吸收系数的比值可消去浓度与厚度的影响。

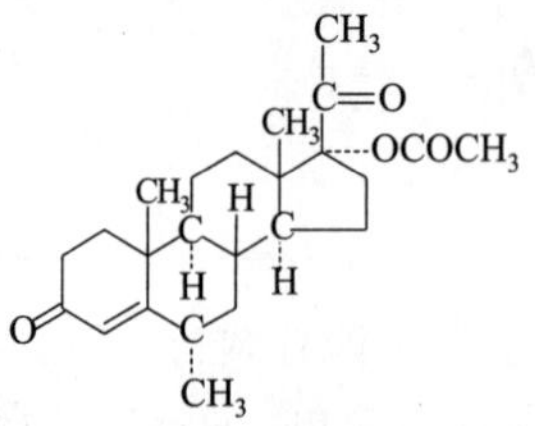

安宫黄体酮(M=386.53g/mol)

λ_{max}=(240±1)nm

$E_{1cm}^{1\%}$=408

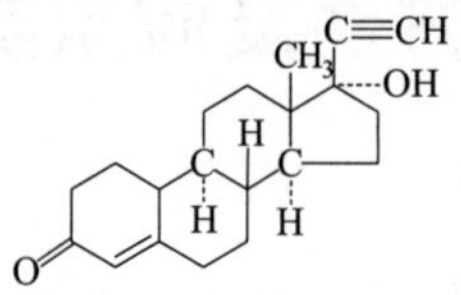

炔诺酮(M=298.43g/mol)

λ_{max}=(240±1)nm

$E_{1cm}^{1\%}$=571

图 8-16　安宫黄体酮和炔诺酮的紫外鉴别

例如维生素 B_{12} 的鉴别。药典规定将其加水溶解并稀释成每 1mL 中约含 25μg 的溶液后，按照紫外-可见分光光度法测定，在 278nm、361nm 与 550nm 的波长处有最大吸收。在 361nm 波长处的吸光度与 278nm 处的吸光度的比值为 1.70～1.88。在 361nm 波长处的吸光度与 550nm 波长处的吸光度的比值为 3.15～3.45。

对于一些吸收不强、特征不明显的化合物也可以将其经化学处理后，测定其反应产物的吸收光谱特性。

以上几种方法可以单独使用，也可以几种联合使用，以提高方法的专属性。

二、定量分析方法

紫外-可见分光光度法最广泛和最重要的用途是对微量成分进行定量分析，其依据是朗伯-比尔定律。进行定量分析时，由于样品的组成情况及分析要求不同，分析方法也不同。

（一）定量方法

1. 吸收系数法

根据朗伯-比尔定律，若液层厚度固定且已知，吸收系数 ε 或 $E_{1cm}^{1\%}$ 已知，则可根据测得的吸光度 A 直接求出被测物质的浓度：

$$c = \frac{A}{\varepsilon L} \text{ 或 } c = \frac{A}{E_{1cm}^{1\%} L} \tag{8-9}$$

【例 8-3】《中国药典》中对乙酰氨基酚原料的含量测定方法如下：精密称取本品约 40mg，加 0.4% 的氢氧化钠溶液 50mL 使其溶解，加水至刻度，定容于 250mL 容量瓶中，摇匀，精密量取 5mL，置于 100mL 的容量瓶中，加 0.4% 的氢氧化钠溶液 10mL，加水至刻度，摇匀，按照紫外-可见分光光度法在 257nm 的波长处，用 1cm 吸收池测定的吸光度为 0.568，按 $C_8H_9NO_2$ 的吸收系数（$E_{1cm}^{1\%}$）为 715 计算该原料含量。

解：根据题中已知条件，溶液的浓度可按下式求出。

$$c = \frac{A}{E_{1cm}^{1\%} L} = \frac{0.568}{715 \times 1} = 0.00079 (\text{g/100mL}) = 7.9 (\text{mg/L})$$

经分析可知，该原料药溶解后稀释了 20 倍，所以

$$c_{原样} = c \times 稀释倍数 = 7.9 \times 20 = 158 (\text{mg/L})$$

质量分数　$w = \frac{158\text{mg/L} \times 0.25\text{L}}{40\text{mg}} \times 100\% = 98.75\%$

答：该原料药的含量为 98.75%。

2. 对照法

对照法又称对照品比较法或外标一点法，在相同条件下配制试样溶液和对照品溶液，在相同波长处分别测定试样溶液吸光度和对照品溶液吸光度。因同种物质、同台仪器、同一波长测定，故吸收系数、液层厚度均相同，则有：

$$\frac{A_x}{A_s} = \frac{c_x}{c_s} \tag{8-10}$$

由此可推出：

$$c_x = \frac{A_x}{A_s} \times c_s \tag{8-11}$$

例如《中国药典》中呋喃唑酮原料药的含量测定方法如下：取本品约 20mg，精密称定，加二甲基甲酰胺 40mL，振摇使其溶解，用水稀释至刻度，定容于 250mL 容量瓶中，摇匀，精密量取 10mL，置于 100mL 容量瓶中，用水稀释至刻度，摇匀。另取呋喃唑酮对照品约 20mg，精密称定，同法操作。取供试品溶液与对照品溶液，在 367nm 波长处分别测定吸光度，即得该原料药的含量。

3. 工作曲线法

工作曲线法又称标准曲线法，是实际工作中使用最多的一种定量方法。工作曲线的绘制方法是：配制四个以上浓度不同的待测组分的标准溶液，相同条件下显色并稀释至相同体积，以空白液为参比液，在选定的波长下，分别测定各标准液的吸光度。以标准液的浓度为横坐标，吸光度为纵坐标，绘制出工作曲线（图 8-17）。

按相同的方法制作待测试液，在相同条件下测量试液的吸光度，然后在曲线上查出待测试液的浓度。目前大多数紫外-可见分光光度计可以直接用来进行相应的数据处理。

例如饲料中亚硝酸盐的含量测定（参照 GB/T 13085—2018）采用的即为工作曲线法。试样在弱碱性条件下除去蛋白质，在弱酸性条件下试样中的亚硝酸盐与对氨基苯磺酸反应，生成重氮化合物，再与 N-1-萘基乙二胺偶合形成紫红色化合物，在波长为 538nm 的条件下，进行比色测定。

如果标准系列溶液的浓度适当，测定条件合适，那么理想的工作曲线就是一条通过坐标原点的直线，如图 8-17 所示。在实际工作中，很多因素可能导致 A 偏离朗伯-比尔定律，常出现工作曲线高浓度端发生弯曲的现象，给测定结果带来误差，如图 8-18 所示。导致这种偏离现象的主要原因有单色光不纯、溶液浓度过高或过低、吸光物质性质不稳定等。

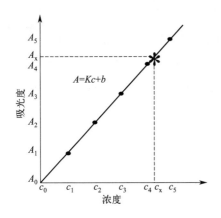

图 8-17　工作曲线

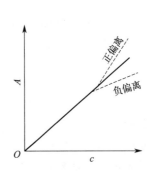

图 8-18　偏离朗伯-比尔定律示意图

（二）定量测量条件的选择

在分光光度法中，当显色反应和显色条件确定后，为了保证测定的灵敏度和准确度，还需要从仪器角度出发选择适当的测量条件。

1. 入射光波长的选择

一般情况下，在分光光度法中根据吸收曲线选择被测组分的最大吸收波长 λ_{max} 为其测量波长，如果最大吸收波长 λ_{max} 不在可测范围内，或最大吸收波长 λ_{max} 附近有干扰存在，必须选用其他波长为测量波长。选择的原则是在保证有一定灵敏度的情况下，吸收系数随波长的改变而变化不太大，又能避免其他物质的吸收干扰。

2. 参比溶液的选择

参比溶液是指不含被测组分的试剂溶液。在分光光度法中，为了消除比色皿及所加溶剂、试剂等对入射光的反射和吸收带来的误差，需要选择合适组分的溶液为参比溶液。测定时先以它来调节仪器的透光率 $100\% T$（$A=0$），也称为仪器的工作零点，然后测定待测溶液的吸光度。选择参比溶液的原则如下。

① 如果仅待测物与显色剂的反应产物有吸收，可用纯溶剂（如纯化水）作参比溶液。

② 如果显色剂或其他试剂略有吸收，应用空白溶液，即按显色反应相同的条件加入除待测试样溶液外其他所有的成分，如显色剂、溶剂及其他试剂的溶液作为参比溶液。

③ 如试样中其他组分有吸收，但不与显色剂反应，当显色剂无吸收时，可用试样溶液作为参比溶液；当显色剂略有吸收时，可在试样溶液中加入适当掩蔽剂将待测组分掩蔽后再加显色剂作为参比溶液。

总之，选择参比溶液就是要尽可能地消除各种共存的有色物质的干扰，使试样溶液的吸光度能真正反映被测物质的浓度。

3. 吸光度读数范围的选择

吸光度过高或过低，误差都很大。当溶液的吸光度值为 0.434（或透光率为 36.8%）时，由读数误差引起的浓度相对误差最小。实际测量时，常根据对测量准确度的要求，调整待测液的浓度和比色皿的厚度，将被测溶液的吸光度值控制在 0.2～0.7 范围内。

任务一　维生素 B_{12} 注射液的含量测定

维生素 B_{12} 注射
液的含量测定

【任务描述】

精密量取维生素 B_{12} 注射液待测样品适量，用水定量稀释制成每 1mL 中约含维生素 B_{12} 25μg 的溶液作为供试品溶液。取供试品溶液，在 361nm 的波长处测定吸光度，按 $C_{63}H_{88}CoN_{14}O_{14}P$ 的吸收系数（$E_{1cm}^{1\%}$）为 207 计算其含量，以上采用避光操作。（《中国药典》）。

【任务分析】

1. 关键问题

① 本方法的基本原理是什么？

② 注射液含量的意义是什么？

③ 为什么要避光操作？

2. 乐学善思

维生素 B_{12} 分子中具有单双键交替的共轭结构（图 8-19），对紫外光有很强的吸收，故可用紫外-可见分光光度法测定。本任务采用吸收系数法测定其含量，测定的依据是朗伯-比尔定律。

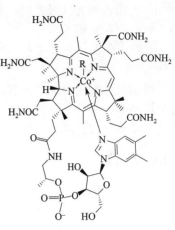

注射剂的含量需用每支（瓶）中实际含有主药量占标示量的百分率表示。标示量是每支（瓶）注射剂含有主药的重量（或效价）的法定量。《中国药典》中维生素 B_{12} 注射剂的标示规格均为浓度规格，例如 1mL∶0.05mg，1mL∶0.1mg 等。注射液的含量可以用实测浓度与标示浓度的比值来表示，公式如下：

$$注射剂的含量 = \frac{实测浓度}{标示浓度} \times 100\%$$

图 8-19　维生素 B_{12} 的结构式

维生素 B_{12} 遇光容易分解，影响测定结果的准确度，所以本实训应避光操作。

【绿色技能】

① 请分析本任务是否有健康和安全问题，如有，请写出相应预防措施。

② 本任务是否会有环境问题？如有，请写出相关环境保护措施。

【任务准备】

仪器：紫外-可见分光光度计、移液管、棕色容量瓶、石英比色皿、烧杯。

试剂：维生素 B_{12} 注射液、纯化水、擦镜纸。

【任务实施与评价】

见《学生技能训练工作手册》（活页工单）。

【回顾与提高】

本任务中，如何根据待测样品的标示量确定稀释倍数？如何选择适当的移液管及容量瓶？

任务二　邻二氮菲法测定试样中微量的铁

邻二氮菲法测定试样中微量的铁

【任务描述】

赛项链接：2021 年全国职业院校技能大赛"化学实验技术"赛项（部分内容有所调整）。

待测水溶液中含有微量的铁，浓度范围为 150～200μg/mL。因铁含量较低，需用邻二氮菲显色后，用分光光度法测定含量。

用铁标准使用溶液（20.0μg/mL）配制一系列铁标准溶液，方法是：分别移取 20.0μg/mL 的铁标准使用溶液 0.00mL、2.00mL、4.00mL、6.00mL、8.00mL、10.00mL 于 6 个 50mL 容量瓶中，加入 1mL 抗坏血酸溶液（100g/L），摇匀，再加入 5mL HAc-NaAc 缓冲溶液、2mL 邻二氮菲溶液，摇匀。用水稀释至刻度，摇匀，放置 15min。

选择测定波长：用 1cm 比色皿，选择空白溶液为参比，选择一个标准溶液，在 440～

560nm 范围内测定其吸光度，并作吸收曲线，从曲线上确定最大吸收波长并将其作为定量测定时的测量波长。

绘制工作曲线：测定各标准溶液的吸光度，以浓度为横坐标、吸光度为纵坐标绘制工作曲线。

根据工作曲线的浓度范围以及待测液的浓度范围，确定待测液的稀释倍数，在与工作曲线相同的测定条件下，测定样品稀释溶液的吸光度，并计算出样品稀释溶液的浓度。根据待测液的稀释倍数，求出待测液中铁的含量。

【任务分析】

1. 关键问题

① 邻二氮菲法测定水中铁离子的基本原理是什么？

② 在这个方法中影响显色反应的主要条件有哪些？

③ 加入抗坏血酸溶液的目的是什么？

④ 该定量测定的精密度该如何衡量？

2. 乐学善思

在 pH 为 2～9（一般维持 pH＝5～6）的溶液中，Fe^{2+} 可以与邻二氮菲生成橘红色稳定配合物，反应式如下：

依据朗伯-比尔定律，可以通过测定该配合物最大吸收波长处的吸光度，计算 Fe^{2+} 含量。该方法的灵敏度、选择性、稳定性较好。本实验采用 HAc-NaAc 缓冲溶液（pH＝4.8）调节酸度。

由于 Fe^{3+} 能与显色剂邻二氮菲反应产生淡蓝色配合物，且稳定性低，所以应在反应前加入还原剂抗坏血酸将其还原为 Fe^{2+}。

显色反应的条件一般包括溶液的酸度、显色剂的用量、溶剂、反应温度、干扰离子的影响、有色物质的稳定性等。溶液的酸度对有色配合物的组成、金属离子的状态、显色剂的浓度及颜色等方面有影响，进而影响测定的结果。不同酸度条件下反应，可以生成不同配位数的不同颜色的配合物。显色剂用量试验中过量的显色剂，能使显色反应进行完全，但过量太多，可能会引起副反应，对测定产生副作用。有色配合物的颜色应有一定的稳定性，使得在测定过程中，吸光度基本不变，以保证测定结果的准确度。应经过实验摸索确定最终的实验条件。

注意本实验中通过工作曲线获得的是所测定溶液中的 Fe^{2+} 浓度，要乘以稀释倍数才能获得待测液中亚铁离子的浓度。要保证分析数据的准确度和精密度，通常需要平行测定多次，可以通过计算多个数据的相对极差来衡量其精密度。

【绿色技能】

① 请分析本任务是否有健康和安全问题，如有，请写出相应预防措施。

② 本任务是否会有环境问题？如有，请写出相关环境保护措施。

【任务准备】

仪器：紫外-可见分光光度计、1cm 比色皿、吸量管（10mL）、移液管（25mL）、容量瓶（50mL、100mL、250mL）、量筒（10mL）。

试剂：铁标准储备溶液（0.200g/L）、铁标准使用溶液（20.0μg/mL，现用现配）、待测溶液（含铁离子 150～200μg/mL）、HAc-NaAc 缓冲溶液（pH = 4.8）、抗坏血酸溶液（100g/L，一周内使用）、邻二氮菲盐酸一水合物或邻二氮菲一水合物溶液（1.5g/L，现用现配）、擦镜纸。

【任务实施与评价】

见《学生技能训练工作手册》（活页工单）。

【回顾与提高】

① 除了邻二氮菲法，是否还有其他的显色方法可以通过分光光度法测定溶液中的铁离子？

② 本任务是否可以用水作参比？

☆ **重点回顾**

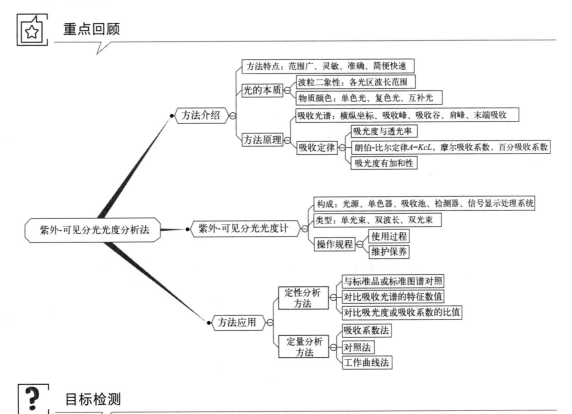

? **目标检测**

一、单项选择题

1. 以下（　　）波长范围为可见光区。

A. 10^{-3}～10nm　　　　B. 190～400nm　　　　C. 400～780nm　　　　D. 0.75～1000μm

2. 以下（　　）波长范围为紫外区。

A. 10^{-3}～10nm　　　　B. 190～400nm　　　　C. 400～780nm　　　　D. 0.75～1000μm

3. 紫外-可见分光光度计中起到分光作用的是（　　　）。

A. 氘灯　　　　　　　B. 钨灯　　　　　　　　C. 光栅　　　　　　　D. 比色皿

4. 物质的吸收系数与（　　　）有关。

A. 比色皿材料　　　　B. 液层厚度　　　　　　C. 浓度　　　　　　　D. 测定波长

5. 当吸光度为 0 时，其透光率为（　　　）。

A. 100%　　　　　　　B. 0%　　　　　　　　　C. ∞　　　　　　　　D. 10%

二、多项选择题

1. 紫外-可见分光光度计常见光源是（　　　）。

A. 钨灯　　　　　　　B. 氘灯　　　　　C. 氢灯　　　　　D. 光电二极管　　　E. 光栅

2. 比色皿的材质有（　　　）。

A. 石英　　　　　　　B. 玻璃　　　　　C. 金属　　　　　D. 溴化钾　　　　　E. 玛瑙

3. 紫外-可见分光光度法的特点有（　　　）。

A. 适用范围广　　　B. 灵敏性高　　　　C. 准确度好　　　　D. 简便快速　　　E. 价格昂贵

三、填空题

1. 单色光是指_____，复色光是指_____。

2. 光的吸收定律为_____定律，其表达式为_____。

3. 紫外-可见分光光度法常用的定量方法有_____、_____、_____。

四、简答题

1. 什么是吸光度？什么是透光率？二者之间是什么关系？

2. 简述紫外-可见分光光度计的仪器组成及各部件的作用。

五、计算题

1. 将纯品氯霉素配制为 100mL 含有 2.00mg 的溶液，以 1cm 吸收池，在 278nm 波长处测定吸光度为 0.614，请计算其百分吸收系数 $E_{1cm}^{1\%}$。

2. 某溶液用 1cm 吸收池测量时，$A=0.222$，若改用 2cm 吸收池，则 A 是多少？

3. 某未知浓度的溶液在最大吸收波长处测得吸光度为 0.475，其对照品溶液（浓度为 0.3mg/mL）在相同波长处测得吸光度为 0.618，请计算该溶液的浓度是多少。

模块九

电化学分析法

学前导语

糖尿病是以血液中葡萄糖浓度升高为特征的疾病。糖尿病患者如果得不到及时治疗，会导致严重的并发症，如肾衰竭、失明、中风等。糖尿病的根治仍为当前医疗的难题，而持续监测患者的葡萄糖浓度是了解糖尿病进展的重要手段。大多数葡萄糖检测仪通过采血来实现血糖监测，该方法多为有创检测，其局限性在于反复采血过程中引起的疼痛感以及存在感染风险，且无法实现患者血糖的实时监控。目前葡萄糖传感器主要为电化学传感器，自 20 世纪 60 年代以来诞生了三代传感器。 2023 年 4 月，我国自主研发、基于第三代葡萄糖传感器技术的国产动态葡萄糖监测系统获批上市。这也是全球首次将第三代葡萄糖传感制备技术应用于连续血糖监测系统。该系统通过硬币大小传感器，监测人体皮下组织间液的葡萄糖浓度，其间接反映人体血糖水平，并向智能手机提供数据，能更有效反映人体血糖波动情况，极大程度上弥补了指尖采血监测的局限性，最终帮助患者更为科学地管理糖尿病，降低并发症发生、发展风险。电化学分析法具有选择性好、操作安全、分析简便的优点，在诸多领域有广泛的发展前景。

学习目标

【知识目标】

1. 掌握指示电极、参比电极、可逆电对、不可逆电对等基本概念。
2. 熟悉电位法及永停滴定法的测定原理及特点。
3. 了解常用电极的构造及特点；电位法及永停滴定法的应用。

【能力目标】

学会使用酸度计测定溶液的 pH 值；学会确定永停滴定法的滴定终点；做好个人的安全规范操作；在计划指引下，做好实验准备和仪器条件的确认；按要求熟练操作仪器；按要求会适当使用一些图形和图表；按要求填写检测记录，并完成相关计算；按要求会分析、解读和评估数据，确定结果，培养信息化数据处理能力。

【思政与职业素养目标】

通过比较传统的滴定分析方法和电位滴定法，可知电位滴定法能用于难以用指示剂判断终点的浑浊或有色溶液的滴定，易于实现连续滴定和自动滴定。可见分析化学家在解决困难的路上从未停止过探索，以此激励自己，养成开拓创新精神。

【证书考点】

药物检验员（三级）	能使用一般仪器设备如滴定仪进行检验与测定。
1+X 食品检验管理职业技能等级证书（中级）	能规范使用自动电位滴定仪等较复杂仪器设备。

单元一 电化学分析法介绍

一、电化学分析法分类及特点

电化学分析法是建立在物质的电化学性质基础上的一类分析方法。它是以试液为电解质，选择合适的电极，组成一个化学电池，然后通过测量电池的电动势或通过电池的电流、电量等物理量的变化，对被测物进行定性和定量分析的一种仪器分析方法。

根据测定不同的电信号，电化学分析法可分为电位法、电解法、电导法和伏安法。

(1) 电位法。利用指示电极和参比电极与待测试液组成原电池，通过测定电池电动势求得待测物质含量的分析方法。电位法的基本理论基础是能斯特方程。指示电极的电极电势值与溶液中待测离子的浓度（或活度）之间具有确定的关系，而参比电极的电极电势值与待测离子的浓度（或活度）无关，其电极电势恒定，因此在一定条件下，通过测量指示电极的电极电势，就可以确定待测离子的含量。本法可用于氢离子及数十种金属、非金属离子和有机化合物的微量分析，并且选择性良好。

(2) 电解法。通过电极反应把待测物质定量转变为金属或其他形式的氧化物，以重量法确定待测物质含量的分析方法。本法无需标样，准确度高，适用于高含量成分的样品测定，选择性好，也是重要的分离手段之一。

(3) 电导法。通过测定所分析溶液的电导求得待测物质含量的分析方法。该方法有极高的灵敏度，但选择性差，仅能测定水-电解质二元混合物中电解质总量，因此在分析中应用不广泛。它的主要用途是测定水体中的总盐量及电导滴定。近年来，用电导池作离子色谱的检测器，使其应用得到了发展。

(4) 伏安法。是将一个微电极插入待测溶液中，以电解时得到的电流-电压曲线为基础，演变出来的各种分析方法的总称。该方法可以对电极体系做定性或半定量的观测，亦可用于判断电极过程的可逆性及控制步骤、研究吸脱附现象以及电极反应的中间产物。伏安法在化工、生物、环境检测、金属腐蚀等领域中得到广泛的应用。

无论是哪种电化学分析法，都必须在一个化学电池中进行分析测定。因此，化学电池的基本原理是各种电化学方法的分析基础。电化学分析法准确度高、选择性好、灵敏度高，且手段多样、设备简单，能进行组成、价态、相态的分析，尤其适合于化工生产中的自动控制和连续分析，与计算机联用可实现有机电化学分析、药物分析及无机离子分析等自动化分析。

二、电化学分析法术语

（一）能斯特方程

电位法的理论基础是能斯特方程。对于氧化还原体系有：

$$Ox + ne \rightleftharpoons Red$$

$$\varphi = \varphi_{Ox/Red}^{\ominus} + \frac{RT}{nF}\ln\frac{[Ox]}{[Red]} \tag{9-1}$$

式中，φ 为电极电势（位）；$\varphi^{\ominus}$ 为标准电极电势（位）；R 为理想气体状态常数，8.314J/(mol·℃)；T 为热力学温度，K；n 为电极反应中转移的电子数；F 为法拉第常数，96486C/mol；[Ox] 代表氧化态一侧各物质浓度的幂乘积；[Red] 代表还原态一侧各物质浓度的幂乘积。

在 25℃时，将各常数代入上式，则

$$\varphi = \varphi^{\ominus}_{Ox/Red} + \frac{0.0592}{n}lg\frac{[Ox]}{[Red]} \tag{9-2}$$

由式(9-2)可见,测得了电极电势,就可以确定离子的浓度,这就是电位分析法的依据。但实际上单个电极的电势无法确定,因此须再选择一个电势恒定不变的电极与之组成原电池,由于原电池的电动势与被测离子浓度的关系同样满足能斯特方程,故可根据测定的原电池电动势进行分析。

电位法要求被测组分溶液能够与相应的电极组成原电池,原电池的电动势可以准确测量而且与被测组分的浓度关系符合能斯特方程。

(二)指示电极

指示电极是能对溶液中参与半反应的离子的浓度(或活度)或不同氧化态离子的浓度(或活度)产生能斯特响应的电极,又称为工作电极。一般可分为四类,具体如下:

1. 金属-金属离子电极

将可发生氧化还原反应的金属插入含有该金属离子的溶液中组成电极,这类电极又称为第一类电极,通式为 $M \mid M^{n+}$。例如,将洁净的银丝插入含有 Ag^+ 的溶液(如 $AgNO_3$ 溶液)中组成银电极,其表示为 $Ag \mid Ag^+$,其电极电势在298K时为:

$$\varphi_{Ag^+/Ag} = \varphi^{\ominus}_{Ag^+/Ag} + 0.0592lga_{Ag^+} \tag{9-3}$$

常见的金属-金属离子电极有 Ag-$AgNO_3$ 电极、Zn-$ZnSO_4$ 电极等,其电极电势决定于溶液中金属离子的活度 a[如式(9-3)所示],故可用于测定金属离子的含量。

2. 金属-金属难溶盐电极

金属表面涂有同一种金属的难溶盐,再插入该难溶盐的阴离子溶液中组成电极,又称第二类电极。例如将表面涂有 $AgCl$ 的银丝插入到 Cl^- 溶液(如 KCl 溶液)中,组成 Ag-$AgCl$ 电极,其表示为 $Ag \mid AgCl(s) \mid Cl^-$,其电极电势在298K时为:

$$\varphi_{AgCl/Ag} = \varphi^{\ominus}_{AgCl/Ag} - 0.0592lga_{Cl^-} \tag{9-4}$$

金属-金属难溶盐电极的电极电势随溶液中阴离子活度的变化而变化,如式(9-4)所示。

3. 惰性金属电极

此类电极又称为零类电极,由惰性金属(Pt 或 Au)插入含有某氧化态和还原态离子的溶液中组成。惰性金属电极不参与电极反应,只起到传递电子的作用,故惰性金属电极可作为溶液中氧化态或还原态离子获得电子或释放电子的场所。例如,将铂丝插入含有 Fe^{3+}、Fe^{2+} 的溶液中,铂电极不参与反应,其表示为 $Pt \mid Fe^{3+}, Fe^{2+}$,电极反应和电极电势(在298K时)为:

$$Fe^{3+} + e \Longleftrightarrow Fe^{2+}$$

$$\varphi_{Fe^{3+}/Fe^{2+}} = \varphi^{\ominus}_{Fe^{3+}/Fe^{2+}} + 0.0592lg\frac{a_{Fe^{3+}}}{a_{Fe^{2+}}} \tag{9-5}$$

惰性金属电极的电极电势取决于溶液中氧化态和还原态离子活度的比值,式(9-5)所示。

4. 膜电极

该电极仅对溶液中特定离子有选择性响应,对其他离子不响应或响应很小,也称离子选择性电极。膜电极的基本原理和上述三类电极不同,电极上没有电子的转移,因膜内外被测离子活度的不同而产生电势差,电极电势的形成基于离子的交换和扩散。最早的膜电极是玻璃电极,渐渐发展出很多阳离子和阴离子选择性电极,利用敏感膜对溶液中的待测离子产生选择性的响应,而指示待测离子活度或浓度的变化。

(三)参比电极

参比电极是具有已知电极电势,且电极电势在特定条件下保持恒定,不随溶液中待测离子的浓度（或活度）变化而改变的电极。在电化学测量中，参比电极作为电极电势比较的基准，与其他工作电极组成测量电池。应用测得的电池电动势计算出工作电极的电极电势。

1. 标准氢电极

氢电极的可逆性好，把镀铂黑的铂电极浸在氢离子的平均活度为1的溶液中，通入一个大气压的氢气，人们将这样的氢电极的电极电势定为零，该电极称为标准氢电极，作为电极电势的标准。标准氢电极被称为一级参比电极，但因其是气体电极，制作过程比较麻烦，在实际中，通常采用已知电极电势并十分稳定的电极作为参比电极，如甘汞电极、Ag-AgCl电极等，它们的电极电势值是以标准氢电极为参比电极测定出来的，故称为二级参比电极。

2. 甘汞电极

甘汞电极是最常用的参比电极，由金属汞、甘汞（Hg_2Cl_2）和KCl溶液组成。甘汞电极表示为 $Hg \mid Hg_2Cl_2 (s) \mid Cl^-$，它的电极反应为：

$$Hg_2Cl_2 + 2e \Longrightarrow 2Hg + 2Cl^-$$

它的电极电势取决于所使用的KCl溶液的活度，25℃时，其电极电势的表示式为：

$$\varphi_{Hg_2Cl_2/Hg} = \varphi_{Hg_2Cl_2/Hg}^{\ominus} - 0.0592 \lg a_{Cl^-} \tag{9-6}$$

由上式可知，甘汞电极的电极电势随 Cl^- 浓度或活度的变化而变化。当 Cl^- 浓度或活度一定时，甘汞电极的电极电势随温度升高而降低。不同KCl溶液的浓度和不同温度时甘汞电极的电极电势见表9-1。当甘汞电极内的溶液为饱和KCl溶液时，这种电极称为饱和甘汞电极（saturate calomel electrode，SCE），其构造如图9-1所示。饱和甘汞电极构造简单，电极电势相对稳定，保存和使用都很方便，但该电极在较高温度下性能较差。

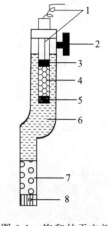

图 9-1 饱和甘汞电极
结构示意图

1—导线；2—橡皮帽；
3—Hg；4—Hg_2Cl_2+Hg；
5—石棉；6—KCl溶液；
7—KCl固体；8—多孔物质

表 9-1　甘汞电极的电极电势　　　　　　　　　　　　　　单位：V

温度/℃	10	20	25	30	40
0.1mol/L KCl 溶液	0.3343	0.3340	0.3337	0.3334	0.3316
1.0mol/L KCl 溶液	0.2839	0.2815	0.2801	0.2786	0.2753
饱和 KCl 溶液	0.2541	0.2477	0.2412	0.2411	0.2343

3. 银-氯化银电极

由覆盖着AgCl层的金属Ag浸在氯化钾或盐酸溶液中组成。Ag-AgCl电极结构简单，如图9-2所示。银-氯化银电极可表示为 $Ag \mid AgCl (s) \mid Cl^-$，其电极反应为：

$$AgCl + e \Longrightarrow Ag + Cl^-$$

其电极电势（298K时）的表示式为：

$$\varphi_{AgCl/Ag} = \varphi_{AgCl/Ag}^{\ominus} - 0.0592 \lg a_{Cl^-} \tag{9-7}$$

与甘汞电极一样，银-氯化银电极的电极电势也随 Cl^- 的活度变化而变化。当 Cl^- 活度或浓度一定时，则电极电势就为固定值。在25℃时，饱和KCl溶液的银-氯化银电极的电极电势为0.2000V。由于Ag-AgCl电极具有良好的电极电势重现性和稳定性，结构简单，可以制成很小的体积，因此常作为内参比电极。此外，Ag-AgCl电极的高温

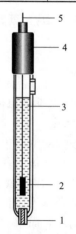

图 9-2　Ag-AgCl 电极结构示意图
1—多孔物质；2—镀 AgCl 的 Ag 丝；
3—KCl 溶液；4—绝缘头；5—导线

稳定性较好，其电极电势在高温下较甘汞电极稳定。但光照能促进 AgCl 的分解，应避免 Ag-AgCl 电极直接受到阳光的照射。

单元二　直接电位法

直接电位法

一、测定原理

直接电位法也称离子选择性电极法，它是通过测定电池电动势来确定指示电极的电势，然后根据能斯特方程由所测得的电极电势计算出被测物质的含量。直接电位法的基本装置如图 9-3 所示，将一支指示电极与合适的参比电极插入被测液中，构成一个原电池，并通过离子计（如 pH 计）测定该电池的电动势，以求得被测物质的含量。

二、测定方法

（一）　pH 值的测定

直接电位法测定溶液的 pH 值时常以 pH 玻璃电极作为指示电极，饱和甘汞电极为参比电极，在待测溶液中组成工作电池，可表示为：

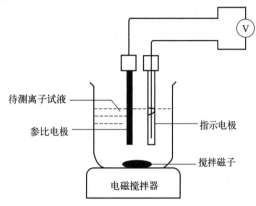

待测离子试液

参比电极

指示电极

搅拌磁子

电磁搅拌器

图 9-3　直接电位法基本装置示意图

（－）Ag｜AgCl｜内参比溶液｜玻璃膜｜待测溶液‖KCl（饱和）｜Hg_2Cl_2｜Hg（＋）

25℃时，工作电池的电动势为：

$$E = \varphi_{SCE} - \varphi_{玻} = \varphi_{SCE} - K + 0.0592 pH_{试}$$

式中 φ_{SCE}、K 在一定条件下是常数，所以上式可表示为：

$$E = K' + 0.0592 pH_{试} \tag{9-8}$$

由于式中 K' 包括多项电势值，且受到玻璃电极常数、试液组成、电极使用时间等诸多因素影响，既不能准确测量，又难以由理论计算出，因此在实际测量中，只能采用已知 pH 值的缓冲溶液作标准进行校正。通常采用"两次测量法"，其依据是：设标准缓冲溶液的 pH 值为 pH_s，待测溶液的 pH 值为 pH_x。根据式（9-8）可得：

$$E_s = K' + 0.0592 pH_s \tag{9-9}$$

$$E_x = K' + 0.0592 pH_x \tag{9-10}$$

两式相减可得：

$$pH_x = pH_s + \frac{E_x - E_s}{0.0592} \tag{9-11}$$

从式（9-11）可以看出，待测溶液的 pH_x 是以标准 pH 缓冲溶液的 pH_s 为标准。标准溶液与待测溶液差 1 个 pH 单位时，电动势相差 0.0592（25℃）。将电动势变化值直接以 pH 值间隔刻出，就可以进行直读。

根据测量精度的要求，直接电位法测定溶液的 pH 主要有以下方法。

1. 单标准 pH 缓冲溶液法

此法用于测量精度在 0.1pH 以下的仪器，如 pH-25 型酸度计，一般选用 pH＝6.86 或 pH＝7.00 的标准缓冲溶液校准仪器。操作方法为：先将"温度"补偿器旋转到标准缓冲溶液的温度，用 pH 复合电极测量标准缓冲溶液的 pH，待读数稳定后，调节"定位"调节器使酸度计显示的是该标准缓冲溶液的 pH_s。之后，将温度补偿器旋转至待测液的温度，再将洗净、吸干的电极插入待测液，显示屏的数值稳定后，显示的数值即为 pH_x。

2. 双标准 pH 缓冲溶液法

利用酸度计进行精密测量时，需用比较精密的酸度计，如 pHS-3C 型酸度计，其最小分度为 0.01pH 单位。该类仪器除了设有"定位"和"温度"补偿器外，还设有电极"斜率"调节器，测量时需要用两种标准缓冲溶液进行校准。即：先以 pH＝6.86 或 pH＝7.00 的标准缓冲溶液进行"定位"校正，然后根据待测液的酸碱情况，再选用 pH＝4.00（酸性）或 pH＝9.18、pH＝10.01（碱性）的标准缓冲溶液进行"斜率"校准。之后，将酸度计的温度补偿器旋转至待测液温度，将电极插入待测液，显示屏的数值稳定后，显示的数值即为 pH_x。

举一反三

如果测定碳酸氢钠注射液的 pH，该如何校准电极？《中国药典》规定碳酸氢钠注射液的 pH 应为 7.5～8.5。

如果测定维生素 B_{12} 注射液的 pH，该如何校准电极？《中国药典》规定维生素 B_{12} 注射液的 pH 应为 4.0～6.0。

（二）溶液中其他离子的测定

与直接电位法测量溶液的 pH 值相似，测定其他离子浓度通常采用对待测离子有响应的离子选择性电极作为指示电极。对溶液中待测离子（阴、阳离子）有选择性响应的电极属于膜电极，其构造随电极膜的特性不同而异。离子选择性电极的发展拓宽了直接电位法的应用范围，使一些阴、阳离子的测定能如 pH 值的测定一样简单快速，对低浓度物质的测定十分有利。目前能供离子选择性电极校准用的标准活度溶液，除校准 Cl^-、Na^+、Ca^{2+}、F^- 电极用的标准参比溶液 NaCl、KF、$CaCl_2$ 以外，其他离子标准活度溶液尚无标准，通常在要求不高并保证离子活度系数不变的情况下，用浓度代替活度进行测量。

三、酸度计

酸度计又称 pH 计，是测定溶液 pH 常用的精密仪器，能在 0～14 的 pH 范围内使用。酸度计由电极和电计两部分组成。电极为参比电极-玻璃电极对或复合电极；电计为精密的电流计，能够直接显示所测溶液的 pH。

（一） pH 玻璃电极

1. pH 玻璃电极的构造

pH 玻璃电极又称 pH 探头，是 pH 计中与被测物质接触的部分，用来测定电极电势的装置。玻璃电极一般由内参比电极、内参比溶液、玻璃膜、高度绝缘的导线等部分组成，其构造如图 9-4 所示。玻璃管下端有一个由特殊玻璃制成的球形玻璃膜，内装有 pH 值一定的缓冲溶液（通常为 0.1mol/L HCl 溶液）作为内参比溶液，内插入 Ag-AgCl 电极作为内参比电极，电极上端是高度绝缘的导线及引出线。

2. pH 玻璃电极的性能

（1）电极斜率。当溶液 pH 值变化一个单位时，玻璃电极

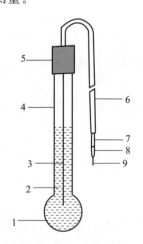

图 9-4　pH 玻璃电极

1—玻璃膜球；2—内参比溶液；

3—Ag-AgCl 电极；4—玻璃管；

5—电极帽；6—外套管；

7—网状金属屏；

8—塑料高绝缘；9—导线

电势的变化量称为电极斜率（或转换系数）S。使用过程中，随着玻璃电极逐渐老化，S 值与理论值的偏离越来越大，当 $S<52mV/pH$ 时，就不宜再使用。

（2）碱差和酸差。 玻璃电极适用于测定 pH 1～9 的溶液。当 pH>9 时，测出的 H^+ 活度高于真实值，即 pH 值读数低于真实值，产生负误差。而玻璃电极对 Na^+ 等碱金属离子也有响应，这种误差称为碱差或钠差。当 pH<1 时，玻璃电极测出的 pH 值高于真实值，产生正误差，称为酸差。其产生的原因可能是强酸溶液中水分子活度减小，而 H^+ 是通过 H_3O^+ 传递的，到达玻璃膜水化层的 H^+ 减少，使得测量的 pH 高于真实值。

（3）不对称电势。 当膜内外溶液中 H^+ 活度相等时，则膜电势应等于零。但实际上，由于制造工艺、结构等差异，膜电势存在几毫伏的电势差，该电势差称为不对称电势。同一支玻璃电极在一定条件下，不对称电势为常数。电极在使用前，应先将其在水中浸泡 24h 以上以充分活化，可使不对称电势降低并趋于稳定。

（4）内阻和温度。 玻璃电极内阻很高（$50\sim500M\Omega$），这就要求通过的电流必须很小，须使用高抗阻的测量仪器。电极内阻随着使用时间的增加而升高，灵敏度也会随之下降。玻璃电极的使用温度最好在 5～50℃范围内。温度过高，电极性能变差；温度过低，电极内阻增大。测定时，标准缓冲溶液与待测溶液温度必须相同。

3. 使用 pH 玻璃电极的注意事项

① pH 玻璃电极在使用前，需在纯化水中浸泡 24h 以上，以便形成良好的水化凝胶层，降低不对称电势的影响。平时常用的 pH 玻璃电极，短期存放可用 pH＝4.00 的缓冲溶液或纯化水浸泡；pH 玻璃电极长期存放，应用 pH＝7.00 的缓冲溶液浸泡或套上橡皮帽放在盒中。

② pH 玻璃电极的内参比电极与球泡间不能有气泡，若有，应使气泡逸出。

③ pH 玻璃电极敏感膜很薄，易于破碎损坏，因此，球泡不能与玻璃杯及硬物相碰。

④ pH 玻璃电极不能用于测量含有氟离子的溶液，以防腐蚀电极；不能用浓硫酸、酒精来洗涤电极，以防电极表面脱水，失去功能。

⑤ 测定某一样品前，应轻摇溶液，以缩短响应时间。

⑥ 测完某一样品，要立即洗净电极，并用滤纸吸干后，再测定下一个样品。电极清洗后不得用织物擦干，以防损坏、污染电极，导致读数错误。

（二）pH 复合电极

复合电极是将指示电极和参比电极制作在一起的电极，如 pH 玻璃电极-银氯化银电极和 pH 玻璃电极-甘汞电极。复合电极结构简单，使用方便，测量不受氧化性或还原性物质的影响，平衡速度较快，测定值较稳定，外壳的抗冲击能力较玻璃电极强。目前实验室常用 pH 复合电极进行测量。

使用 pH 复合电极时，应注意电极不用时应浸泡在含 KCl 且 pH＝4 的缓冲溶液中，不可用纯化水浸泡，否则会使电极的响应变慢、精度变差。新电极使用前应在 3mol/L KCl 溶液中浸泡 8h 以上。

pH 复合电极保护液配制方法：将一包商品化 pH 4.00 缓冲剂，溶于 250mL 纯水中，加入 56g KCl，适当加热，搅拌至完全溶解即得。如长期存放电极，应在上述保护液中加入 0.5g 百里酚。保护液需定期更换，使用期限不得超过 6 个月。

（三）酸度计的操作方法

1. 酸度计的主要调节旋钮及功能（如图 9-5 所示）

（1）mV-pH 转换器。 功能选择按钮指向"pH"时，仪器用于测量 pH；指向"mV"时，仪器用于测量电池的电动势。

图 9-5 pHS-3C 型 pH 计

1—主机；2—键盘；3—显示屏；4—多功能电极架；5—pH 复合电极；6—温度传感器

(2)"温度"补偿器。 可调节温度至标准缓冲溶液或待测液的温度。

(3)"定位"调节器。 调节仪器，使其所示的 pH 与标准缓冲溶液 pH 保持一致。

(4)"斜率"调节器（pHS-2、pHS-3 型酸度计设有）。 调节电极系数，确保仪器能精密测量 pH。

2. 使用酸度计测量溶液 pH 的注意事项

① 校准仪器所用标准缓冲溶液的 pH_s 应尽量接近待测液的 pH_x（$\Delta pH < 3$）。

② 标准缓冲溶液与待测液的温度应相同。

③ 标准缓冲溶液需按规定方法配制并保存于密塞玻璃瓶中（硼砂应保存在聚乙烯塑料瓶中），一般可保存 2～3 个月，若发现有浑浊、发霉、沉淀等现象时，则不能继续使用。

④ 配制标准缓冲溶液与溶解试样的水，应是新煮沸过并放冷的纯化水。

⑤ 饱和甘汞电极的平衡时间较长，电极插入溶液后应有足够的平衡时间。

用酸度计测量溶液的 pH 时，无论待测液有无颜色，是否为氧化剂、还原剂，抑或是胶体溶液或浊液，都不影响其准确测量。

四、应用实例

（一）葡萄糖氯化钠注射液的 pH 检查

见本模块任务一 葡萄糖氯化钠注射液的 pH 检查。

（二）天然水中氟离子的测定

一般天然水中氟离子的含量很低，当水中的氟离子含量超过 1mg/L 时不宜饮用，长期饮用会患斑齿症；但若饮用水中氟离子的含量过低，则易患龋齿。测定天然水中的氟离子，可采用直接电位法，以氟离子选择性电极为指示电极。氟离子选择性电极由三氟化镧单晶片制成，对氟离子有选择性响应，电极电势遵从能斯特方程。测量时，溶液中加入 TISAB 溶液（总离子强度调节缓冲液）以维持恒定的离子强度，并与参比电极如饱和甘汞电极组成如下工作电池：

（一）饱和甘汞电极‖试液‖氟离子选择性电极（＋）

298K 时电池电动势与氟离子活度 a_{F^-} 的关系为：

$$E = K - 0.0592 \lg a_{F^-} \tag{9-12}$$

与测量 pH 值一样，K 的数值也取决于离子选择性电极的薄膜、内外参比电极的电势、参比溶液与待测溶液间的液接电势，所以也需要采用两次测量法进行测量。在一定条件下，电池电动势与氟离子浓度的对数成线性关系。

单元三 电位滴定法

电位滴定法

一、测定原理

电位滴定法是在滴定过程中通过测定电位变化以确定滴定终点的方法，和直接电位法相比，电位滴定法不需要准确测定电极电势，它是靠电极电势的突变来指示滴定终点的。进行电位滴定时，在待测溶液中插入一支指示电极和一支参比电极组成原电池。随着滴定液的加入，滴定液与待测溶液发生化学反应，使待测离子的浓度不断地降低，而指示电极的电势也随待测离子浓度降低而发生变化。在化学计量点附近，待测离子浓度的突变导致指示电极电势发生突变，引起电池电动势发生突变，从而确定滴定终点。普通滴定法是依靠指示剂颜色变化来指示滴定终点的，如果待测溶液有颜色或浑浊，终点的指示会受到干扰。而电位滴定法以测量电位变化为基础，不受溶液颜色和浑浊的影响。电位滴定装置如图 9-6 所示。

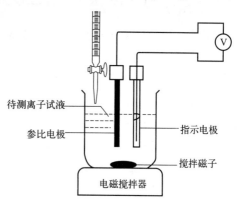

图 9-6 电位滴定装置示意图

二、确定终点的方法

进行电位滴定时，边滴定边记录加入滴定液的体积和电位计上的电动势读数（E）。在化学计量点附近，因电动势变化增大，应减小滴定液的加入量。最好每加入 0.1mL，记录一次数据，并保持每次加入滴定液的体积相等，这样可使数据处理更为方便准确。

电位滴定法终点的确认主要有三种方法。

（一） E-V 曲线法

以滴定液体积 V 为横坐标，电池电动势 E 为纵坐标作图，得到一条 E-V 曲线，如图 9-7（a）所示，此曲线上的转折点（斜率最大处）即为化学计量点。E-V 曲线法虽然简单，但准确性稍差，适用于滴定突跃范围内电动势变化明显的滴定曲线，除此之外应采取以下方法确定化学计量点。

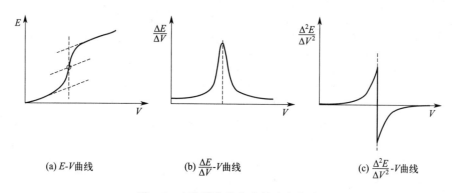

(a) E-V曲线 (b) $\frac{\Delta E}{\Delta V}$-$V$曲线 (c) $\frac{\Delta^2 E}{\Delta V^2}$-$V$曲线

图 9-7 电位滴定法终点的确定方法

（二） $\dfrac{\Delta E}{\Delta V}$-V 曲线法（又称一级微商法）

以滴定液体积 V 为横坐标，$\dfrac{\Delta E}{\Delta V}$ 为纵坐标作图，得到一条 $\dfrac{\Delta E}{\Delta V}$-V 曲线，如图 9-7（b）所示，曲线上极大值所对应的体积即为终点体积。$\dfrac{\Delta E}{\Delta V}$-V 曲线上存在着极值点，该点对应于 E-V 曲线中的拐点。

（三） $\dfrac{\Delta^2 E}{\Delta V^2}$-V 曲线法（又称二级微商法）

以 $\dfrac{\Delta^2 E}{\Delta V^2}$ 对滴定液体积 V 作图，得到一条具有两个极值点的曲线，如图 9-7（c）所示，曲线上 $\dfrac{\Delta^2 E}{\Delta V^2}=0$ 的点所对应的体积，即为终点体积。

【**例 9-1**】未知试样中氯离子含量的测定：安装好电位滴定仪，开启仪器。用单标线吸量管吸取 25mL 含氯离子的未知试样于 150mL 烧杯中，加 30mL 水，置于磁力搅拌器上。开启搅拌器，调至适当的搅拌速度，用已知浓度的硝酸银滴定液进行电位滴定，测定未知试样中氯离子的含量。做好滴定原始记录，平行测定 2 次。用二阶微商法计算到滴定终点时消耗的硝酸银溶液体积。

试样中氯离子测定结果的计算公式：

$$\rho=\dfrac{m}{V_1}=\dfrac{cV_2 M}{V_1}$$

式中，ρ 为氯离子浓度，g/L；c 为 $AgNO_3$ 滴定液的物质的量浓度，mol/L；V_1 为吸取未知试样的实际体积，mL；V_2 为消耗 $AgNO_3$ 滴定液的实际体积，mL；M 为氯元素的摩尔质量，35.45g/mol。

解：设滴定终点时消耗的硝酸银溶液的体积为 x。利用计算机软件确定电位滴定法中的滴定终点。本例中实验数据见表 9-2。

表 9-2　0.1000mol/L $AgNO_3$ 滴定液滴定 Cl^- 的实验数据

加入 $AgNO_3$ 的体积/mL	E/V	V/mL	$\Delta E/\Delta V$/(V/mL)	$\Delta^2 E/\Delta V^2$(V^2/mL^2)
5.0	0.062			
15.0	0.085	10.00	0.0023	
20.0	0.107	17.50	0.0044	0.0004
22.0	0.123	21.00	0.0080	0.0018
23.0	0.138	22.50	0.0150	0.0070
23.5	0.146	23.25	0.0160	0.0020
23.8	0.161	23.65	0.0500	0.1133
24.0	0.174	23.90	0.0650	0.0750
24.1	0.183	24.05	0.0900	0.2500
24.2	0.194	24.15	0.1100	0.2000
24.3	0.233	24.25	0.3900	2.8000
24.4	0.316	24.35	0.8300	4.4000
24.5	0.340	24.45	0.2400	−5.9000
24.6	0.351	24.55	0.1100	−1.3000
24.7	0.358	24.65	0.0700	−0.4000
25.0	0.373	24.85	0.0500	−0.0667
25.5	0.385	25.25	0.0240	−0.0520

加入 $AgNO_3$ 的体积/mL	E/V	V/mL	$\Delta E/\Delta V/(V/mL)$	$\Delta^2 E/\Delta V^2(V^2/mL^2)$
26.0	0.396	25.75	0.0220	−0.0040
28.0	0.426	27.00	0.0150	−0.0035

用二级微商法内插计算滴定的终点。在 $\Delta^2 E/\Delta V^2$ 数值出现正负号时，所对应的两个体积之间必有 $\Delta^2 E/\Delta V^2 = 0$ 这一点，该点所对应的滴定体积即为终点。

加入 24.40mL $AgNO_3$ 时：

$$\frac{\Delta^2 E}{\Delta V^2} = \frac{\left(\frac{\Delta E}{\Delta V}\right)_{24.35} - \left(\frac{\Delta E}{\Delta V}\right)_{24.25}}{V_{24.35} - V_{24.25}} = \frac{0.8300 - 0.3900}{24.35 - 24.25} = +4.4$$

同样，加入 24.50mL $AgNO_3$ 时：

$$\frac{\Delta^2 E}{\Delta V^2} = \frac{\left(\frac{\Delta E}{\Delta V}\right)_{24.45} - \left(\frac{\Delta E}{\Delta V}\right)_{24.35}}{V_{24.45} - V_{24.35}} = \frac{0.2400 - 0.8300}{24.45 - 24.35} = -5.9$$

上述计算可归纳为滴定液体积（V/mL）与 $\Delta^2 E/\Delta V^2$ 之间的对应，24.30，4.4，x，0，24.40，−5.9。即：$(24.40 - 24.30):(-5.9 - 4.4) = (x - 24.30):(0 - 4.4)$

$$x = 24.30 + \frac{-4.4}{-10.3} \times 0.10 \approx 24.34(mL)$$

所以 24.34mL 为滴定终点体积，将其代入到试样中氯离子测定结果的计算公式中，$V_2 = 24.34mL$，吸取未知试样的实际体积 $V_1 = 25mL$，并将其他已知数值代入计算公式，即可求出未知试样中氯离子含量。

三、应用实例

（一）工业碳酸钠母液中 Na_2CO_3、$NaHCO_3$ 含量的测定

测定方法：准确移取 25mL 待测溶液于 150mL 烧杯中，加入 25mL 纯化水。调节滴定装置，开启电磁搅拌器，从酸式滴定管中缓慢滴加 0.1mol/L HCl 溶液。开始时，每滴 2mL 测一次 pH，接近第一化学计量点时每隔 0.1mL 测一次 pH。终点过后每隔 2mL 测一次 pH，接近第二化学计量点时每隔 0.1mL 测一次。滴定突跃过后再每隔 2mL 测一次直至 pH 出现平台为止。电位滴定结束后，关机，清洗电极。

该方法是通过测量滴定过程中 pH 的变化来确定滴定终点的，适用于突跃范围较窄的滴定过程，结果准确可靠。当用已标定的 HCl 标准溶液滴定 Na_2CO_3 和 $NaHCO_3$ 时，以 pH 玻璃电极为指示电极，饱和甘汞电极为参比电极组成工作电池。用 pH 玻璃电极测量滴定过程中溶液的 pH 变化，绘制电位滴定曲线，确定滴定终点，也可用一级或二级微商曲线来确定终点体积。

（二）直链淀粉含量的测定

土豆、小麦、玉米等粮食中直链淀粉的含量可以用电位滴定法测定。以 pH 玻璃电极为指示电极，饱和甘汞电极为参比电极。在含有淀粉的 KI 酸性溶液中，用 KIO_3 标准溶液滴定，反应式如下：

$$IO_3^- + 5I^- + 6H^+ == 3I_2 + 3H_2O$$

滴定过程中，电对 I_2/I^- 的电极电势不断变化，当生成的 I_2 与待测溶液中直链淀粉完全反应时，到达滴定终点。随着 KIO_3 标准溶液的继续加入，生成过量的 I_2，电对 I_2/I^- 的电极电

势发生突变。采用二级微商法可确定终点时标准溶液的用量，进而计算出直链淀粉的含量。

单元四　永停滴定法

永停滴定法

永停滴定法属于电流滴定法，系根据滴定过程中电流的变化确定滴定终点的一种分析方法。该法仪器简单，灵敏、准确，常用于药物分析。

一、测定原理

永停滴定法是把两只铂指示电极同时插入待滴定的溶液中，在两个铂电极间外加一小电压（$10\sim100\text{mV}$），然后进行滴定，根据电流变化的特性，通过观察滴定过程中电流计指针变化，确定滴定终点。

如果利用永停滴定法确定滴定终点，则对氧化还原电对有一定的要求。像 I_2/I^- 这样的电对，在溶液中与双铂电极组成电池，因两个电极的电势相同，故电极间电势差为 0。若在两个电极间外加一个很小的电压，则形成电解池，两电极上就能同时发生氧化还原反应，即：

氧化反应　　　　$2I^- - 2e \longrightarrow I_2$　　（阳极）

还原反应　　　　$I_2 + 2e \longrightarrow 2I^-$　　（阴极）

由上述反应可以看出，阳极失去电子，阴极得到电子，电路中有电流产生。这样的电对称为可逆电对。

而对于 $S_4O_6^{2-}/S_2O_3^{2-}$ 这样的电对，$S_2O_3^{2-}$ 只能在阳极上发生氧化反应，即：

$$2S_2O_3^{2-} - 2e \longrightarrow S_4O_6^{2-}$$

但 $S_4O_6^{2-}$ 却不能在阴极上发生还原反应。由于阴阳两极不能同时发生氧化还原反应，所以无电流通过。这样的电对称为不可逆电对。

二、滴定方式

由于存在可逆电对与不可逆电对的区别，永停滴定法利用上述现象来确定滴定终点就有三种不同的情况。

（一）滴定液为不可逆电对而被测物质为可逆电对

例如，用 $Na_2S_2O_3$ 滴定含 KI 的 I_2 溶液。滴定开始时，溶液中存在 I_2/I^- 可逆电对，且 $[I^-] < [I_2]$，此时电解产生的电流由 I^- 浓度决定，并随 I^- 浓度的增大而增大。当反应进行到一半时，$[I^-] = [I_2]$，电解电流达到最大。反应进行到一半后，溶液中 $[I^-] > [I_2]$，电解电流由 I_2 的浓度决定，并随 I_2 浓度减小而减小，滴定至化学计量点时电流降至最低。化学计量点后溶液中只有 I^- 及 $S_4O_6^{2-}/S_2O_3^{2-}$ 不可逆的电对，故电解反应基本停止，电流计指针停留在零附近并保持不变。滴定过程中的电流变化曲线，如图 9-8（a）所示。此类型滴定法是根据滴定过程中，电解电流不断变化直至降到零并保持不变的现象来确定滴定终点的，故得名永停滴定法。

（二）滴定液为可逆电对而被测物质为不可逆电对

例如，用 I_2 溶液滴定 $Na_2S_2O_3$ 溶液。将两个铂电极同时插入 $Na_2S_2O_3$ 溶液中，外加 $10\sim15\text{mV}$ 的电压，用灵敏电流计测定通过两电极间的电流。在化学计量点前，溶液中只有不可逆电对 $S_4O_6^{2-}/S_2O_3^{2-}$，虽有 I^- 存在，但 I_2 的浓度一直很低，故无明显的电解反应发生，所以电流计指针一直停在接近零电流的位置上不动。一旦到达化学计量点，稍过量 I_2 溶液的加入，使溶液中明显存在 I_2/I^- 可逆电对，电解反应得以进行，两电极间有电流通过。此时电流计指针突然从零发生偏转并不再回零。此类型滴定法是根据滴定过程中，电解电流从保持零点不变到突然发生变化，并不再返回零点的现象来确定滴定终点的。到达化学计量点后，随着 I_2 浓度的逐渐增大，电解电流也增大。该滴定过程中的电流变化曲线如图 9-8(b) 所示。

（三）滴定液和被测物质均为可逆电对

例如，用硫酸铈滴定液滴定硫酸亚铁溶液。滴定前溶液中只有 Fe^{2+}，故阴极上无还原反应发生，无电流通过。滴定开始后，随着 Ce^{4+} 的不断滴入，Fe^{3+} 浓度不断增大，因 Fe^{3+}/Fe^{2+} 电对属可逆电对，故电流也随 Fe^{3+} 浓度的增大而增大。当 $[Fe^{3+}]=[Fe^{2+}]$ 时，电流达到最大值。而随着 Ce^{4+} 的继续滴入，Fe^{2+} 浓度逐渐下降，电解电流也逐渐下降，当到达化学计量点时电解电流降至最低值。化学计量点后，由于 Ce^{4+} 的过量存在，溶液中生成 Ce^{4+}/Ce^{3+} 可逆电对，并随着 Ce^{4+} 浓度不断地增加，电流逐渐增大。此类型滴定法是根据滴定过程中，电解电流从降低到升高的变化拐点来确定滴定终点的。该滴定过程中的电流变化曲线如图 9-8(c) 所示。

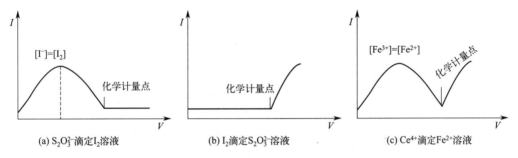

图 9-8　永停滴定法确定滴定终点的方法

三、应用实例

永停滴定法装置简单，准确度高，常用于药物分析，如重氮化滴定、硝基化滴定等。《中国药典》中规定重氮化滴定适宜用永停滴定法确定终点。采用永停滴定法测定芳伯胺，要比使用外指示剂法更加方便准确。亚硝酸钠与芳伯胺的反应式如下：

$$R\!-\!\!\bigcirc\!\!-\!NH_2 + NaNO_2 + 2HCl \Longrightarrow \left[R\!-\!\!\bigcirc\!\!-\!N_2^+ \right] Cl^- + NaCl + 2H_2O$$

终点前溶液中不存在可逆电对，所以电流计指针停在零位不动。终点后溶液中只要有稍过量的亚硝酸钠，就会有亚硝酸及其分解产物一氧化氮，它们可组成可逆电对在电极上发生电解反应。由于电流的产生电流计指针发生偏转，并不再回到零点以此来确定滴定终点的到达。相关反应式如下：

阳极 $\qquad\qquad NO + H_2O - e \longrightarrow HNO_2 + H^+$

阴极 $\qquad\qquad HNO_2 + H^+ + e \longrightarrow NO + H_2O$

 拓展阅读

电化学分析的应用

1. 电化学分析在医药卫生领域的应用

电化学分析在医药卫生领域主要应用于药品检验和药品效果追踪调查。电化学分析在临床应用最普遍最广泛的是血常规、尿常规检验以及血液分析。利用电位分析法、电导分析法结合相关分析仪器，对于特定元素进行同位素标记追踪，根据其含量多少以及成分组成来分析血液、尿液或相关化合物是否符合标准态的含量，进而判断身体的健康程度。在医学检验中应用电化学分析法，能够有效提高工作效率，检验效果更直观，方便医患人员。

2. 电化学分析在食品安全领域的应用

在食品检测中，可以通过化学计量学的手段，结合电化学分析中的电导分析法、电位分析法、库仑分析法和电解分析法，对生产过程中食品的重金属含量和污染情况、农药残留的情况、防腐剂以及各种色素的残留和使用情况进行严格的检测、控制和筛选，以符合食品质量的标准。

3. 电化学分析在环境保护与改善领域的应用

环境资源问题的保护与改善一直是世界范围内持续关注的热点话题。污染物在环境中残留的形式主要包括土壤重金属残留、水体工业排放污水污染残留、废弃物堆积污染以及生物体内重金属离子的富集等。在解决环境的污染问题时，电化学分析中针对水体污染采取电位分析法进行测量。利用离子选择性电极进行分析，也可利用电位滴定法通过滴定分析过程中的滴定突跃范围来确定被测离子或有机物的含量。

4. 电化学分析在农业和工业领域的应用

在农业生产中，电化学分析主要应用于土壤的组成成分和性质测定，如土壤中残留的重金属、农药和化肥的定性分析和定量分析，以及对于土壤作物种植类别的测定和对比分析，以便找出最适合种植作物的土壤以及在该土壤上能够种植的最适合的作物种类，有利于提高农作物的产量与质量。在工业生产建设中，电化学分析法能够在矿产资源的开发、利用以及工业资源的勘探，工业生产中产生的废弃物，如废气、废水、废渣的处理和净化等方面起到重要作用。同时，电化学分析也能在农业与工业的发展利用中，完善分析方法解决更多的问题。

任务一　葡萄糖氯化钠注射液的 pH 检查

葡萄糖氯化钠注射液的 pH 检查

【任务描述】

用 pH 标准缓冲溶液校准酸度计，然后测量市售葡萄糖氯化钠注射液的 pH 值并记录，注意实验中保持温度恒定。供试品 pH 应为 3.5～5.5。(《中国药典》)

【任务分析】

1. 关键问题

① 实验中为什么要保持温度恒定？

② 测定 pH 值时，为什么要用 pH 标准缓冲溶液校准仪器？

2. 乐学善思

酸度计主要由参比电极（甘汞电极）、测量电极（玻璃电极、复合电极）和精密电计三个部分组成。为了省去计算过程，酸度计把测得的电池电动势直接用 pH 值表示出来，因而从酸度计上可以直接读出溶液的 pH 值。为减小误差，标准缓冲溶液的 pH 值应尽量接近待测溶液的 pH 值，并且待测溶液与标准缓冲溶液的温度应相同。使用标准缓冲溶液校准仪器可采用一点校准法，即选用与待测溶液 pH 值接近的一种标准缓冲溶液进行校准；为得到更准确的数值可采用两点或三点校准法，即选用 2 种或 3 种标准缓冲溶液进行校准，待测溶液的 pH 值最好位于其间。

标准缓冲溶液一般可保存 2～3 个月，如发生浑浊、发霉、沉淀等现象时不宜继续使用。标准缓冲溶液的 pH 值随温度不同而稍有差异，其数值变化如表 9-3 所示。

表 9-3　标准缓冲溶液的 pH 值

温度/℃	草酸盐 标准缓冲液	邻苯二甲酸盐 标准缓冲液	磷酸盐 标准缓冲液	硼砂 标准缓冲液	氢氧化钙标准缓冲液 （25℃饱和溶液）
0	1.67	4.01	6.98	9.46	13.43
5	1.67	4.00	6.95	9.40	13.21
10	1.67	4.00	6.92	9.33	13.00
15	1.67	4.00	6.90	9.27	12.81
20	1.68	4.00	6.88	9.22	12.63
25	1.68	4.01	6.86	9.18	12.45
30	1.68	4.01	6.85	9.14	12.30
35	1.69	4.02	6.84	9.10	12.14
40	1.69	4.04	6.84	9.06	11.98

【绿色技能】

① 请分析本任务是否有健康和安全问题，如有，请写出相应预防措施。

② 本任务是否会有环境问题？如有，请写出相关环境保护措施。

【任务准备】

仪器：酸度计，pH 复合电极，烧杯（100mL），温度计。

试剂：市售葡萄糖氯化钠注射液，邻苯二甲酸氢钾（GR），磷酸氢二钠（GR），磷酸二氢钾（GR），滤纸，电极保护液。

【任务实施与评价】

见《学生技能训练工作手册》（活页工单）。

【回顾与提高】

如果被测溶液温度和定位标准缓冲液温度不相同，应如何操作？

任务二　磺胺嘧啶的含量测定

磺胺嘧啶
的含量测定

【任务描述】

取磺胺嘧啶样品约 0.5g，精密称定，按照永停滴定法，用亚硝酸钠滴定液（0.1mol/L）滴定。按干燥品计算，本品含 $C_{10}H_{10}N_4O_2S$ 应不少于 99.0%。判断样品含量是否符合要求。（《中国药典》）

【任务分析】

1. 关键问题

① 亚硝酸钠滴定液配制过程中，需加入少量碳酸钠，其作用是什么？

② 使用永停滴定仪滴定的过程中若用过高的外电压会出现什么现象？

2. 乐学善思

磺胺嘧啶是具有芳伯氨基的药物，在酸性条件下可与亚硝酸钠定量完成重氮化反应而生成重氮盐。反应式如下：

终点前溶液中无可逆电对，无电流通过，电流计指针停在零位（或接近零位）；终点后，稍过量的 $NaNO_2$ 在酸性条件下反应形成 NO，与溶液中 HNO_2 组成 HNO_2/NO 可逆电对，电路中有电流通过，电流计指针偏转。电极上的电极反应：

阳极 $NO + H_2O \longrightarrow HNO_2 + H^+ + e$

阴极 $HNO_2 + H^+ + e \longrightarrow NO + H_2O$

亚硝酸钠滴定液（0.1mol/L）在 pH 为 10 左右时最稳定，因此配制时常加入少量的 Na_2CO_3 作为稳定剂。标定用的基准物质为对氨基苯磺酸，二者亦定量地发生重氮化反应，反应方程式如下：

$$HO_3S \!-\!\!\bigcirc\!\!- NH_2 + NaNO_2 + 2HCl \Longrightarrow \left[HO_3S \!-\!\!\bigcirc\!\!- N_2 \right]^+ Cl^- + NaCl + 2H_2O$$

该反应与磺胺嘧啶测定类似，用永停滴定法指示终点。

任务提示：

① 滴定前，进行电极活化（在含有少量 $FeCl_3$ 的 HNO_3 溶液中煮沸半小时进行活化），检查永停滴定仪线路连接和外电压。滴定过程中若用过高的外电压会发生电解反应，使滴定终点延后甚至无法指示终点。

② 试样中加入 KBr，可加速反应，KBr 起到催化作用，使终点敏锐。

③ 为防止亚硝酸逸失，滴定管尖端必须插入液面下 2/3 处。

④ 氨水可增加对氨基苯磺酸的溶解性，盐酸可增加磺胺嘧啶的溶解性。

⑤ 本任务终点的判定亦可采用外指示剂法，即使用淀粉-碘化钾试液或试纸。观察终点时，反应液接触试纸后，试纸立即出现蓝色，等待 1min 再试，仍显蓝色，表示已到达终点。但是外指示剂颜色变化的判断不够直观，可能引起较大误差。

【绿色技能】

① 请分析本任务是否有健康和安全问题，如有，请写出相应预防措施。

② 本任务是否会有环境问题？如有，请写出相关环境保护措施。

【任务准备】

仪器：自动永停滴定仪，酸式滴定管（25mL），磁力搅拌器，铂电极，分析天平（精度 0.01g、0.0001g），烧杯（100mL、500mL），量筒（10mL、100mL），棕色试剂瓶等。

试剂：磺胺嘧啶样品，亚硝酸钠（AR），对氨基苯磺酸（GR），盐酸溶液（1→2），无水碳酸钠（AR），氨水（AR），溴化钾（AR），淀粉-KI 试纸。

【任务实施与评价】

见《学生技能训练工作手册》（活页工单）。

【回顾与提高】

比较永停滴定法与外指示剂法指示终点的优缺点。

 重点回顾

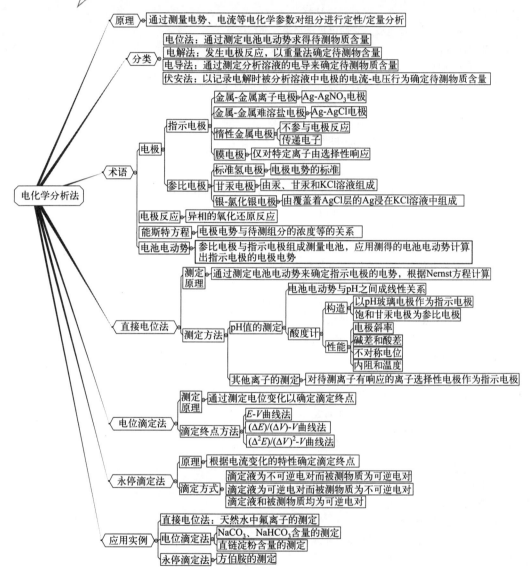

 目标检测

一、单项选择题

1. 测量 pH 时需要用标准缓冲溶液定位，这是为了（　　）。

A. 避免产生酸差　　　　B. 避免产生碱差

C. 消除温度的影响　　　D. 消除不对称电位和液接电位的影响

2. 下列仪器分析方法中，不属于电化学分析法的是（　　）。

A. 分子吸收光谱法　　　B. 伏安法

C. 库仑分析法　　　　　　　　D. 电位分析法

3. 玻璃电极的内参比电极是（　　）。

A. Pt 电极　　　　　　　　　　B. Ag 电极

C. Ag-AgCl 电极　　　　　　　D. 石墨电极

4. 下列不符合作为一个参比电极的条件的是（　　）。

A. 电极电势的稳定性好　　　　B. 固体电极

C. 重现性好　　　　　　　　　D. 可逆性好

5. 甘汞电极是常用参比电极，它的电极电势取决于（　　）。

A. KCl 的浓度　　　　　　　　B. 主体溶液的浓度

C. 氯离子的活度　　　　　　　D. 温度

6. 在直接电位法中，指示电极的电势与被测离子活度的关系为（　　）。

A. 与其对数成正比　　　　　　B. 与其成正比

C. 与其对数成反比　　　　　　D. 符合能斯特方程

7. 测定溶液 pH 值时，所用的指示电极是（　　）。

A. 氢电极　　　　　　　　　　B. 铂电极

C. 氢醌电极　　　　　　　　　D. 玻璃电极

8. 在 $M_1 \mid M_1{}^{n+} \parallel M_2{}^{m+} \mid M_2$ 电池的表示式中，规定左边的电极为（　　）。

A. 正极　　　　　　　　　　　B. 参比电极

C. 阴极　　　　　　　　　　　D. 阳极

9. 玻璃电极在使用前，需在去离子水中浸泡 24h 以上，其目的是（　　）。

A. 清除不对称电位　　　　　　B. 清除液接电位

C. 清洗电极　　　　　　　　　D. 使不对称电位处于稳定

10. 在电位滴定中，以 $\Delta E/\Delta V\text{-}V$ 作图绘制滴定曲线，滴定终点为（　　）。

A. 曲线的最大值点　　　　　　B. 曲线的最小值点

C. 曲线的斜率为零时的点　　　D. $\Delta E/\Delta V\text{-}V$ 为零时的点

二、多项选择题

1. 下列是玻璃电极的组成部分的是（　　）。

A. Ag-AgCl 电极　　　　　　　B. 铂电极

C. 饱和 KCl 溶液　　　　　　　D. 玻璃管

E. 一定浓度的 HCl 溶液

2. 电位法包括（　　）。

A. 电位滴定法　　　　　　　　B. 永停滴定法

C. 直接电位法　　　　　　　　D. 电流滴定法

E. 电导滴定法

3. 永停滴定法的类型有（　　）。

A. 标准溶液为不可逆电对，样品溶液为可逆电对

B. 标准溶液和样品溶液具有相同的电对

C. 标准溶液和样品溶液均为可逆电对

D. 标准溶液和样品溶液均为不可逆电对

E. 标准溶液为可逆电对，样品溶液为不可逆电对

三、填空题

1. 电位分析中电位保持恒定的电极为_____电极，常用的有_____、_____、_____等。

2. 电位法测定常以_____作为电池的电解质溶液，浸入两个电极，一个是指示电极，另一个是参比电极，在零电流条件下，测定所组成的原电池_____。

3. 电位滴定法是根据指示电极的_____指示终点的。玻璃电极膜电位与试样中的 pH 成_____

关系。

四、简答题

1. 电位滴定法的原理是什么？

2. 使用 pH 玻璃电极测定溶液 pH 时，为什么要选用与待测试液 pH 相近的标准缓冲溶液定位？

3. 膜电极为什么具有较高的选择性？

五、计算题

1. 用钾离子选择性电极和饱和甘汞电极测某矿泉水中的含钾量，吸取该矿泉水样 50mL，测其电动势 E_1，然后加入 5mL 0.002mol/L 的钾标准溶液后再测电动势 E_2，E_2 比 E_1 增加了 32mV。据此计算矿泉水样中的含钾量。

2. 以 Ca^{2+} 选择性电极为负极，与一参比电极组成电池，测得电解液为 0.010mol/L 的 Ca^{2+} 溶液的电池电动势为 0.250V。同样情况下，测得电解液为未知 Ca^{2+} 溶液的电池电动势为 0.271V，两种溶液的离子强度相同，求未知 Ca^{2+} 溶液的浓度。

3. 在烧杯中准确加入 50mL 试液，用 Cu^{2+} 选择性电极（正极）和一个参比电极组成测量电池，测得其电动势 $E_x = -0.0225V$，然后向试液中加入 0.10mol/L Cu^{2+} 的标准溶液 0.50mL，测得电动势 $E = -0.0145V$，计算原试液中 Cu^{2+} 的浓度。

模块十

经典液相色谱分析法

学前导语

2022年9月28日，四川宜宾市公安局通报了"2.25九龙中药丸"特大生产、销售假药案，这是一起非法添加西药成分、冒充祖传秘方纯中药的典型案件。此案涉及全国31个省份，涉案金额达2.1亿元，对人民身体健康和财产造成了巨大损失。以实为本、规范生产、加强监管，才能守护人民健康。如何鉴别中药的真伪？如何知道药效成分含量是否达标？

学习目标

【知识目标】

1. 掌握色谱法分离原理、常用术语及薄层色谱法的操作流程。

2. 熟悉色谱法的方法分类、方法特点，薄层色谱法固定相和展开剂的选择方法及平板色谱法在定性、定量分析中的应用。

3. 了解色谱法的产生及发展。

【能力目标】

学会薄层色谱法的操作：制板、点样、展开、显色与检视

【思政与职业素养目标】

通过薄层色谱法鉴定中药材金银花任务，了解中药材的鉴定方法，提高保护中医药优秀传统文化的意识和文化自信。通过纸色谱法分离分析混合氨基酸任务，检验专业知识和实验技术的学以致用能力，培养学生认真严谨务实的工作作风，以及分析问题解决问题的能力。通过学习《中国药典》真实检验项目，培养职业标准意识和对技术标准的理解能力。通过思考每个任务中的绿色技能问题，积极做好健康、安全、环保措施，养成绿色生活与工作习惯。

【证书考点】

药物检验员（三级）	1. 能根据分析检验内容准备实验用试剂溶液、仪器设备。 2. 能鉴别中药材。 3. 能对检验数据进行处理，并准确报告。 4. 掌握安全环保操作程序，解决检验安全问题。

单元一　色谱法介绍

一、色谱法的产生

色谱分析法简称色谱法或层析法，是一种依据物理或物理化学性质（如溶解性、极性、离子交换能力、分子大小）而进行多组分混合物分离分析的方法。它具有分离效率高、灵敏度高、分析速度快、样品用量少、应用范围广等特点，因此色谱法在药物分析、环境检测、

食品检验等领域应用非常广泛。

色谱法起源于 20 世纪初。1906 年俄国植物学家茨维特用碳酸钙填充竖立的玻璃管，将植物色素的石油醚提取液倒入玻璃管的顶端，用石油醚自上而下地淋洗。结果一段时间后，植物色素在碳酸钙柱中实现分离，形成不同颜色的平行色带，使不同色素得到分离。由于这一方法能将混合的植物色素分离成不同的色带，因此该分离方法被称为色谱法。此后，色谱法也被大量应用于无色物质的分离，但是色谱法的名称仍沿用至今。

在色谱分离过程中，一个体系中的某一均匀部分称为"相"。固定不动的相称为固定相；通过或沿着固定相移动的流体称为流动相。如图 10-1 所示，玻璃管中的碳酸钙位置固定不变，即为固定相；冲洗色谱柱所用的石油醚，其位置自上而下地不断改变，即为流动相。

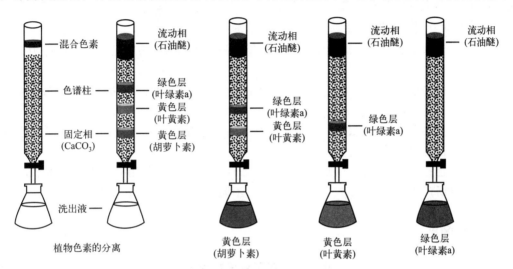

图 10-1　茨维特色谱法分离过程

想一想

在茨维特的色谱柱中，为什么胡萝卜素最先流出呢？

二、色谱法的分类

色谱法按其发展的历史进程和仪器化程度，可分为经典色谱法（包括经典柱色谱法和平板色谱法）和现代色谱法（包括高效液相色谱法、气相色谱法、薄层色谱扫描法、毛细管电泳法和生物大分子分析色谱法）。还可按流动相和固定相的状态、操作形式及色谱分离原理分类。

（一）按流动相和固定相的状态分类

（1）液相色谱法（LC）。流动相为液体。当固定相为固体时，称为液-固色谱；当固定相为液体时，称为液-液色谱。

（2）气相色谱法（GC）。流动相为气体。当固定相为固体时，称为气-固色谱；当固定相为液体时，称为气-液色谱。

（3）超临界流体色谱法（SFC）。流动相为超临界流体。超临界流体，就是温度、压力达到该类气体或液体的临界值以上的流体。例如超临界二氧化碳，由于二氧化碳的临界温度接近室温，在温和条件下用其提取可防止热敏物质降解，使沸点高挥发度低的物质远在其沸点之下被萃取出来。

（二）按操作形式分类

（1）柱色谱法。将色谱填料装填在色谱柱管内作为固定相的色谱法。混合组分的色谱分离过程在色谱柱内进行，如高效液相色谱法、气相色谱法、毛细管电泳法及超临界流体色谱法等。

（2）平板色谱法。固定相呈平板状的色谱法。组分被液体流动相携带沿平面移动而实现分离，包括薄层色谱法和纸色谱法。薄层色谱法（TLC）是将固定相均匀地涂铺于平板（如玻璃板或塑料板）上，制成薄层，利用同一吸附剂对混合试样中各组分吸附能力不同，流动相（溶剂）流过固定相（吸附剂）的过程中，连续产生吸附、解吸附从而达到各组分互相分离的目的。纸色谱法（PC）是以滤纸为载体，以纸纤维吸附的水分为固定相，各组分在滤纸上进行色谱分离的方法。

（三）按色谱分离原理分类

（1）吸附色谱法。以吸附剂为固定相，利用吸附剂表面对被分离各组分吸附能力的不同进行分离的分析方法。

（2）分配色谱法。以液体为固定相，利用不同组分在互不相溶的两相溶剂中分配系数或溶解度的不用进行分离的分析方法。

（3）离子交换色谱法（IEC）。以离子交换剂为固定相，利用不同组分对离子交换剂亲和力的差异进行分离的分析方法。

（4）凝胶色谱法（GPC）。以凝胶（或分子筛）为固定相，利用凝胶对分子的大小和形状不同的组分所产生的阻碍作用（或渗透作用）不同而进行分离的分析方法。

 拓展阅读

气相色谱法和高效液相色谱法

色谱法作为一种分离分析技术，它可以连续对样品进行浓缩、分离、提纯及测定，已经成为每一个分析工作者高效分析的助手，广泛应用于医药、食品、卫生、农业、冶金、地质、石油、化工、环境保护等各行各业中，可以说只要有分析任务的地方就都在使用色谱分析法。色谱分析是仪器分析领域中发展迅速、研究和应用十分活跃的领域之一。

气相色谱是以惰性气体（N_2、He、Ar、H_2）等为流动相的柱色谱分离技术，与适当的检测手段相结合，就构成了气相色谱法。是利用被测物质各组分在不同两相间分配系数（或溶解度）的微小差异，当两相做相对运动时，物质在两相间进行反复多次的分配，使原来只有微小的差异产生很明显分别，使不同组分得到分离。当多组分的混合样品进入色谱柱后，由于吸附剂对每个组分的吸附力不同，经过一定时间后，各组分在色谱柱中的运行速度也就不同，因此不同物质停留的时间也会不同，那么吸附力越大的会越后流出，吸附力越小的会越先流出。吸附力越小的组分越容易被解吸下来，越先离开色谱柱进入检测器，而吸附力越大的组分越不容易被解吸下来，因此越后离开色谱柱。气相色谱法具有分离能力好、分析速度快、灵敏度高、操作方便等优点，但受技术条件的限制，热稳定性差或沸点太高的物质都难以应用气相色谱法进行分析。一般对 500℃ 以下不易挥发或受热易分解的物质部分可采用裂解法或衍生化法。

高效液相色谱法（HPLC）是在经典色谱法的基础上，引入了气相色谱的理论与实验方法发展而成的分离分析方法。流动相改为高压输送，色谱柱是以特殊的方法用小粒径的填料填充而成，从而使柱效大大高于经典液相色谱，采用高效固定相及高灵敏度的检测器，可对流出物进行连续检测。该方法只要求试样能制成溶液，不需要汽化，因此不受试样挥发性的限制。对于热稳定性差、沸点高、分子量大（大于400）的有机物（这些物质几乎占有机物总数的75%～80%）原则上都可应用高效液相色谱法来进行分离、分析。据统计，在已知化合物中，气相色谱法分析的占比约20%，而能用液相色谱法分析的占比约70%～80%。

单元二　薄层色谱法

薄层色谱法（TLC）是将适宜的固定相涂布于玻璃板、塑料板或铝箔上，形成均匀薄层，经点样、展开和显色后，与适宜的对照物质在同一薄层板上所得的色谱斑点做对比，用于鉴别、杂质检查或含量测定的方法。薄层色谱法是快速分离和定性分析少量物质的一种很重要的实验技术，也用于跟踪反应进程。薄层色谱法具有操作方便、设备简单、显色容易、展开速率快、混合物易分离等优点。薄层色谱法包括吸附薄层色谱法、分配薄层色谱法、离子交换薄层色谱法和凝胶薄层色谱法。本部分主要介绍吸附薄层色谱法。

一、分离原理

在吸附薄层色谱法中，固定相又称吸附剂，流动相又称展开剂。将混合组分的试样点在薄层板（硅胶、氧化铝等）的一端，将薄层板竖直放入一个盛有少量展开剂的展开缸中，展开剂接触到吸附剂涂层，借助毛细作用不断向上移动，使得吸附平衡被破坏，固定相吸附的组分不断地被流动相解吸，被解吸的组分又随流动相向上移动，当组分遇到新的固定相时，又与流动相产生吸附、解吸附竞争并建立瞬间平衡。由于吸附剂对各组分具有不同的吸附能力，展开剂对各组分的溶解、解吸能力也不相同，因此在展开的过程中，两相对各组分的吸附、解吸进行速度不同，从而各组分最终被分离开来。

1. 比移值 R_f

在薄层色谱中，常用比移值 R_f 表示各组分在薄层板上的色谱行为。假设试样经展开后分为 A、B 两组分，如图 10-2 所示，比移值 R_f 的表达式为：

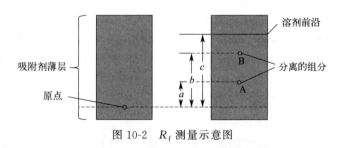

图 10-2　R_f 测量示意图

$$R_f = \frac{原点到样品组分斑点中心的距离}{原点到溶剂前沿的距离} \tag{10-1}$$

$$组分 A \qquad R_f^A = \frac{a}{c}$$

$$组分 B \qquad R_f^B = \frac{b}{c}$$

R_f 值是薄层色谱法的基本定性参数，在同一色谱条件下，相同结构的分子具有相同的 R_f 值。在给定条件下，R_f 值为常数，一般要求在 0.2～0.8 之间，最佳范围是 0.3～0.5。样品中各组分的 R_f 值相差越大，表示分离效果越好，相邻组分 R_f 值之间应相差 0.05 以上。

2. 相对比移值 R_r

影响 R_f 值的因素很多，重现性不佳。为了消除实验中的系统误差，可采用相对比移值 R_r 代替 R_f 值，提高定性结果的准确性。相对比移值 R_r 的公式为：

$$R_r = \frac{原点到样品组分斑点中心的距离}{原点到对照品斑点中心的距离} \tag{10-2}$$

用相对比移值 R_r 定性时，必须有参照物作对照。参照物既可以是对照品也可以是样品中某一组分，R_r 值与 R_f 值的取值范围不同，R_f 值小于 1，R_r 值可以大于 1。

二、吸附剂

吸附剂是表面具有许多吸附活性中心的多孔性物质。吸附过程是样品中各组分分子与展开剂分子争夺吸附剂表面吸附活性中心的过程。常用的吸附剂有硅胶、氧化铝、聚酰胺、硅藻土以及微晶纤维素等。

1. 硅胶

硅胶具有多孔性硅氧交联结构，其骨架表面众多的硅醇基（—Si—OH）是其吸附活性中心，能与极性化合物或不饱和化合物形成氢键而具有吸附能力。硅胶表面的硅醇基若与水结合成水合硅醇基，则失去活性，无吸附能力，所以，硅胶的活性与其含水量有关。含水量越多，吸附活性越弱；含水量越少，吸附活性越强。一般临用前，需将硅胶在 $105\sim110℃$ 加热 30min，硅胶中的水能可逆地被除去，使其吸附能力增强，这一过程称为"活化"。

薄层色谱法常用的硅胶吸附剂有硅胶 G、硅胶 H、硅胶 GF_{254} 和硅胶 HF_{254} 等品种。G、H 表示含或不含石膏黏合剂，F_{254} 表示添加了能在紫外光 254nm 波长下显绿色背景的荧光剂。含荧光剂的薄层板可用于本身不发光且不易显色的物质的研究。

硅胶具有微酸性，一般用于分离酸性和中性物质，如氨基酸、有机酸、甾体等。

2. 氧化铝

氧化铝有碱性、酸性和中性之分。碱性氧化铝（pH≈10）适用于分离碳氢化合物、碱性物质（如生物碱）和对碱性溶液比较稳定的中性物质。酸性氧化铝（pH≈4）适合酸性成分及对酸稳定的中性物质的分离。中性氧化铝（pH≈7.5）适用于醛、酮、醌、某些苷类及在酸碱溶液中不稳定的酯、内酯等化合物的分离。中性氧化铝使用最多。氧化铝的吸附性弱于硅胶，但它显示了与硅胶不同的分离能力。因此某些在硅胶上不能分离的混合物，可以在氧化铝上实现很好的分离。

3. 聚酰胺

聚酰胺是一类由酰胺聚合而成的高分子化合物，为有机吸附剂。其分子内的酰胺基能与酚类（包括黄酮、鞣质、蒽醌等）、酸类及硝基化合物等形成氢键，由于这些化合物中羟基和硝基的数目、位置不同，而导致聚酰胺对其产生不同的吸附力，使之随流动相迁移的速度不同，最终实现组分的分离。

三、展开剂

展开剂是各组分得以分离的关键，直接关系到能否获得满意的分离效果。展开剂的展开作用，实质上是溶剂分子与被分离的组分分子竞争占据吸附剂表面活性点位的过程。极性强的溶剂分子，占据吸附点位的能力就强，因而具有强的展开作用，反之同理。所以样品组分的分离效果由被分离物质的极性、吸附剂的活性以及展开剂的极性三个因素决定，在选择色谱条件时应综合考虑这三方面因素。

1. 被分离物质的极性

不同类型的化合物极性由小到大的顺序是：烷烃＜烯烃＜醚类＜硝基化合物＜酯类＜酮类＜醛类＜硫醇＜胺类＜酰胺类＜醇类＜酚类＜羧酸类。

2. 吸附剂的活性

分离极性大的组分，宜选用吸附性能小的吸附剂，以免吸附过牢，不易被展开剂解吸。分离极性小的组分，宜选择吸附性能大的吸附剂，以免组分随展开剂迁移太快，难以分离。

3. 展开剂的极性

根据"极性相似相溶"的一般原则，被分离组分的极性大，需用极性大的展开剂；被分离组分的极性小，需用极性小的展开剂。常用有机溶剂极性由小到大的顺序是：石油醚＜环己烷＜四氯化碳＜苯＜甲苯＜乙醚＜氯仿＜乙酸乙酯＜正丁醇＜丙酮＜丙醇＜乙醇＜甲醇＜吡啶＜酸＜水。

综上所述，如果分离极性较大的组分，应选用吸附活性较小的吸附剂作固定相和极性较大的展开剂作流动相；如果分离极性较小的组分，应选用吸附活性较大的吸附剂作固定相和极性较小的展开剂作流动相。被分离物质、吸附剂和展开剂选择的规律如图10-3所示。

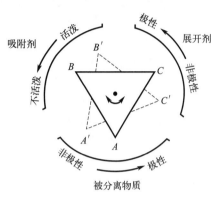

图 10-3　被分离物质、吸附剂和展开剂选择关系图

以上仅为一般规律，应用时还需通过实验的方法摸索色谱条件，工作中常采用多元混合溶剂作为极性适当的展开剂。当一种溶剂不能很好地展开各组分时，就可以适当加入极性大的溶剂。例如用单一溶剂苯作展开剂时，如果 R_f 值太小，则需要加入极性大的溶剂，如尝试调整苯-乙酸乙酯体积比为 9：1、8：2、7：3……一直到获得满意的 R_f 值为止。如果 R_f 值太大，斑点出现在溶剂前沿附近，则可在展开剂中逐步加入适量极性小的溶剂，如环丙烷和石油醚等。例如，石油醚-丙酮-二乙胺-水（10：5：1：4）这个混合展开剂，其中丙酮起着调和水（极性）和石油醚（非极性）及降低展开剂黏度的作用；石油醚可以降低展开剂的极性；二乙胺用来调整展开剂的 pH，使分离的斑点清晰集中。

想一想

在薄层色谱法中如果某物质的 $R_f＝0$，说明什么？你应该如何处理？

四、操作方法

操作方法

（一）制板

1. 市售薄层板

一般临用前应在 110℃活化 30min。聚酰胺薄膜无需活化。铝基片薄层板可根据需要剪裁，但须注意剪裁后的薄层板底边的硅胶层不得有破损。如在存放期间薄层板被空气中杂质污染，使用前可用三氯甲烷、甲醇或二者的混合溶剂在展开缸中上行展开预洗，然后在110℃活化，置于干燥器中备用。

2. 自制薄层板

自制薄层板所用的玻璃板必须表面光滑、平整清洁、不得有油污、没有划痕，使用前先把玻璃板用洗液浸泡或用肥皂水洗净，然后用水清洗干净，再用95％乙醇擦一次，烘干备用。薄层板的厚度及均匀性会影响样品的分离效果和R_f值的重现性。以硅胶、氧化铝为固定相制备的薄层厚度一般以250μm为宜。若要分离制备少量的纯物质时，薄层厚度应稍大些，常用的为500～750μm，甚至1～2mm。

通常用湿法制板，将吸附剂和水以1：3的比例按同一方向研磨混合。去除表面的气泡后，研磨至均匀的糊状。或加入含有黏合剂（0.2％～0.5％羟甲基纤维素钠）的水溶液以增加薄层的硬度，以色泽洁白为佳。为防止搅拌带入气泡，可加入少量的乙醇。湿法制板可分为倾注法、平铺法和机械涂铺法。

(1) 倾注法。将糊状物倒在玻璃板上，倾斜玻璃板使吸附剂流至板的一侧，铺满后再反向操作，使吸附剂回流，然后在另两个方向，重复上述操作，使吸附剂铺满板面。然后稍加振动，使薄层均匀，再置于水平台上晾干。倾注法比较简单，但薄层的厚度均匀性差，只适用于定性分析和分离制备，不适用于定量分析。

(2) 平铺法。将吸附剂糊倒在玻璃板上，用有机玻璃板或玻璃棒向一定方向均匀地一次性将吸附剂糊刮平，再置于水平台上晾干，即得均匀薄层。

(3) 机械涂铺法。如图10-4所示，将干净的玻璃板在涂铺器中摆好，在涂铺器槽中倒入吸附剂糊，将涂铺器自左向右推，即可将糊状物均匀地涂在玻璃板上。用涂铺器铺板，操作简单，得到的薄层厚度均匀一致，有较好的重现性和再现性，可用于定量分析，是目前广为应用的方法。

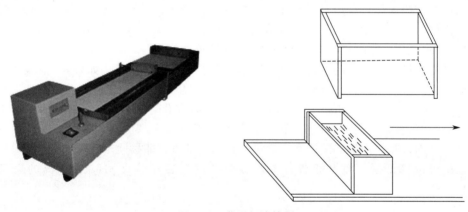

图 10-4　薄层板涂铺器

为了提高薄层板的活性、分离效率和选择性，需要对晾干后的薄层板进行活化，即放入105～110℃的烘箱中0.5～1h，然后存入干燥器中，放至室温备用。使用前检查其均匀度，在反射光及透视光下检视，表面应均匀、平整、光滑，并且无麻点、无气泡、无破损及污染。

（二）点样

溶解样品的溶剂、点样量和正确的点样方法对色谱分离至关重要。溶解样品的溶剂一般用甲醇、乙醇、丙酮、氯仿等挥发性的有机溶剂，最好用与展开剂极性相似的溶剂，点样后溶剂能迅速挥发，能使色斑的扩散范围减小。溶剂要尽量避免用水，因为水易使斑点扩散，且水不易挥发。水溶性样品，可先用少量水使其溶解，再用甲醇或乙醇稀释。适当的点样量，可使斑点集中。点样量过大，易拖尾或扩散；点样量过少，不易检出。点样量多少，应视薄层板的性能及显色剂的灵敏度而定，此外还应考虑薄层的厚度，点样量一般是几到几十微克。若进行天然物质或中间产物的分离，点样量需50μg至几百微克；若使用制备色谱，点样量可达 1mg 以上。点样管可用内径约 0.5～1mm 的毛细管，管口应平整，定量点样可使用平头微量注射器或自动点样器。如图 10-5 所示，点样前先用铅笔在距薄层板底端 1.0～1.5cm 处画一条横线，每个点样位置预先用铅笔做好标记（多个样品在同一薄板的点样线上点样时，样品间距设计均匀即可，间隔应大于 8mm）。点样不能距边缘太近，防止边缘效应（指同一组分在同一薄层板上出现边缘部分斑点展开距离大于中间部分斑点展开距离的现象）导致误差的产生。点样管吸取样品后，垂直地轻轻接触薄层板表面的点样线，点成圆点。可分几次点样，每次点样后，原点扩散的直径以不超过 4mm 为宜。每点一次可借助红外光或电吹风使溶剂迅速挥发。点样的体积要尽可能小些，约 2～10μL。点样时间要短，避免薄层板暴露在空气中时间过长而吸水以致降低活性。点样时注意勿损伤薄层板表面。

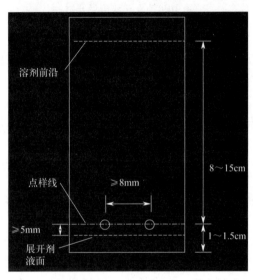

图 10-5　点样示意图

（三）展开

将点好样的薄层板与流动相接触，使两相相对运动并带动样品组分迁移的过程称为展开。如图 10-6 所示，先将一定量展开剂放入展开缸中，将点好试样的薄层板放置在没有展开剂的一侧，盖上缸盖，让缸内溶剂蒸气饱和 15min，以避免在展开过程中产生边缘效应。再将点好试样的薄层板样点一端朝下放入展开剂内，盖好缸盖。展开剂因毛细效应而沿薄层上升，样品中各组分随展开剂在薄层中以不同的速度自下而上移动而实现分离。特别要注意控制器皿中展开剂的量，切勿使样点浸入展开剂中。除另有规定外，一般薄层板上行展开距离为 8～15cm，高效板为 5～8cm。溶剂前沿到达规定的展开距离时取出薄层板，用铅笔标明溶剂前沿位置，冷风吹干薄层板。

展开的方式多种多样，有上行展开法、下行展开法、近水平展开法、多次展开法、径向展开法等展开方式。

想一想

边缘效应产生的原因是什么？如何避免边缘效应？

（四）显色与检视

如果待测组分本身有颜色，其斑点可在日光下直接定位测定。如果待测组分没有颜色，必须采用一定方法显色后测定。

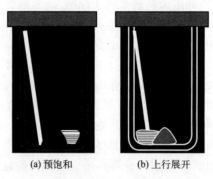

(a) 预饱和　　　　(b) 上行展开

图 10-6　直立双槽展开缸

1. 化学检出法

化学检出法是利用化学试剂（显色剂）与被测物质反应，立即显色或加热至一定温度显色，使斑点产生颜色而定位。该法是斑点定位应用最多的方法，一般有喷雾法或浸渍法。

显色剂可分为通用显色剂和专属显色剂两种，通用显色剂有碘、硫酸溶液、荧光黄溶液等。碘是许多有机化合物的显色剂，如生物碱、氨基酸、肽类、脂类等；硫酸乙醇溶液也能使大多数有机化合物显示出不同颜色，但它是破坏性显色剂；荧光黄的甲醇溶液是芳香族与杂环化合物的通用显色剂；此外，挥发性的酸、碱，如盐酸、硝酸、浓氨水、乙二胺等蒸气也可用于斑点的检出。专属显色剂是利用物质的特性反应显色，如茚三酮是氨基酸和脂肪族伯胺的专用显色剂，三氯化铁-铁氰化钾试液是含酚羟基物质的专用显色剂，溴甲酚绿是羧酸类物质的专用显色剂。

2. 物理检出法

物理检出法属于非破坏性检出法，该法是在紫外灯下观察薄层板上有无荧光斑点或暗斑。例如，在波长为254mm和365mm的紫外灯下观察并找出色斑。该法操作方便且不改变化合物性质，但对光敏感的化合物要注意避光，并尽量缩短用紫外光照射的时间。

单元三　分析方法及应用实例

薄层色谱法广泛应用于鉴定天然产物、鉴别复方制剂、分离多组分药物制剂，亦可用于组分的定量分析。

一、定性分析方法

薄层色谱法定性分析的依据是比较供试品（即检品）与对照品 R_f 值的一致性。对于已知范围的未知物质定性，一般取适宜浓度的对照品溶液与供试品溶液，在同一块薄层板上点样、展开与检视，供试品溶液所显主斑点的颜色和位置应与对照品溶液的斑点一致，即 R_f 值一致，即可初步定性该供试品与对照品为同一物质。R_f 值的准确测定受多方面因素影响，为增加其可靠性，往往需采用多种展开系统，得出的几个比移值均与对照品的比移值一致，则认定为同一物质，亦可采用文献比较法来定性。对于未知物质的定性，应将分离后的各组分斑点或区带取下，洗脱后再用其他方法如紫外、红外光谱法进行进一步定性，以增加可靠性。

例如，《中国药典》中复方维生素 C 钠咀嚼片的鉴别采用的即为薄层色谱法。具体方法是：先制备供试品溶液。取供试品细粉适量（约相当于维生素 C 总量为 10mg），加水

10mL，振摇使维生素 C 与维生素 C 钠溶解，过滤，取滤液。再制备对照品溶液。取维生素 C 对照品适量，加水溶解并稀释制成每 1mL 中约含 1mg 的溶液。采用硅胶 GF_{254} 薄层板，以乙酸乙酯-乙醇-水（5：4：1）为展开剂。测定时吸取供试品溶液与对照品溶液各 $2\mu L$，分别点于同一薄层板上，展开，晾干，立即（1h 内）置紫外光灯下检视。供试品溶液所显主斑点的位置和颜色应与对照品溶液的主斑点相同。

薄层色谱法亦擅于中药材及中药制剂的鉴别，具体实例见本模块任务一薄层色谱法鉴别中药材金银花。

二、定量分析方法

薄层色谱法的定量分析是，利用薄层色谱扫描仪直接测定较为准确，也可以在待测组分分离后，对斑点进行洗脱，再用气相色谱法、紫外分光光度法等进行物质的纯度或含量分析。用于定量分析的薄层色谱，要求展开后的色斑集中，无拖尾现象。

1. 目测法

将待测样品溶液与一系列不同浓度的对照溶液并排点样于同一薄层板上，展开后比较各斑点颜色的深浅和面积的大小，可估计样品的含量范围。目测法是一种半定量方法，它只能作粗略的定量。

2. 洗脱测定法

这是目前较常用的定量测定法，该方法是先确定被测组分的斑点位置，然后将斑点定量取下，用溶剂将被测组分洗脱下来，收集洗脱液，再用其他化学或仪器分析方法如重量法、分光光度法、荧光法等进行定量。在用洗脱测定法定量时，注意同时收集洗脱空白作为对照。洗脱时要选用对被测物质有较大溶解度的溶剂浸泡，进行多次洗脱，达到完全洗脱的目的。此法虽操作步骤较多，但结果比较准确。

3. 薄层扫描法（TLCS）

用薄层色谱扫描仪对薄层上被分离的物质进行直接定量分析的方法称为薄层扫描法。此法是用一定波长和强度的光照射在薄层板上，对有紫外或可见光吸收的斑点或经激发后能发射出荧光的斑点进行扫描，然后用扫描得到的图谱及峰面积值进行定量。测量方式可分为反射光测定法、透射光测定法以及反射光和透射光同时测定法。扫描所用光源分为可见光、紫外光及荧光三种。

除另有规定外，含量测定应使用市售薄层板。

 拓展阅读

纸色谱法

纸色谱法（PC）是以纸为载体的一种分配色谱法，具有方法简单、分离效能高、所需仪器设备价格低廉等特点，在早期的中草药研究中发挥了一定的作用。

一、分离原理

纸色谱法以纸上所含水分或其他物质为固定相，有机溶剂作为流动相。纸色谱过程可看作是组分在固定相和流动相之间连续萃取的过程。在一定温度和压力下，某组分在两相间不断分配直到达到平衡，此时的浓度之比称为分配系数，用 K 表示。

$$K = \frac{组分在固定相中的浓度(c_s)}{组分在流动相中的浓度(c_m)}$$

K 值与组分、固定相和流动相的性质以及温度等因素有关。被分离的混合样品在两相之间进行分配时，因为不同组分在两相间的分配系数不同从而实现分离。

与薄层色谱法相同，纸色谱法也常用比移值 R_f 来表示各组分在色谱中的位置。一般纸色谱法属于正相分配色谱法，即固定相的极性大于流动相的极性。因此物质的极性大或者亲水性强，在水中的分配量多，则 K 值大，在以水为固定相的纸色谱中 R_f 值小。反之，极性小或亲脂性强的化合物，在纸色谱中 R_f 值大。

二、操作方法

纸色谱法与薄层色谱法同属平板色谱法，操作方法亦类似。实验步骤包括点样、展开、显色与检视、定性分析和定量分析，具体可参照薄层色谱法。本部分主要介绍实验条件的选择。

1. 色谱滤纸的选择

① 纸纤维应松紧适宜，平整无折痕。

② 纸质不含杂质，不含填充剂，无明显荧光斑点。

③ 纸面洁净，大小合适，边缘整齐，有一定的力学强度。

④ 定性鉴别，一般用薄型滤纸；定量分析或制备，则选用载量大的厚型滤纸。

⑤ 分离 R_f 值相差很小的组分宜采用慢速滤纸，反之则使用快速或中速滤纸。

2. 固定相的选择

因为滤纸纤维素是由葡萄糖分子组成的大分子，其中含有大量亲水性的羟基，所以通常可吸附 20%～25% 的水分，其中约有 6%～7% 的水分能通过氢键与纤维上的羟基缔合，在一般条件下较难脱去。因此这部分水实际是纸色谱的固定相，纸纤维则起到惰性载体的作用。为增加一些弱极性组分在固定相中的溶解度，常将滤纸吸留缓冲溶液、二甲基甲酰胺等作为固定相。

3. 展开剂的选择

展开剂的极性直接影响组分移动的速度，从而影响 R_f 值。展开剂的极性是由其组分决定的，展开剂的极性增强，极性物质的 R_f 值就会增大，反之亦然。展开剂选择的主要根据是被分离物质的性质，在纸色谱中最常用的展开剂是含水的有机溶剂，如水饱和的正丁醇、正戊醇、酚等，即含水溶剂。

4. 显色剂的选择

注意不能使用带有腐蚀性的显色剂（如浓硫酸），以免腐蚀色谱滤纸。

任务一　薄层色谱法鉴别中药材金银花

薄层色谱法鉴别
中药材金银花

【任务描述】

取待鉴别的金银花粉末 0.2g，加甲醇 5mL，放置 12h，过滤，取滤液作为供试品溶液。另取绿原酸对照品，加甲醇制成每 1mL 含 1mg 的溶液，即对照品溶液。按照薄层色谱法（通则 0502）实验，吸取供试品溶液 10～20μL、对照品溶液 10μL，分别点于同一硅胶 H 薄层板上，以乙酸丁酯-甲酸-水（7∶2.5∶2.5）的上层溶液为展开剂，展开，取出，晾干，置紫外光灯（365nm）下检视。供试品色谱中，与对照品色谱相应的位置上，有相同颜色的荧光斑点。（《中国药典》）

【任务分析】

1. 关键问题

① 如何配制绿原酸对照品溶液？

② 点样过程的注意事项有哪些？

③ 如何从薄层色谱图结果中判断试样是否为中药材金银花？

2. 乐学善思

称量对照品前，先将其直立放置一段时间，使对照品全部集中至底部，便于取用。如担心瓶盖上有黏附，可以在未打开瓶盖前甩动瓶身，使对照品集中于瓶底。建议采用减量称量法称量，根据配制对照品溶液的体积，称出所需用量。

点样应注意点样量、浓度、溶剂以及点样距离等方面。点样量过小，不能检出清晰的斑点而影响判断；点样量过多，展开剂不能全部负载，容易产生拖尾现象。一般一次点样量不超过 $10\mu L$，如浓度较低，可适当增加点样量。注意溶液亦不可过浓，否则样点不能随展开剂迁移，分离效率低。样品在溶剂中的溶解度如果很大，样点将变成空心圆，影响随后的线性展开，所以原则上应选择对被测成分可以溶解但溶解度不是很大的溶剂。点样时点样线距底边 $10\sim15mm$，圆点直径一般不大于 $4mm$，点样时注意勿损伤薄层表面。样点间距离可视斑点扩散情况以相邻斑点互不干扰为宜，一般不少于 $8mm$，样点距离玻璃板边缘不少于 $1.5cm$，避免边缘效应。

供试品色谱中，与对照品色谱相应的位置上，有相同颜色的荧光斑点，则判断供试品符合规定。

操作中需要注意展开剂必须预先配制且充分混匀，点样用的毛细管或微量注射器不可混用，以免污染。

【绿色技能】

① 请分析本任务是否有健康和安全问题，如有，请写出相应预防措施。

② 本任务是否会有环境问题？如有，请写出相关环境保护措施。

【任务准备】

仪器：电子分析天平（精度 0.0001g）、分液漏斗（60mL）、三角漏斗、双槽展开缸（100mm×200mm）、容量瓶（10mL）、量筒（50mL）、硅胶 H 薄层板、点样毛细管或微量注射器、吹风机、紫外光灯、铅笔和格尺。

试剂：待鉴别金银花粉末、绿原酸对照品（中国食品药品检定研究院）、甲醇（AR）、乙酸丁酯（AR）、甲酸（AR）。

【任务实施与评价】

见《学生技能训练工作手册》（活页工单）。

【回顾与提高】

本任务中，展开缸若不预先用展开剂蒸气饱和，对实验有什么影响？

纸色谱法分离
分析混合氨基酸

任务二　纸色谱法分离分析混合氨基酸

【任务描述】

某混合氨基酸溶液中可能含有脯氨酸和羟脯氨酸，请用纸色谱法完成鉴别。以正丁醇-冰醋酸-水（4∶1∶1）混合溶剂为展开剂径向展开，展开后以茚三酮为显色剂，纸色谱上应显示完全分离的蓝紫色斑点，请对斑点定性分析。

【任务分析】

1. 关键问题

① 纸色谱法的分离机制是什么？

② 本任务中如何鉴别混合氨基酸？

③ 该混合氨基酸中，脯氨酸和羟脯氨酸哪个的 R_f 值大？

2. 乐学善思

纸色谱法系以纸为载体，以纸上所含水分或其他物质为固定相，用展开剂进行展开的分配色谱法，被分离的物质在固定相和展开剂之间进行分配从而实现分离。

鉴别供试品中组分时，应将供试品和脯氨酸及羟脯氨酸对照品溶液点样于同一张滤纸上，展开显色后，供试品在色谱图中所显主斑点的位置与颜色，与对照品在色谱图中所显主斑点相同，即可鉴定为同一物质。

本任务中，正丁醇-冰醋酸-水（4：1：1）混合溶剂为展开剂，采用径向展开法分离脯氨酸、羟脯氨酸。两化合物结构相似，结构式如下：

脯氨酸　　　　　　羟脯氨酸

但羟脯氨酸比脯氨酸多一个羟基，使其在滤纸上结合水形成氢键的能力更强，所以羟脯氨酸在滤纸上移动速率较慢。因而脯氨酸的 R_f 值大于羟脯氨酸的 R_f 值。

茚三酮是氨基酸的专属显色剂，本任务中组分斑点在 60℃ 下与茚三酮发生显色反应，色谱滤纸上出现蓝紫色斑点。

需要注意的是：

① 茚三酮对体液如汗液等均能显色，在拿取滤纸时，应拿纸的顶端或边缘，以确保色谱滤纸上没有杂斑（如指印等）。

② 茚三酮显色剂应临用前配制，或置冰箱中冷藏备用。配制方法是：取茚三酮 2g，加乙醇使其溶解并定容至 100mL，即得。

③ 喷显色剂要均匀、适量，不可过于集中，使局部太湿。

【绿色技能】

① 请分析本任务是否有健康和安全问题，如有，请写出相应预防措施。

② 本任务是否会有环境问题？如有，请写出相关环境保护措施。

【任务准备】

仪器：圆形色谱滤纸、点样毛细管、分液漏斗（60mL）、大培养皿、小培养皿、量筒（25mL）、显色喷雾器、吹风机、直尺和铅笔、打孔器。

试剂：待鉴别混合氨基酸（0.5mg/mL）、正丁醇（AR）、冰醋酸（AR）、脯氨酸对照品溶液（0.5mg/mL）、羟脯氨酸对照品溶液（0.5mg/mL）、茚三酮溶液。

【任务实施与评价】

见《学生技能训练工作手册》（活页工单）。

【回顾与提高】

本任务中，影响 R_f 值的因素有哪些？

☆ 重点回顾

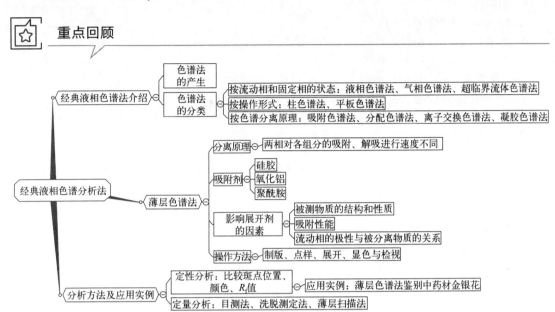

？ 目标检测

一、单项选择题

1. 色谱法按照两相的状态分类，若流动相是液体，固定相是液体，则称之为（　　）。

A. 气固吸附色谱法　　　　　　　　　B. 气液分配色谱法

C. 液固吸附色谱法　　　　　　　　　D. 液液分配色谱法

2. 在薄层色谱法中，R_f 值的可用范围是（　　）。

A. 0.1～0.2　　　　B. 0.2～0.8　　　　C. 0.8～1.0　　　　D. 1.0～1.5

3. 薄层色谱法中，（　　）是氨基酸的专用显色剂。

A. 碘　　　　　B. 茚三酮　　　　C. 荧光黄溶液　　　D. 硫酸溶液

4. 分配色谱法是依据物质的（　　）而进行的分离分析方法。

A. 溶解度　　　　B. 离子交换能力　　　C. 分子大小　　　　D. 熔沸点

5. 某组分在薄层色谱中展开，10min 时测得比移值为 R_f，20min 时的展开结果是（　　）。

A. 比移值加倍　　　　　　　　　　　B. R_f 值不变

C. 样品移行距离不变　　　　　　　　D. 组分移行距离增加，但大于 2 倍

6. 薄层色谱点样线一般距玻璃板底端（　　）。

A. 0.2～0.3cm　　　　B. 1cm　　　　C. 1.0～1.5cm　　　D. 2～3cm

7. 薄层色谱法中流动相称为（　　）。

A. 载体　　　　B. 气体　　　　C. 展开剂　　　　D. 吸附剂

二、多项选择题

1. 薄层色谱法中，最常用的固定相有（　　）。

A. 硅胶 G、硅胶 GF_{254}　　　　　　B. 硅藻土

C. 硅胶 H、硅胶 HF_{254}　　　　　　D. 氧化铝

E. 聚酰胺

2. 色谱法的优点是（　　　）

A. 取样量少　　　　　　　　　　　B. 灵敏度高

C. 选择性与分离效能高　　　　　　D. 分析速度快

E. 应用范围广

3. 薄层色谱法使用的材料有（　　　）。

A. 薄层板　　　　　B. 涂布器　　　　　C. 展开缸

D. 显色剂　　　　　E. 点样器材

三、填空题

1. 按分离机制不同，色谱法可分为＿＿＿＿＿＿、＿＿＿＿＿＿、＿＿＿＿＿＿、＿＿＿＿＿＿。

2. 薄层色谱点样除另有规定外，在洁净干燥的环境，用专用毛细管或配合使用相应的半自动、自动点样器点样于薄层板上，一般为＿＿＿＿＿或窄细的条带状，点样线距底边＿＿＿＿＿＿，圆点直径一般不大于＿＿＿＿＿。

3. 硅胶的活性与含水量有关，含水量越高，活性越＿＿＿＿＿。故常在使用前将硅胶在105～110℃加热30min，这一过程称为＿＿＿＿＿＿。

四、简答题

1. 什么是 R_f 值、R_r 值？

2. 简述吸附色谱法中流动相、吸附剂和样品三者的关系。

3. 薄层色谱在展开前为何先用展开剂蒸气饱和展开缸和薄层板？

4. 简述薄层色谱法的操作步骤。

五、计算题

1. 某样品用纸色谱法展开后，斑点距原点8.4cm，溶剂前沿距原点14.0cm，求其 R_f 值。若溶剂前沿距原点17.0cm，则样品斑点应在何处？

2. 在同一薄层板上将某样品和对照品展开后，原点与样品斑点中心的距离为9.5cm，原点与对照品斑点中心的距离为8.0cm，原点与溶剂前沿的距离为16cm，试求样品的 R_f 和 R_r。

岗课赛证融通专项任务一

样品金属组分镍含量的测定

【任务描述】

赛项链接：2021 年全国职业院校技能大赛"化学实验技术"赛项

1. 用锌标准溶液标定 EDTA 滴定液

减量称量法称取 1.5g 基准试剂氧化锌于 100mL 小烧杯中，并用少量蒸馏水润湿，加入 20mL 盐酸溶液（20%），搅拌，直到氧化锌完全溶解，然后定量转移至 250mL 容量瓶中，用水稀释至刻度，摇匀。移取 25.00mL 锌标准溶液于 250mL 的锥形瓶中，加 75mL 去离子水，用氨水溶液（10%）将溶液 pH 值调至 7～8，加入 10mL 氨-氯化铵缓冲溶液（pH≈10）及适量铬黑 T 指示剂（5g/L），用待标定的 EDTA 滴定液滴定至溶液由紫红色变为纯蓝色。

2. 样品分析

准确称取一定质量的镍样品，加入适量蒸馏水，再加入 10mL 氨-氯化铵缓冲溶液（pH≈10）及 0.2g 紫脲酸铵指示剂，然后用 EDTA 滴定液滴定至溶液呈蓝紫色。

【任务分析】

1. 关键问题

① 样品测定方法及原理是什么？使用何种指示剂？实验 pH 为多少？

② 任务中没有提示镍样品的取用量，你认为应该称取多少合适？

2. 乐学善思

基本原理：采用配位滴定法，以紫脲酸铵为指示剂，用 EDTA 滴定液对样品中的镍进行定量测定，终点为颜色由黄色变为蓝紫色。因为 EDTA 滴定镍离子，使用紫脲酸铵最佳 pH 范围为 8.5～11.5，故控制滴定反应 pH≈10，滴定前加入氨-氯化铵缓冲溶液调节酸度。

本任务中 EDTA 滴定液的准确浓度需要用锌标准溶液标定，使用铬黑 T 指示剂，标定终点为颜色由紫红色变为纯蓝色，亦需用氨-氯化铵缓冲溶液调节 pH≈10。

标定与样品测定用指示剂要加以区分，不要混用。

测定样品前需计算取用量。根据滴定分析准确度要求，消耗滴定液体积应≥20mL，才能保证相对误差≤0.1%。已知样品中镍含量范围为 20～30g/kg，假设样品测定消耗 EDTA 滴定液（0.05mol/L）30mL，根据 Ni^{2+} 与 EDTA 计量关系为 1：1，可得出样品的称量范围为 2.9～4.4g。在保证消耗滴定液体积不超过 20～50mL 范围的前提下，也可使用其他取样方案，计算结果合理即可。

【绿色技能】

1. 请分析本任务是否有健康和安全问题，如有，请写出相应预防措施。

2. 本任务是否会有环境问题？如有，请写出相关环境保护措施。

【任务准备】

仪器：电子天平（精度 0.0001g）、容量瓶（250mL，4 只，附校正值）、滴定管（50mL，聚四氟乙烯塞，1 支，附校正值或校正曲线）、单标线吸量管（5mL、10mL、25mL，各 1 支，附校正值）、锥形瓶（250mL，8 只）、量筒（5mL、10mL、25mL、100mL，各 1 只）、烧杯（100mL，6 只）、实验室常见其他玻璃仪器。

试剂：镍样品（镍含量范围 20～30g/kg）、基准试剂氧化锌、盐酸（AR）、氨水溶液（10%）、EDTA 滴定液（$c \approx 0.05$mol/L）、氨-氯化铵缓冲溶液（pH$\approx$10）、铬黑 T 指示剂（5g/L）、紫脲酸铵指示剂（1∶100NaCl）。

【任务实施与评价】

见《学生技能训练工作手册》（活页工单），参考总时间 210 分钟。

【回顾与提高】

用 50mL 常量滴定管进行滴定分析时，消耗的标准溶液体积应控制在多少毫升？为什么？

岗课赛证融通专项任务二
测定硫酸亚铁铵产品的纯度

【任务描述】

赛项链接：2022 年全国职业院校技能大赛"化学实验技术"赛项

用邻二氮菲分光光度法测定硫酸亚铁铵产品的纯度。实验中需使用除氧水。

定量方法采用标准曲线法，用铁（Ⅱ）标准溶液（50mg/mL）配制 7 个系列标准溶液，用缓冲试剂混合溶液（0.025mol/L 盐酸邻二氮菲、0.5mol/L 氨基乙酸、0.1mol/L 氨三乙酸按体积比 5∶5∶1 混合）调节 pH 和显色。

样品纯度测定：称取 0.7020g 自制硫酸亚铁铵，溶解于适量稀硫酸中，转入 100mL 容量瓶，定容至刻度。将上述样品溶液准确稀释 500 倍，按照标准曲线同法处理，在最大吸收波长处测定吸光度，通过标准曲线获得二价铁离子浓度。计算硫酸亚铁铵样品的纯度。平行测定三次。

【任务分析】

1. 关键问题

(1) 硫酸亚铁铵中含有的三价铁离子是否为测定目标？

(2) 为什么在实验中采用除氧水？除氧水如何制备？

(3) 样品溶液为什么要稀释 500 倍后进行测定？

2. 乐学善思

本任务的原理是特定 pH 条件下，二价铁离子可以与邻二氮菲生成有色配合物。依据朗伯-比尔定律，可以通过测定该配合物最大吸收波长处的吸光度，计算二价铁离子含量。本任务是测定硫酸亚铁铵的纯度，所以其中含有的三价铁离子不是测定目标，应予以排除。在本法实验条件（pH 2.5～2.9）下三价铁离子被氨三乙酸掩蔽，不会干扰测定。

由于二价铁离子容易被氧化为三价铁离子，影响测定结果的准确性，所以在实验过程中要尽量避免氧化反应的发生，采用除氧水来配制溶液。除氧水可以采用煮沸 20min，密闭冷却的方法获得。

由于要保证样品溶液配制过程的准确性，需要有一定的固体称样量。直接配制的样品溶液浓度太高，不在分光光度法的检测范围。所以要对样品溶液进行稀释后测定。稀释倍数是根据标准曲线的浓度范围来确定的。

【绿色技能】

1. 请分析本任务是否有健康和安全问题，如有，请写出相应预防措施。

2. 本任务是否会有环境问题？如有，请写出相关环境保护措施。

【任务准备】

仪器：电子天平（精度 0.0001g）、紫外-可见分光光度计、1cm 比色皿、吸量管

（5mL、10mL）、容量瓶（100mL、250mL）、量筒（10mL）、烧杯（100mL、1000mL）、试剂瓶（5000mL）、电炉。

试剂：铁（Ⅱ）标准储备溶液（1000mg/L）、铁（Ⅱ）标准溶液（50mg/mL，现用现配）、硫酸亚铁铵样品、盐酸邻二氮菲（0.025mol/L）、氨基乙酸溶液（0.5mol/L）、氨三乙酸溶液（0.1mol/L）、缓冲试剂混合溶液（盐酸邻二氮菲溶液、氨基乙酸溶液、氨三乙酸溶液按体积比 5∶5∶1 混合）、硫酸（3mol/L）、除氧水、擦镜纸。

【任务实施与评价】

见《学生技能训练工作手册》（活页工单），参考总时间 180 分钟。

【回顾与提高】

思考一下本任务与模块八任务二中对于三价铁离子的处理有何不同？原因是什么？

附录

附录 1　常用无机酸在水溶液中的电离常数（25℃）

序号	名称	化学式	K_a	pK_a
1	偏铝酸	$HAlO_2$	6.3×10^{-13}	12.20
2	亚砷酸	H_3AsO_3	6.0×10^{-10}	9.22
3	砷酸	H_3AsO_4	$6.3 \times 10^{-3}(K_1)$	2.20
			$1.05 \times 10^{-7}(K_2)$	6.98
			$3.2 \times 10^{-12}(K_3)$	11.49
4	硼酸	H_3BO_3	$5.8 \times 10^{-10}(K_1)$	9.24
			$1.8 \times 10^{-13}(K_2)$	12.74
			$1.6 \times 10^{-14}(K_3)$	13.80
5	次溴酸	$HBrO$	2.4×10^{-9}	8.62
6	氢氰酸	HCN	6.2×10^{-10}	9.21
7	碳酸	H_2CO_3	$4.2 \times 10^{-7}(K_1)$	6.38
			$5.6 \times 10^{-11}(K_2)$	10.25
8	次氯酸	$HClO$	3.2×10^{-8}	7.49
9	氢氟酸	HF	6.61×10^{-4}	3.18
10	硫代硫酸	$H_2S_2O_3$	$2.52 \times 10^{-1}(K_1)$	0.60
			$1.9 \times 10^{-2}(K_2)$	1.72
11	高碘酸	HIO_4	2.8×10^{-2}	1.55
12	亚硝酸	HNO_2	5.1×10^{-4}	3.29
13	次磷酸	H_3PO_2	5.9×10^{-2}	1.23
14	亚磷酸	H_3PO_3	$5.0 \times 10^{-2}(K_1)$	1.30
			$2.5 \times 10^{-7}(K_2)$	6.60
15	磷酸	H_3PO_4	$7.52 \times 10^{-3}(K_1)$	2.12
			$6.31 \times 10^{-8}(K_2)$	7.20
			$4.4 \times 10^{-13}(K_3)$	12.36
16	焦磷酸	$H_4P_2O_7$	$3.0 \times 10^{-2}(K_1)$	1.52
			$4.4 \times 10^{-3}(K_2)$	2.36
			$2.5 \times 10^{-7}(K_3)$	6.60
			$5.6 \times 10^{-10}(K_4)$	9.25
17	氢硫酸	H_2S	$1.3 \times 10^{-7}(K_1)$	6.89
			$7.1 \times 10^{-15}(K_2)$	14.15
18	亚硫酸	H_2SO_3	$1.23 \times 10^{-2}(K_1)$	1.91
			$6.6 \times 10^{-8}(K_2)$	7.18
19	硫酸	H_2SO_4	$1.0 \times 10^{3}(K_1)$	-3.0
			$1.02 \times 10^{-2}(K_2)$	1.99

附录 2　常用无机碱在水溶液中的电离常数（25℃）

序号	名称	化学式	K_b	pK_b
1	氢氧化铝	$Al(OH)_3$	$1.38 \times 10^{-9}(K_3)$	8.86
2	氢氧化银	$AgOH$	1.10×10^{-4}	3.96
3	氢氧化钙	$Ca(OH)_2$	3.72×10^{-3}	2.43
			3.98×10^{-2}	1.40
4	氨水	$NH_3 \cdot H_2O$	1.78×10^{-5}	4.75
5	肼(联氨)	$N_2H_4 \cdot H_2O$	$9.55 \times 10^{-7}(K_1)$	6.02
			$1.26 \times 10^{-15}(K_2)$	14.9
6	羟氨	$NH_2OH \cdot H_2O$	9.12×10^{-9}	8.04
7	氢氧化铅	$Pb(OH)_2$	$9.55 \times 10^{-4}(K_1)$	3.02
			$3.0 \times 10^{-8}(K_2)$	7.52
8	氢氧化锌	$Zn(OH)_2$	9.55×10^{-4}	3.02

附录 3　常见金属配合物的稳定常数

序号	配离子	$K_稳$	$\lg K_稳$	序号	配离子	$K_稳$	$\lg K_稳$
1	$[Ag(CN)_2]^-$	1.3×10^{20}	20.1	15	AgY^{3-}	2.1×10^7	7.32
2	$[Ag(NH_3)_2]^+$	1.1×10^7	7.04	16	AlY^-	1.3×10^{16}	16.1
3	$[Ag(SCN)_2]^-$	3.7×10^7	7.57	17	CaY^{2-}	1.0×10^{11}	11.0
4	$[Co(NH_3)_6]^{2+}$	1.3×10^5	5.11	18	CdY^{2-}	2.5×10^{16}	16.4
5	$[Co(NH_3)_6]^{3+}$	2.0×10^{35}	35.3	19	CoY^{2-}	2.0×10^{16}	16.3
6	$[Cu(CN)_4]^{2-}$	2.0×10^{30}	30.3	20	FeY^{2-}	2.0×10^{14}	14.3
7	$[Cu(en)_2]^{2+}$	1.0×10^{21}	21.0	21	FeY^-	1.6×10^{24}	24.2
8	$[Cu(NH_3)_4]^{2+}$	2.1×10^{13}	13.3	22	HgY^{2-}	6.3×10^{21}	21.8
9	$[Fe(CN)_6]^{4-}$	1.0×10^{35}	35.0	23	MgY^{2-}	4.4×10^8	8.64
10	$[Fe(CN)_6]^{3-}$	1.0×10^{42}	42.0	24	MnY^{2-}	6.3×10^{13}	13.8
11	$[Fe(C_2O_4)_3]^{3-}$	2.0×10^{20}	20.3	25	NiY^{2-}	4.0×10^{18}	18.6
12	$[Pb(CH_3COO)_4]^{2-}$	2.0×10^8	8.30	26	PbY^{2-}	2.0×10^{18}	18.3
13	$[Ni(CN)_4]^{2-}$	2.0×10^{31}	31.3	27	SnY^{2-}	1.3×10^{22}	22.1
14	$[Zn(NH_3)_4]^{2+}$	2.9×10^7	7.46	28	ZnY^{2-}	2.5×10^{16}	16.4

附录 4　常见电极电对的标准电极电势（18~25℃）

电极反应	$\varphi^\ominus/V$	电极反应	$\varphi^\ominus/V$
酸性介质		$Cr_2O_7^{2-}+14H^++6e \Longrightarrow 2Cr^{3+}+7H_2O$	1.232
$Ag^++e \Longrightarrow Ag$	0.799	$Cs^++e \Longrightarrow Cs$	-3.027
$AgCl+e \Longrightarrow Ag+Cl^-$	0.2223	$Cu^{2+}+e \Longrightarrow Cu^+$	0.153
$Br_2+2e \Longrightarrow 2Br^-$	1.066	$Cu^{2+}+2e \Longrightarrow Cu$	0.3419
$Cd^{2+}+2e \Longrightarrow Cd$	-0.402	$F_2+2e \Longrightarrow 2F^-$	2.656
$Ce^{4+}+e \Longrightarrow Ce^{3+}$	1.72	$Fe^{3+}+e \Longrightarrow Fe^{2+}$	0.771
$Cl_2+2e \Longrightarrow 2Cl^-$	1.3595	$Fe^{2+}+2e \Longrightarrow Fe$	-0.447
$Co^{3+}+e \Longrightarrow Co^{2+}$	1.83	$2H^++2e \Longrightarrow H_2$	0.0000
$Cr^{3+}+3e \Longrightarrow Cr$	-0.71	$H_2O_2+2H^++2e \Longrightarrow 2H_2O$	1.776

电极反应	$\varphi^{\ominus}/V$	电极反应	$\varphi^{\ominus}/V$
$Hg^{2+}+2e \Longrightarrow Hg$	0.851	$Rb^{+}+e \Longrightarrow Rb$	-2.943
$Hg_2Cl_2+2e \Longrightarrow 2Hg+2Cl^{-}$	0.2412	$Sn^{2+}+2e \Longrightarrow Sn$	-0.140
$I_2+2e \Longrightarrow 2I^{-}$	0.5355	$Sn^{4+}+2e \Longrightarrow Sn^{2+}$	0.151
$K^{+}+e \Longrightarrow K$	-2.931	$Zn^{2+}+2e \Longrightarrow Zn$	-0.7618
$Li^{+}+e \Longrightarrow Li$	-3.024	碱性介质	
$Mn^{2+}+2e \Longrightarrow Mn$	-1.185	$AsO_4^{3-}+2H_2O+2e \Longrightarrow AsO_2^{-}+4OH^{-}$	-0.71
$MnO_4^{-}+e \Longrightarrow MnO_4^{2-}$	0.54	$Fe(OH)_3+e \Longrightarrow Fe(OH)_2+OH^{-}$	-0.56
$MnO_4^{-}+8H^{+}+5e \Longrightarrow Mn^{2+}+4H_2O$	1.51	$2H_2O+2e \Longrightarrow H_2+2OH^{-}$	-0.8277
$Na^{+}+e \Longrightarrow Na$	-2.71	$Mg(OH)_2+2e \Longrightarrow Mg+2OH^{-}$	-2.690
$Pb^{2+}+2e \Longrightarrow Pb$	-0.1262	$MnO_4^{-}+2H_2O+3e \Longrightarrow MnO_2+4OH^{-}$	0.595
$Pb^{4+}+2e \Longrightarrow Pb^{2+}$	1.69	$Ni(OH)_2+2e \Longrightarrow Ni+2OH^{-}$	-0.72

附录 5　常用难溶化合物的溶度积常数（18~25℃）

序号	分子式	K_{sp}	pK_{sp}	序号	分子式	K_{sp}	pK_{sp}
1	$AgBr$	5.0×10^{-13}	12.3	29	$Co(OH)_2$(蓝)	6.31×10^{-15}	14.2
2	$AgCl$	1.8×10^{-10}	9.74	30	$Co(OH)_2$	1.58×10^{-15}	14.8
3	$AgCN$	1.2×10^{-16}	15.92		（粉红，新沉淀）		
4	Ag_2CO_3	8.1×10^{-12}	11.09	31	$Co(OH)_2$	2.00×10^{-16}	15.7
5	$Ag_2C_2O_4$	3.5×10^{-11}	10.46		（粉红，陈化）		
6	$Ag_2Cr_2O_7$	2.0×10^{-7}	6.70	32	$CuBr$	5.3×10^{-9}	8.28
7	AgI	8.3×10^{-17}	16.08	33	$CuCl$	1.2×10^{-6}	5.92
8	$AgOH$	2.0×10^{-8}	7.70	34	$CuCN$	3.2×10^{-20}	19.49
9	Ag_2S	6.3×10^{-50}	49.2	35	$CuCO_3$	2.34×10^{-10}	9.63
10	$AgSCN$	1.0×10^{-12}	12.00	36	CuI	1.1×10^{-12}	11.96
11	Ag_2SO_4	1.4×10^{-5}	4.85	37	$Cu(OH)_2$	4.8×10^{-20}	19.32
12	$Al(OH)_3$	4.57×10^{-33}	32.34	38	Cu_2S	2.5×10^{-48}	47.6
13	$AlPO_4$	6.3×10^{-19}	18.20	39	CuS	6.3×10^{-36}	35.2
14	Al_2S_3	2.0×10^{-7}	6.70	40	$FeCO_3$	3.2×10^{-11}	10.49
15	$BaCO_3$	5.1×10^{-9}	8.29	41	$Fe(OH)_2$	8.0×10^{-16}	15.1
16	BaC_2O_4	1.6×10^{-7}	6.80	42	$Fe(OH)_3$	4.0×10^{-38}	37.4
17	$BaCrO_4$	1.2×10^{-10}	9.92	43	FeS	6.3×10^{-18}	17.2
18	$BaSO_4$	1.1×10^{-10}	9.96	44	Hg_2Cl_2	1.3×10^{-18}	17.89
19	$Be(OH)_2$	1.6×10^{-22}	21.8	45	HgC_2O_4	1.0×10^{-7}	7.0
20	$CaCO_3$	2.8×10^{-9}	8.55	46	Hg_2CO_3	8.9×10^{-17}	16.05
21	$CaC_2O_4 \cdot H_2O$	4.0×10^{-9}	8.40	47	$Hg_2(CN)_2$	5.0×10^{-40}	39.3
22	CaF_2	2.7×10^{-11}	10.57	48	Hg_2CrO_4	2.0×10^{-9}	8.70
23	$Ca(OH)_2$	5.5×10^{-6}	5.26	49	Hg_2I_2	4.5×10^{-29}	28.35
24	$Ca_3(PO_4)_2$	2.0×10^{-29}	28.70	50	HgI_2	2.82×10^{-29}	28.55
25	$CaSO_4$	3.16×10^{-7}	6.50	51	$Hg_2(IO_3)_2$	2.0×10^{-14}	13.70
26	$CaSiO_3$	2.5×10^{-8}	7.60	52	$Hg_2(OH)_2$	2.0×10^{-24}	23.7
27	CdS	8.0×10^{-27}	26.1	53	$HgSe$	1.0×10^{-59}	59.0
28	$CdSeO_3$	1.3×10^{-9}	8.89	54	HgS(红)	4.0×10^{-53}	52.4

序号	分子式	K_{sp}	pK_{sp}	序号	分子式	K_{sp}	pK_{sp}
55	HgS(黑)	1.6×10^{-52}	51.8	64	$PbCO_3$	7.4×10^{-14}	13.13
56	$MgCO_3$	3.5×10^{-8}	7.46	65	$PbCrO_4$	2.8×10^{-13}	12.55
57	$MgCO_3 \cdot 3H_2O$	2.14×10^{-5}	4.67	66	PbS	1.0×10^{-28}	28.00
58	$Mg(OH)_2$	1.8×10^{-11}	10.74	67	$PbSO_4$	1.6×10^{-8}	7.80
59	$Mn(OH)_4$	1.9×10^{-13}	12.72	68	SnS	1.0×10^{-25}	25.0
60	MnS(粉红)	2.5×10^{-10}	9.60	69	$ZnCO_3$	1.4×10^{-11}	10.85
61	MnS(绿)	2.5×10^{-13}	12.6	70	$Zn(OH)_2$	2.09×10^{-16}	15.68
62	$PbBr_2$	4.0×10^{-5}	4.40	71	α-ZnS	1.6×10^{-24}	23.8
63	$PbCl_2$	1.6×10^{-5}	4.80	72	β-ZnS	2.5×10^{-22}	21.6

参 考 文 献

[1] 吴华, 董宪武. 基础化学 [M]. 2 版. 北京: 化学工业出版社, 2019.
[2] 吴华. 无机及分析化学 [M]. 3 版. 大连: 大连理工大学出版社, 2020.
[3] 沈磊, 季剑波. 世界技能大赛赛项指导书化学实验室技术 [M]. 北京: 化学工业出版社, 2020.
[4] 刘文英. 药物分析 [M]. 5 版. 北京: 人民卫生出版社, 2005.
[5] 刘丹赤. 基础化学 [M]. 3 版. 北京: 中国轻工业出版社, 2022.
[6] 顾海欣, 刘晓健. 紫外分光光度法监测水质中的石油 [J]. 广州化工, 2019, 47 (14): 112-114.
[7] 董静, 吕肖楠. 紫外分光光度法在食品检测及食品安全分析中的应用 [J]. 食品安全导刊, 2022, 331 (02): 151-153.
[8] 王炳强, 谢茹胜. 世界技能大赛化学实验室技术 [M]. 北京: 化学工业出版社, 2020.
[9] 杜学勤, 高秀蕊. 仪器分析技术 [M]. 3 版. 北京: 中国医药科技出版社, 2021: 37.
[10] 于晓萍. 仪器分析 [M]. 3 版. 北京: 化学工业出版社, 2022: 004.
[11] 国家药典委员会. 中华人民共和国药典 [M]. 北京: 中国医药科技出版社, 2025.
[12] 陈任宏, 董会钰. 药用基础 [M]. 北京: 化学工业出版社, 2019: 219-227.
[13] 勒丹红, 张清. 分析化学 [M]. 2 版. 北京: 中国医药科技出版社, 2019: 109-123.
[14] 常薇, 郁翠华. 分析化学实验 [M]. 西安: 西安交通大学出版社, 2009: 67.
[15] 中国科学技术大学化学与材料科学学院实验中心. 仪器分析实验 [M]. 合肥: 中国科学技术大学出版社, 2011: 123-130.
[16] 高春波, 景晓霞, 彭邦华. 分析化学分析方法的原理及应用研究 [M]. 北京: 中国纺织出版社, 2018: 183-215.
[17] 胡会利, 李宁. 电化学测量 [M]. 北京: 化学工业出版社, 2019: 2-9.
[18] 吕玉光, 郝凤岭, 张同艳. 现代仪器分析方法及应用研究 [M]. 北京: 中国纺织出版社, 2018: 7-39.
[19] 高职高专化学教材编写组. 分析化学实验 [M]. 5 版. 北京: 高等教育出版社, 2020.
[20] 杭州大学化学系分析化学教研室. 分析化学手册 第一分册: 基础知识与安全知识 [M]. 5 版. 北京: 化学工业出版社, 1997.
[21] 谢茹胜, 张立虎. 分析化学 [M]. 北京: 中国医药科技出版社, 2021.

参考答案

全书教学 PPT

任务实施单

模块名称	酸碱滴定分析法		任务名称	任务一 HCl 滴定液(0.1mol/L)的配制与标定		
姓名		组号		班级		日期	

操作步骤	操作方法	数据记录
配制	1. 量取 HCl 溶液 4.5mL 2. 置于装有少量纯化水的烧杯中,然后转移至 500mL 容量瓶中,稀释至标线,摇匀 3. 移入试剂瓶中,贴好标签待标定	
标定	4. 用减量法精密称取 3 份于 270～300℃ 干燥至恒重的无水 Na_2CO_3,约 0.15g 5. 加水 50mL 使其溶解 6. 加甲基红－溴甲酚绿混合指示液 10 滴 7. HCl 滴定液→滴定管→排气泡→调零 8. 滴定,至溶液由绿色→紫红色 9. 煮沸 2min,并摇动锥形瓶,赶走 CO_2,冷却至室温 10. 再滴定,至溶液由绿色→暗紫色,即为终点 11. 记录消耗的 HCl 滴定液的体积 12. 平行测定三次 13. 做空白试验,记录空白值 V_0	$m_1 =$ _____ g $m_2 =$ _____ g $m_3 =$ _____ g $V_1 =$ _____ mL $V_2 =$ _____ mL $V_3 =$ _____ mL $V_0 =$ _____ mL
结果计算	计算滴定液的浓度($M_{Na_2CO_3} = 105.99g/mol$) 计算公式:$c_{HCl} = \dfrac{2m_{Na_2CO_3} \times 10^3}{M_{Na_2CO_3}(V_{HCl} - V_0)}$	$c_1 =$ _____ mol/L $c_2 =$ _____ mol/L $c_3 =$ _____ mol/L $\bar{c} =$ _____ mol/L
	计算相对平均偏差 $\bar{d_r} = \dfrac{\dfrac{1}{3} \times (|c_1 - \bar{c}| + |c_2 - \bar{c}| + |c_3 - \bar{c}|)}{\bar{c}} \times 100\%$	$\bar{d_r} =$ _____
结束清场	清洗实验器皿,整理实验台面	

任务评价单

序号	操作内容	考核内容	分值/分	得分/分
一	基准物质的称量 （15分）	检查天平水平	1	
		清洁天平内室	1	
		不撒落样品	1	
		称量范围≤±5%,得满分；±5%<称量范围≤±10%,得一半分；称量范围>±10%,不得分	10	
		填写天平使用记录	2	
二	试液配制 （15分）	稀释盐酸应采用酸入水的方式	5	
		基准物质完全溶解,不得溅失	5	
		滴定前不漏加试剂	5	
三	滴定操作 （25分）	滴定管规范试漏,不漏液	2	
		滴定管洗涤干净,水滴不挂壁	2	
		用待装液润洗滴定管2～3次	2	
		装液后将管内气泡排出	2	
		调节滴定管内液面至0.00mL	2	
		滴定操作初始溶液颜色无明显变化时滴速可快些(3～4滴/s)	3	
		接近终点时,应一滴一滴加入滴定液,或半滴加入,并不停摇动,仔细观察溶液的颜色变化	3	
		滴定终点判断正确:溶液为暗紫色	5	
		读数估读到0.01mL,读数差在0.05mL以内	4	
四	数据记录与处理 （30分）	原始数据不用其他纸张记录	2	
		原始数据记录及时	2	
		原始数据不缺项	2	
		计算过程及结果正确(由于第一次错误影响到其他不再扣分)	10	
		有效数字位数保留正确或修约正确	4	
		测定结果精密度好:相对平均偏差≤1.0%,得满分；1.0%<相对平均偏差≤2.0%,得6分；2.0%<相对平均偏差≤3.0%,得3分；相对平均偏差>3.0%,不得分	10	
		实验数据如需修改,应将错误之处划线,保证修改前记录能够辨认,如未做到则扣5分		
五	文明操作结束工作 （15分）	结束后清洗仪器	5	
		废纸/废液不乱扔、乱倒	5	
		仪器摆放整齐	5	
总分/分			100	

模块名称	酸碱滴定分析法		任务名称	任务二　NaOH 滴定液（0.1mol/L）的配制与标定	
姓名		组号	班级		日期

操作步骤	操作方法	数据记录
配制	1. 用表面皿或小烧杯称取 NaOH 约 120g，倒入装有 100mL 纯化水的烧杯中，搅拌使其溶解为饱和溶液，冷却后储于聚乙烯塑料瓶中，静置数日，待溶液澄清后使用 　2. 用干燥的吸量管量取 2.8mL NaOH 饱和溶液上层清液，立即加入装有 500mL 水的聚乙烯瓶中，密塞，摇匀 　3. 贴好标签待标定	
标定	4. 用减量法精密称取 3 份在 105℃干燥至恒重的基准物邻苯二甲酸氢钾约 0.6g（准确至 0.1mg），分别置于 250mL 锥形瓶中 　5. 加新煮沸过的冷水 50mL，振摇，使其尽量溶解 　6. 加酚酞指示剂 2 滴 　7. 将配好的 NaOH 滴定液→滴定管→排气泡→调零 　8. 滴定至溶液由无色→粉红色并保持 30s 不褪色即为终点 　9. 记录消耗的 NaOH 滴定液的体积 　10. 平行测定三次 　11. 做空白试验，记录空白值 V_0	$m_1 = \underline{\qquad}$ g $m_2 = \underline{\qquad}$ g $m_3 = \underline{\qquad}$ g $V_1 = \underline{\qquad}$ mL $V_2 = \underline{\qquad}$ mL $V_3 = \underline{\qquad}$ mL $V_0 = \underline{\qquad}$ mL
结果计算	计算滴定液的浓度（$M_{KHP} = 204.22$g/mol） 计算公式：$c_{NaOH} = \dfrac{m_{KHP} \times 10^3}{M_{KHP}(V_{NaOH} - V_0)}$	$c_1 = \underline{\qquad}$ mol/L $c_2 = \underline{\qquad}$ mol/L $c_3 = \underline{\qquad}$ mol/L $\bar{c} = \underline{\qquad}$ mol/L
	计算相对平均偏差 $\bar{d}_r = \dfrac{\dfrac{1}{3} \times (\mid c_1 - \bar{c} \mid + \mid c_2 - \bar{c} \mid + \mid c_3 - \bar{c} \mid)}{\bar{c}} \times 100\%$	$\bar{d}_r = \underline{\qquad}$
结束清场	清洗实验器皿，整理实验台面	

任务评价单

序号	操作内容	考核内容	分值/分	得分/分
一	基准物质的称量 （15分）	检查天平水平	1	
		清洁天平内室	1	
		不撒落样品	1	
		称量范围≤±5%，得满分；±5%＜称量范围≤±10%，得一半分；称量范围＞±10%，不得分	10	
		填写天平使用记录	2	
二	试液配制 （15分）	用饱和氢氧化钠溶液配制目标滴定液	5	
		基准物质完全溶解，不得溅失	5	
		滴定前不漏加试剂	5	
三	滴定操作 （25分）	滴定管规范试漏，不漏液	2	
		滴定管洗涤干净，水滴不挂壁	2	
		用待装液润洗滴定管2～3次	2	
		装液后将管内气泡排出	2	
		调节滴定管内液面至0.00mL	2	
		滴定操作初始溶液颜色无明显变化时滴速可快些(3～4滴/s)	3	
		接近终点时，应一滴一滴加入滴定液，或半滴加入，并不停摇动，仔细观察溶液的颜色变化	3	
		滴定终点判断正确：溶液为粉红色，30s内不褪色	5	
		读数估读到0.01mL，读数差在0.05mL以内	4	
四	数据记录与处理 （30分）	原始数据不用其他纸张记录	2	
		原始数据记录及时	2	
		原始数据不缺项	2	
		计算过程及结果正确（由于第一次错误影响到其他不再扣分）	10	
		有效数字位数保留正确或修约正确	4	
		测定结果精密度好：相对平均偏差≤1.0%，得满分；1.0%＜相对平均偏差≤2.0%，得6分；2.0%＜相对平均偏差≤3.0%，得3分；相对平均偏差＞3.0%，不得分	10	
		实验数据如需修改，应将错误之处划线，保证修改前记录能够辨认，如未做到则扣5分		
五	文明操作结束工作 （15分）	结束后清洗仪器	5	
		废纸/废液不乱扔、乱倒	5	
		仪器摆放整齐	5	
总分/分			100	

模块名称	酸碱滴定分析法		任务名称	任务三 阿司匹林的含量测定		
姓名		组号		班级	日期	

操作步骤	操作方法	数据记录
阿司匹林 试样准备	1. 取试样约 0.4g，精密称定 3 份，分别置于锥形瓶中 2. 加中性乙醇 20mL 使试样溶解	$m_{s1}=$ _____ g $m_{s2}=$ _____ g $m_{s3}=$ _____ g
测定阿司 匹林含量	3. 向试样中滴加 3 滴酚酞 4. NaOH 滴定液→滴定管→排气泡→调零 5. 用 NaOH 滴定液滴定至溶液由无色→浅红色，30s 不褪色 6. 记录消耗 NaOH 滴定液的体积 7. 平行测定 3 次 8. 做空白试验，记录空白值 V_0	$V_1=$ _____ mL $V_2=$ _____ mL $V_3=$ _____ mL $V_0=$ _____ mL
结果计算	计算阿司匹林试样含量 计算公式： $$F=\dfrac{c_{NaOH}}{c_{规定}}$$ $$w(\%)=\dfrac{(V-V_0)TF\times10^{-3}}{m_s}\times100\%$$	$T=18.02\text{mg/mL}$ $c_{NaOH}=$ _____ mol/L $c_{规定}=$ _____ mol/L $F=$ _____ $w_1=$ _____ $w_2=$ _____ $w_3=$ _____ $\bar{w}=$ _____
	计算相对平均偏差 $\bar{d}_r=\dfrac{\dfrac{1}{3}\times(|w_1-\bar{w}|+|w_2-\bar{w}|+|w_3-\bar{w}|)}{\bar{w}}\times$ 100%	$\bar{d}_r=$ _____
结果判定	按干燥品计算，含 $C_9H_8O_4$ 应不少于 99.5%	是□　　否□
结束清场	清洗实验器皿，整理实验台面	

任务评价单

序号	操作内容	考核内容	分值/分	得分/分
一	供试品的称量 （15分）	检查天平水平	1	
		清洁天平内室	1	
		不撒落样品	1	
		称量范围≤±5%，得满分；±5%<称量范围≤±10%，得一半分；称量范围>±10%，不得分	10	
		填写天平使用记录	2	
二	供试品的溶解 （15分）	用中性乙醇作溶剂	5	
		供试品完全溶解，不得溅失	5	
		滴定前不漏加试剂	5	
三	滴定操作 （25分）	滴定管规范试漏，不漏液	5	
		滴定管洗涤干净，水滴不挂壁	2	
		用待装液润洗滴定管2~3次	2	
		装液后将管内气泡排出	2	
		调节滴定管内液面至0.00mL	2	
		滴定操作初始溶液颜色无明显变化时滴速可快些（3~4滴/s）	2	
		接近终点时，应一滴一滴加入滴定液，或半滴加入，并不停摇动，仔细观察溶液的颜色变化	3	
		滴定终点判断正确：溶液为粉红色，30s内不褪色	3	
		读数估读到0.01mL，读数差在0.05mL以内	4	
四	数据记录与处理 （30分）	原始数据不用其他纸张记录	2	
		原始数据记录及时	2	
		原始数据不缺项	2	
		计算过程及结果正确（由于第一次错误影响到其他不再扣分）	10	
		有效数字位数保留正确或修约正确	4	
		测定结果精密度好：相对平均偏差≤1.0%，得满分；1.0%<相对平均偏差≤2.0%，得6分；2.0%<相对平均偏差≤3.0%，得3分；相对平均偏差>3.0%，不得分	10	
		实验数据如需修改，应将错误之处划线，保证修改前记录能够辨认，如未做到则扣5分		
五	文明操作结束工作 （15分）	结束后清洗仪器	5	
		废纸/废液不乱扔、乱倒	5	
		仪器摆放整齐	5	
总分/分			100	

任务实施单

模块名称	配位滴定分析法			任务名称	任务一　EDTA 滴定液(0.01mol/L)的配制与标定		
姓名		组号		班级		日期	
操作步骤	操作方法					数据记录	

操作步骤	操作方法	数据记录
配制	1. 称取乙二胺四乙酸二钠约 2g 2. 加纯化水 200mL,加热使其溶解 3. 冷却后加纯化水稀释至 500mL,摇匀 4. 移入硬质玻璃瓶或聚乙烯瓶中,贴好标签待标定	
标定	5. 用减量法精密称取在 800℃灼烧至恒重的基准 ZnO 约 0.24g(准确至 0.1mg),称 3 份置于 3 个小烧杯中 　6. 用少量水湿润→加稀盐酸 2mL 使其溶解→移入 250mL 容量瓶→稀释至刻度→摇匀→备用 　7. 用移液管量取上述溶液 25.00mL→锥形瓶→加 70mL 水→用氨水溶液调 pH 值至 7～8→加 10mL 氨-氯化铵缓冲溶液(pH≈10)→滴加 5 滴铬黑 T 指示液→溶液成紫红色 　8. 将配好的 EDTA 滴定液→滴定管→排气泡→调零 　9. 滴定至溶液由紫红色→纯蓝色即为终点 　10. 记录消耗的 EDTA 滴定液的体积 　11. 平行测定三次 　12. 做空白试验,记录空白值 V_0	$m_1 = \underline{\hspace{2cm}}$ g $m_2 = \underline{\hspace{2cm}}$ g $m_3 = \underline{\hspace{2cm}}$ g $V_1 = \underline{\hspace{2cm}}$ mL $V_2 = \underline{\hspace{2cm}}$ mL $V_3 = \underline{\hspace{2cm}}$ mL $V_0 = \underline{\hspace{2cm}}$ mL
结果计算	计算滴定液的浓度($M_{ZnO} = 81.408$g/mol) $$c_{EDTA} = \frac{m_{ZnO} \times \dfrac{25}{250}}{(V_{EDTA} - V_0)M_{ZnO}} \times 10^3$$	$c_1 = \underline{\hspace{2cm}}$ mol/L $c_2 = \underline{\hspace{2cm}}$ mol/L $c_3 = \underline{\hspace{2cm}}$ mol/L $\bar{c} = \underline{\hspace{2cm}}$ mol/L
	计算相对平均偏差 $\bar{d}_r = \dfrac{\dfrac{1}{3} \times (|c_1 - \bar{c}| + |c_2 - \bar{c}| + |c_3 - \bar{c}|)}{\bar{c}} \times$ 100%	$\bar{d}_r = \underline{\hspace{2cm}}$
结束清场	清洗实验器皿,整理实验台面	

序号	操作内容	考核内容	分值/分	得分/分
一	基准物质的称量 （15分）	检查天平水平	1	
		清洁天平内室	1	
		不撒落样品	1	
		称量范围≤±5%,得满分；±5%＜称量范围≤±10%,得一半分；称量范围＞±10%,不得分	10	
		填写天平使用记录	2	
二	试液配制 （15分）	基准物质完全溶解,不得溅失	3	
		配液用的容量瓶应干净、不漏液	3	
		转移溶液应规范,准确定容至容量瓶标线	6	
		定容后应充分混匀	3	
三	移取溶液 （10分）	用移液管移液,移液管洗涤干净,水滴不挂壁	1	
		用待测试样润洗2～3次	1	
		准确移取所需体积	5	
		吸液时不吸空,不重吸	1	
		调刻度线前擦干外壁	1	
		放液时移液管竖直,移液管尖靠壁,放液后停留约15s	1	
四	滴定操作 （15分）	滴定管规范试漏,不漏液	1	
		滴定管洗涤干净,水滴不挂壁	1	
		用待装液润洗滴定管2～3次	1	
		装液后将管内气泡排出	1	
		调节滴定管内液面至0.00mL	1	
		滴定操作初始溶液颜色无明显变化时滴速可快些(3～4滴/s)	3	
		接近终点时,应一滴一滴加入滴定液,或半滴加入,并不停摇动,仔细观察溶液的颜色变化	3	
		滴定终点判断正确:溶液为纯蓝色	3	
		读数估读到0.01mL,读数差在0.05mL以内	1	
五	数据记录与处理 （30分）	原始数据不用其他纸张记录	2	
		原始数据记录及时	2	
		原始数据不缺项	2	
		计算过程及结果正确(由于第一次错误影响到其他不再扣分)	10	
		有效数字位数保留正确或修约正确	4	
		测定结果精密度好:相对平均偏差≤0.2%,得满分；0.2%＜相对平均偏差≤0.5%,得6分；0.5%＜相对平均偏差≤1.0%,得3分；相对平均偏差＞1.0%,不得分	10	
		实验数据如需修改,应将错误之处划线,保证修改前记录能够辨认,如未做到则扣5分		
六	文明操作结束工作 （15分）	结束后清洗仪器	5	
		废纸/废液不乱扔、乱倒	5	
		仪器摆放整齐	5	
总分/分			100	

任务实施单

模块名称	配位滴定分析法		任务名称	任务二 生活饮用水总硬度的测定	
姓名		组号	班级	日期	
操作步骤	操作方法			数据记录	

操作步骤	操作方法	数据记录
采集自来水样	1. 打开水龙头，放水数分钟，排出积留在水管中的杂质和陈旧水 2. 用洁净烧杯接取水样 500～1000mL	
测定水的总硬度	3. 精密移取 100mL 水样于 250mL 锥形瓶中 4. 加 10mL 氨-氯化铵缓冲溶液(pH≈10)，摇匀 5. 加铬黑 T 指示剂 4～5 滴，颜色为紫红色即可 6. EDTA 滴定液→滴定管→排气泡→调零 7. 用 EDTA 滴定液滴定至溶液由酒红色→纯蓝色 8. 记录消耗 EDTA 滴定液的体积 9. 平行测定 3 次 10. 做空白试验，记录空白值 V_0	$V_{水样1} = $ _____ mL $V_{水样2} = $ _____ mL $V_{水样3} = $ _____ mL $V_{EDTA1} = $ _____ mL $V_{EDTA2} = $ _____ mL $V_{EDTA3} = $ _____ mL $V_0 = $ _____ mL
结果计算	计算生活饮用水的总硬度($M_{CaCO_3} = 100.09$ g/mol) $$\rho_{CaCO_3} = \frac{c_{EDTA}(V_{EDTA} - V_0)M_{CaCO_3} \times 10^3}{V_{水样}}$$	$c_{EDTA} = $ _____ mol/L $\rho_1 = $ _____ mg/L $\rho_2 = $ _____ mg/L $\rho_3 = $ _____ mg/L $\bar{\rho} = $ _____ mg/L
	计算相对平均偏差 $\bar{d}_r = \dfrac{\frac{1}{3} \times (|\rho_1 - \bar{\rho}| + |\rho_2 - \bar{\rho}| + |\rho_3 - \bar{\rho}|)}{\bar{\rho}} \times 100\%$	$\bar{d}_r = $ _____
结果判定	生活饮用水的总硬度以 $CaCO_3$ 计，应不超过 450mg/L	是□　否□
结束清场	清洗实验器皿，整理实验台面	

任务评价单

序号	操作内容	考核内容	分值/分	得分/分
一	移取水样（25分）	移液管洗涤干净,水滴不挂壁	4	
		用待测水样润洗液管2~3次	4	
		吸液时不吸空,不重吸	4	
		调刻度线前擦干外壁	4	
		准确移取所需体积	5	
		放液时移液管竖直,移液管尖靠壁,放液后停留约15s	4	
二	滴定操作（30分）	滴定管规范试漏,不漏液	3	
		滴定管洗涤干净,水滴不挂壁	3	
		用待装液润洗滴定管2~3次	3	
		装液后将管内气泡排出	3	
		调节滴定管内液面至0.00mL	3	
		滴定操作初始溶液颜色无明显变化时滴速可快些(3~4滴/s)	3	
		接近终点时,应一滴一滴加入滴定液,或半滴加入,并不停摇动,仔细观察溶液的颜色变化	3	
		滴定终点判断正确:溶液为纯蓝色	5	
		读数估读到0.01mL,读数差在0.05mL以内	4	
三	数据记录与处理（30分）	原始数据不用其他纸张记录	2	
		原始数据记录及时	2	
		原始数据不缺项	2	
		计算过程及结果正确(由于第一次错误影响到其他不再扣分)	10	
		有效数字位数保留正确或修约正确	4	
		测定结果精密度好:相对平均偏差≤0.2%,得满分;0.2%<相对平均偏差≤0.5%,得6分;0.5%<相对平均偏差≤1.0%,得3分;相对平均偏差>1.0%,不得分	10	
		实验数据如需修改,应将错误之处划线,保证修改前记录能够辨认,如未做到则扣5分		
四	文明操作结束工作（15分）	结束后清洗仪器	5	
		废纸/废液不乱扔、乱倒	5	
		仪器摆放整齐	5	
总分/分			100	

模块名称	配位滴定分析法		任务名称	任务三　氢氧化铝的含量测定	
姓名		组号	班级		日期
操作步骤	操作方法				数据记录
供试品溶液的制备	1. 精密称取本品约 0.6g→加盐酸 10mL→加水 10mL→煮沸溶解→放冷→定量转移至 250mL 容量瓶→用水定容→摇匀备用 2. 用移液管精密量取 25mL 上述溶液→加氨试液至恰析出沉淀→滴加稀盐酸至沉淀恰溶解→加醋酸-醋酸铵缓冲液 10mL→精密加 EDTA 滴定液 25.00mL→煮沸 3～5min→放冷→加二甲酚橙指示液 1mL				$m_{s1} =$ _____ g $m_{s2} =$ _____ g $m_{s3} =$ _____ g
滴定	3. 锌滴定液→滴定管→排气泡→调零 4. 用锌滴定液滴定至溶液由黄色→红色 5. 记录消耗的锌滴定液的体积 6. 平行测定三次				$V_1 =$ _____ mL $V_2 =$ _____ mL $V_3 =$ _____ mL
结果计算	计算试样中氢氧化铝的含量（$M_{Al(OH)_3} = 78.01 g/mol$） $$w_{Al(OH)_3} = \frac{(c_{EDTA} V_{EDTA} - c_{Zn^{2+}} V_{Zn^{2+}}) M_{Al(OH)_3} \times 10^{-3}}{m_s \times \dfrac{25.00}{250.00}} \times 100\%$$				$c_{EDTA} =$ _____ mol/L $c_{Zn^{2+}} =$ _____ mol/L $w_1 =$ _____ $w_2 =$ _____ $w_3 =$ _____ $\bar{w} =$ _____
	计算相对平均偏差 $\bar{d}_r = \dfrac{\dfrac{1}{3} \times (|w_1 - \bar{w}| + |w_2 - \bar{w}| + |w_3 - \bar{w}|)}{\bar{w}} \times 100\%$				$\bar{d}_r =$ _____
结果判定	本品含 $Al(OH)_3$ 不得少于 76.5%				是□　　否□
结束清场	清洗实验器皿,整理实验台面				

任务评价单

序号	操作内容	考核内容	分值/分	得分/分
一	供试品溶液的制备（35分）	供试品称重按规范操作：如果未按规范操作,则扣除所有分数	5	
		称量范围≤±5%,得满分；±5%<称量范围≤±10%,得一半分；称量范围>±10%,不得分	10	
		用容量瓶配液如果未按规范操作,每出现1次错误,则扣除1分	10	
		用移液管取液如果未按规范操作,每出现1次错误,则扣除1分	10	
二	滴定操作（20分）	如果未按规范操作,每出现1次错误,则扣除1分	10	
		滴定终点判断正确,溶液应为红色	5	
		滴定管估读到0.01mL,读数差在0.05mL以内	5	
三	数据记录与处理（30分）	原始数据记录不及时,或用其他纸张记录,则扣1分	3	
		不规范改正数据,或缺项,则扣1分	3	
		计算过程及结果不正确,则扣除该项的所有分数	10	
		如果有效数字保留或修约不正确,则扣除所有分数	4	
		测定结果精密度好:相对平均偏差≤0.2%,得满分；0.2%<相对平均偏差≤0.5%,得6分；0.5%<相对平均偏差≤1.0%,得3分；相对平均偏差>1.0%,不得分	10	
		篡改测量数据(如伪造、凑数据等),总分以0分计		
四	文明操作结束工作（15分）	结束后清洗仪器	5	
		废纸/废液不乱扔、乱倒	5	
		仪器摆放整齐	5	
总分/分			100	

模块名称	氧化还原滴定分析法	任务名称	任务一　KMnO₄ 滴定液(0.02mol/L)的配制与标定		
姓名		组号		班级		日期	

操作步骤	操作方法	数据记录
配制	1. 称量 1.6g KMnO₄,加 500mL 水溶解 2. 微沸 15min,密封避光放置 2 周 3. 用微孔玻璃漏斗过滤,贮存在 500mL 棕色试剂瓶中	
标定	4. 精密称取 105℃ 干燥至恒重的基准 $Na_2C_2O_4$ 约 0.2g(准确至 0.1mg)于锥形瓶中,再加入新煮沸的冷水 250mL,搅拌使其溶解 5. 用瓶口分液器取出 10mL 硫酸,边搅拌边缓慢加入到上述锥形瓶中 6. 将配好的 KMnO₄ 滴定液→滴定管→排气泡→调零 7. 自滴定管中向锥形瓶内迅速加入本液约 25mL,边加边振摇,以避免产生沉淀 8. 待锥形瓶内溶液褪色后,加热至 65℃ 9. 开始滴定,控制滴定速度,滴定至溶液显微红色并保持 30s 不褪,溶液温度应不低于 55℃ 10. 记录消耗的 KMnO₄ 滴定液的体积 11. 平行测定三次 12. 做空白试验,记录空白值 V_0	$m_1 = $ _____ g $m_2 = $ _____ g $m_3 = $ _____ g $V_1 = $ _____ mL $V_2 = $ _____ mL $V_3 = $ _____ mL $V_0 = $ _____ mL
结果计算	计算滴定液的浓度($M_{Na_2C_2O_4} = 134.00g/mol$) $$c_{KMnO_4} = \frac{2m_{Na_2C_2O_4} \times 10^3}{5M_{Na_2C_2O_4}(V_{KMnO_4} - V_0)}$$	$c_1 = $ _____ mol/L $c_2 = $ _____ mol/L $c_3 = $ _____ mol/L $\bar{c} = $ _____ mol/L
	计算相对平均偏差 $$\bar{d}_r = \frac{\frac{1}{3} \times (|c_1 - \bar{c}| + |c_2 - \bar{c}| + |c_3 - \bar{c}|)}{\bar{c}} \times 100\%$$	$\bar{d}_r = $ _____
结束清场	清洗实验器皿,整理实验台面	

任务评价单

序号	操作内容	考核内容	分值/分	得分/分
一	基准物质的称量（15分）	检查天平水平	1	
		清洁天平内室	1	
		不撒落样品	1	
		称量范围≤±5%，得满分；±5%＜称量范围≤±10%，得一半分；称量范围＞±10%，不得分	10	
		填写天平使用记录	2	
二	试液配制（10分）	配制高锰酸钾滴定液，不得用滤纸过滤滴定液	3	
		向基准物质中先加水，再加硫酸，顺序不得颠倒	4	
		基准物质完全溶解，不得溅失	3	
三	滴定操作（30分）	滴定管规范试漏，不漏液	3	
		滴定管洗涤干净，水滴不挂壁	3	
		用待装液润洗滴定管2～3次	3	
		装液后将管内气泡排出	3	
		调节滴定管内液面至0.00mL	3	
		滴定温度控制在55～65℃	3	
		准确控制滴定速度，滴定速度与反应速率相适应	3	
		接近滴定终点时，一滴一滴加入，或半滴加入，并不停摇动，仔细观察溶液的颜色变化	3	
		滴定终点判断正确：溶液呈微红色，且30s不褪	3	
		读数估读到0.01mL，读数差在0.05mL以内	3	
四	数据记录与处理（30分）	原始数据不用其他纸张记录	2	
		原始数据记录及时	2	
		原始数据不缺项	2	
		计算过程及结果正确（由于第一次错误影响到其他不再扣分）	10	
		有效数字位数保留正确或修约正确	4	
		测定结果精密度好：相对平均偏差≤0.2%，得满分；0.2%＜相对平均偏差≤0.5%，得6分；0.5%＜相对平均偏差≤1.0%，得3分；相对平均偏差＞1.0%，不得分	10	
		实试验数据如需修改，应将错误之处划线，保证修改前记录能够辨认，如未做到则扣5分		
五	文明操作结束工作（15分）	结束后清洗仪器	5	
		废纸/废液不乱扔、乱倒	5	
		仪器摆放整齐	5	
总分/分			100	

模块名称	氧化还原滴定分析法		任务名称	任务二 医用双氧水的含量测定	
姓名		组号		班级		日期	

操作步骤	操作方法	数据记录
过氧化氢试样准备	1. 精密量取待测试样 5.00mL→加入盛有 30mL 纯化水的 100mL 容量瓶中→加水稀释至标线→摇匀 2. 精密量取稀释后的试液 25.00mL→锥形瓶 3. 向锥形瓶中加稀 H_2SO_4 10mL,轻轻摇匀,备用 4. 上述供试液准备 3 份	$V_{s1}=$ _____ mL $V_{s2}=$ _____ mL $V_{s3}=$ _____ mL
测定过氧化氢含量	5. $KMnO_4$ 滴定液→滴定管→排气泡→调零 6. 用 $KMnO_4$ 滴定液滴定至溶液变为浅红色,且保持 30s 不褪色 7. 记录消耗 $KMnO_4$ 滴定液的体积 8. 平行测定 3 次 9. 做空白试验,记录空白值 V_0	$V_1=$ _____ mL $V_2=$ _____ mL $V_3=$ _____ mL $V_0=$ _____ mL
结果计算	计算过氧化氢含量($M_{H_2O_2}=34.01g/mol$) $$\rho_{H_2O_2}=\frac{5}{2}\times\frac{c_{KMnO_4}(V_{KMnO_4}-V_0)M_{H_2O_2}\times10^{-3}}{V_s\times\dfrac{25.00}{100.00}}\times100\%$$	$c_{KMnO_4}=$ _____ mol/L $\rho_1=$ _____ $\rho_2=$ _____ $\rho_3=$ _____ $\bar{\rho}=$ _____
	计算相对平均偏差 $$\bar{d}_r=\frac{\dfrac{1}{3}\times(\mid\rho_1-\bar{\rho}\mid+\mid\rho_2-\bar{\rho}\mid+\mid\rho_3-\bar{\rho}\mid)}{\bar{\rho}}\times100\%$$	$\bar{d}_r=$ _____
结果判定	本品过氧化氢(H_2O_2)含量应为 2.5%~3.5%(g/mL)	是□　　否□
结束清场	清洗实验器皿,整理实验台面	

序号	操作内容	考核内容	分值/分	得分/分
一	过氧化氢试样准备(25分)	用移液管移液,移液管洗涤干净,水滴不挂壁	2	
		用待测试样润洗2~3次	2	
		准确移取所需体积	5	
		吸液时不吸空,不重吸	2	
		调刻度线前擦干外壁	2	
		放液时移液管竖直,移液管尖靠壁,放液后停留约15s	2	
		用容量瓶稀释试样,容量瓶应干净、不漏液	4	
		稀释试样准确定容至容量瓶标线	4	
		定容后应充分混匀	2	
二	滴定操作(30分)	滴定管规范试漏,不漏液	3	
		滴定管洗涤干净,水滴不挂壁	3	
		用待装液润洗滴定管2~3次	3	
		装液后将管内气泡排出	3	
		调节滴定管内液面至0.00mL	3	
		准确控制滴定速度:慢→快→慢	3	
		接近终点时,应一滴一滴加入滴定液,或半滴加入,并不停摇动,仔细观察溶液的颜色变化	3	
		滴定终点判断正确,溶液为浅红色	5	
		读数估读到0.01mL,读数差在0.05mL以内	4	
三	数据记录与处理(30分)	原始数据不用其他纸张记录	2	
		原始数据记录及时	2	
		原始数据不缺项	2	
		计算过程及结果正确(由于第一次错误影响到其他不再扣分)	10	
		有效数字位数保留正确或修约正确	4	
		测定结果精密度好:相对平均偏差≤0.2%,得满分;0.2%<相对平均偏差≤0.5%,得6分;0.5%<相对平均偏差≤1.0%,得3分;相对平均偏差>1.0%,不得分	10	
		实验数据如需修改,应将错误之处划线,保证修改前记录能够辨认,如未做到则扣5分		
四	文明操作结束工作(15分)	结束后清洗仪器	5	
		废纸/废液不乱扔、乱倒	5	
		仪器摆放整齐	5	
总分/分			100	

模块名称	氧化还原滴定分析法		任务名称	任务三 维生素 C 的含量测定	
姓名		组号		班级	日期

操作步骤	操作方法	数据记录
准备 维生素 C 供试液	1. 取维生素 C 试样约 0.2g,精密称定,置于锥形瓶中,称 3 份 注意:维生素 C 溶解后更易被空气中 O_2 氧化,引入误差,所以应称取 1 份滴定 1 份,不要 3 份同时称取 2. 加入新煮沸放冷的纯化水 100mL,加入稀醋酸 10ml	$m_{s1} =$ _____ g $m_{s2} =$ _____ g $m_{s3} =$ _____ g
测定维生素 C 含量	3. 向试样溶液中加入淀粉指示液 1mL 4. I_2 滴定液→滴定管→排气泡→调零 5. 用 I_2 滴定液滴定至溶液由无色→浅蓝色,30s 不褪 6. 记录消耗 I_2 滴定液的体积 7. 平行测定 3 次 8. 做空白试验,记录空白值 V_0	$V_1 =$ _____ mL $V_2 =$ _____ mL $V_3 =$ _____ mL $V_0 =$ _____ mL
结果 计算	计算维生素 C 含量($M_{维生素C} = 176.13$g/mol) $$w_{维生素C} = \frac{c_{I_2} \times (V_{I_2} - V_0) \times M_{维生素C} \times 10^{-3}}{m_s} \times 100\%$$	$c_{I_2} =$ _____ $w_1 =$ _____ $w_2 =$ _____ $w_3 =$ _____ $\bar{w} =$ _____
	计算相对平均偏差 $$\bar{d}_r = \frac{\frac{1}{3} \times (|w_1 - \bar{w}| + |w_2 - \bar{w}| + |w_3 - \bar{w}|)}{\bar{w}} \times 100\%$$	$\bar{d}_r =$ _____
结果判定	本品含 $C_6H_8O_6$ 不得少于 99.0%	是☐ 否☐
结束清场	清洗实验器皿,整理实验台面	

任务评价单

序号	操作内容	考核内容	分值/分	得分/分
一	称量维生素C试样(15分)	检查天平水平	1	
		清洁天平内室	1	
		不撒落样品	1	
		称量范围≤±5%,得满分;±5%<称量范围≤±10%,得一半分;称量范围>±10%,不得分	10	
		填写天平使用记录	2	
二	准备维生素C供试液(10分)	试样完全溶解,不得溅失	5	
		不漏加试剂	5	
三	滴定操作(30分)	滴定管规范试漏,不漏液	3	
		滴定管洗涤干净,水滴不挂壁	3	
		用待装液润洗滴定管2~3次	3	
		装液后将管内气泡排出	3	
		调节滴定管内液面至0.00mL	3	
		滴定操作初始溶液颜色无明显变化时滴速可快些(3~4滴/s)	3	
		接近终点时,应一滴一滴加入滴定液,或半滴加入,并不停摇动,仔细观察溶液的颜色变化	3	
		滴定终点判断正确:溶液应为蓝色,且30s不褪	5	
		读数估读到0.01mL,读数差在0.05mL以内	4	
四	数据记录与处理(30分)	原始数据不用其他纸张记录	2	
		原始数据记录及时	2	
		原始数据不缺项	2	
		计算过程及结果正确(由于第一次错误影响到其他不再扣分)	10	
		有效数字位数保留正确或修约正确	4	
		测定结果精密度好:相对平均偏差≤0.2%,得满分;0.2%<相对平均偏差≤0.5%,得6分;0.5%<相对平均偏差≤1.0%,得3分;相对平均偏差>1.0%,不得分	10	
		实验数据如需修改,应将错误之处划线,保证修改前记录能够辨认,如未做到则扣5分		
五	文明操作结束工作(15分)	结束后清洗仪器	5	
		废纸/废液不乱扔、乱倒	5	
		仪器摆放整齐	5	
总分/分			100	

任务实施单

模块名称	沉淀滴定和重量分析法		任务名称	任务一　药用氯化钠含量的测定	
姓名		组号	班级		日期

操作步骤	操作方法	数据记录
准备工作	1. 准备并清洗仪器 2. 准备硝酸银滴定液 3. 润洗滴定管 4. 准备其他检验用液	
试液的配制	5. 准确称量氯化钠 0.12g,称量 3 份 6. 用 50mL 纯化水溶解氯化钠于 250mL 锥形瓶中	$m_{s1} =$ _____ g $m_{s2} =$ _____ g $m_{s3} =$ _____ g
测定氯化钠含量	7. 加 2％糊精溶液 5mL、2.5％硼砂溶液 2mL、荧光黄指示液 5～8 滴,摇匀 8. 硝酸银滴定液(0.1mol/L)→滴定管→排气泡→调零 9. 用硝酸银滴定液滴定至溶液由黄绿色变为粉红色 10. 记录消耗硝酸银滴定液的体积 11. 平行测定 3 次 12. 做空白试验,记录空白值 V_0	$V_1 =$ _____ mL $V_2 =$ _____ mL $V_3 =$ _____ mL $V_0 =$ _____ mL
结果计算	计算药用氯化钠的含量 $$F = \frac{c_{AgNO_3}}{c_{规定}}$$ $$w_{NaCl} = \frac{(V-V_0)TF \times 10^{-3}}{m_s} \times 100\%$$	$T = 5.844$mg/mL $c_{AgNO_3} =$ _____ mol/L $c_{规定} =$ _____ mol/L $F =$ _____ $w_1 =$ _____ $w_2 =$ _____ $w_3 =$ _____ $\bar{w} =$ _____
	计算相对平均偏差 $$\bar{d}_r = \frac{\frac{1}{3} \times (|w_1 - \bar{w}| + |w_2 - \bar{w}| + |w_3 - \bar{w}|)}{\bar{w}} \times 100\%$$	$\bar{d}_r =$ _____
结果判定	本品按干燥品计算,含氯化钠(NaCl)不得少于 99.5％	是□　　否□
结束清场	清洗实验器皿,整理实验台面。注意实验结束后滴定管不可直接用自来水清洗,防止管内附着 AgCl 沉淀	

序号	操作内容	考核内容	分值/分	得分/分
一	试样称量 (15分)	检查天平水平	1	
		清洁天平内室	1	
		不撒落样品	1	
		称量范围≤±5%,得满分;±5%<称量范围≤±10%,得一半分;称量范围>±10%,不得分	10	
		填写天平使用记录	2	
二	试液配制 (10分)	试样完全溶解,不得溅失	5	
		不漏加试剂	5	
三	滴定操作 (30分)	检查滴定管	3	
		洗涤干净,水滴不挂壁	3	
		用滴定液润洗2~3次	3	
		滴定前将管内气泡排出	3	
		调节滴定管内液面至0.00mL	3	
		滴定操作初始溶液颜色无明显变化时滴速可快些(3~4滴/s)	3	
		接近终点时,应缓慢滴加,并不停摇动,仔细观察溶液的颜色变化	3	
		滴定终点判断正确,溶液由黄绿→粉红	5	
		读数估读到0.01mL,读数差在0.05mL以内	4	
四	数据记录与处理 (30分)	原始数据不用其他纸张记录	2	
		原始数据记录及时	2	
		原始数据不缺项	2	
		计算过程及结果正确(由于第一次错误影响到其他不再扣分)	10	
		有效数字位数保留正确或修约正确	4	
		测定结果精密度好:相对平均偏差≤0.2%,得满分;0.2%<相对平均偏差≤0.5%,得6分;0.5%<相对平均偏差≤1.0%,得3分;相对平均偏差>1.0%,不得分	10	
		实验数据如需修改,应将错误之处划线,保证修改前记录能够辨认,如未做到则扣5分		
五	文明操作结束工作 (15分)	结束后清洗仪器	5	
		废纸/废液不乱扔、乱倒	5	
		仪器摆放整齐	5	
总分/分			100	

任务实施单

模块名称	沉淀滴定和重量分析法		任务名称	任务二 硫酸钠的含量测定	
姓名		组号	班级		日期

操作步骤	操作方法	数据记录
准备工作	1. 准备并清洗仪器 2. 准备检验用液	
试液的配制	3. 取 0.4g 试样,准确称量 2 份 4. 置于 500mL 烧杯中,加 200mL 纯化水,使试样溶解,如有不溶颗粒则需过滤	$m_{s1} = \underline{\hspace{2cm}}$ g $m_{s2} = \underline{\hspace{2cm}}$ g
沉淀的制备	5. 向试液中加入 1mL 6mol/L HCl 溶液,盖上表面皿,加热至微沸 6. 取 30mL 12% $BaCl_2$ 溶液于小烧杯中,加热近沸 7. 在搅拌下向试液中缓慢滴加约 8mL 热 $BaCl_2$ 溶液,时间约需要 1.5min 8. 静置,向上清液中滴加 1~2 滴 $BaCl_2$ 溶液,观察是否产生白色浑浊,如没有则表示沉淀完全 9. 盖上表面皿,置于沸水浴中陈化 1h,使沉淀长大 10.1h 后,取出冷却至室温	
过滤和洗涤	11. 用倾析法把清液滤入滤纸中,留下沉淀,注意不要搅动起沉淀 12. 用 15mL 热纯化水洗涤玻璃棒和杯壁,并进行搅拌,澄清后再按上法滤出清液,共倾析 3 次 13. 再用少量纯化水冲洗杯壁和玻璃棒上的沉淀,将沉淀搅起,将悬浮液分几次全部倾入滤纸 14. 撕下一小块滤纸角,擦拭玻璃棒和烧杯内壁,并将其放在漏斗内的沉淀上,最后洗涤滤纸上的沉淀至无 Cl^- 反应(用洁净表面皿收集滤液少许,加硝酸银试液,如不产生白色浑浊,可进行下一步)	
沉淀的干燥和灼烧	15. 将沉淀滤干水分,用滤纸包裹好,转移至瓷坩埚(800℃±20℃下灼烧至恒重)中,置于电炉上。小火烘干→大火炭化→灰化 16. 将坩埚移入马弗炉中,在 800℃±20℃下灼烧 30min,待马弗炉温度低于 200℃时取出坩埚,置于干燥器中,冷却 30min 后称量 17. 重复灼烧 20min,操作同上一步,直至恒重 18. 称量坩埚和沉淀的质量	灼烧温度:$\underline{\hspace{2cm}}$ ℃ $m_{坩埚1} = \underline{\hspace{2cm}}$ g $m_{坩埚2} = \underline{\hspace{2cm}}$ g $m_{(坩埚+沉淀)1} = \underline{\hspace{2cm}}$ g $m_{(坩埚+沉淀)2} = \underline{\hspace{2cm}}$ g
结果计算	计算硫酸钠的含量 $w_{Na_2SO_4} = \dfrac{0.6086 m_{BaSO_4}}{m_s} \times 100\%$ 相对偏差 $= \dfrac{\lvert w_1 - w_2 \rvert}{\bar{w}} \times 100\%$	$w_1 = \underline{\hspace{2cm}}$ $w_2 = \underline{\hspace{2cm}}$ $\bar{w} = \underline{\hspace{2cm}}$ 相对偏差 $= \underline{\hspace{2cm}}$
结果判定	本品按干燥品计算,含 Na_2SO_4 不少于 99.0%	是□ 否□
结束清场	清洗实验器皿,整理实验台面	

任务评价单

序号	操作内容	考核内容	分值/分	得分/分
一	试样称量 (15分)	检查天平水平	1	
		清洁天平内室	1	
		不撒落样品	1	
		称量范围≤±5%,得满分;±5%<称量范围≤±10%,得一半分;称量范围>±10%,不得分	10	
		填写天平使用记录	2	
二	试液配制 (10分)	试样完全溶解,不得溅失	5	
		不漏加试剂	5	
三	沉淀的制备 (10分)	试液中加入规定量的盐酸	2	
		在微沸状态下加入过量沉淀剂 $BaCl_2$ 溶液	2	
		滴加 $BaCl_2$ 试液一定要慢,并不断搅拌	2	
		检验是否沉淀完全	2	
		陈化至规定时间,其间不得晃动	2	
四	过滤和洗涤 (10分)	过滤满足"一帖""二低""三靠"	2	
		过滤时没有穿透现象	2	
		沉淀转移完全	2	
		充分洗涤沉淀、烧杯内壁和玻璃棒	2	
		用硝酸银试液检验滤液是否产生白色浑浊	2	
五	沉淀的干燥和灼烧(10分)	按烘干→炭化→灰化→灼烧处理滤纸包裹的沉淀	4	
		灼烧至恒重,连续两次称重差值不超过 0.3mg	4	
		坩埚应放入干燥器中冷却至室温再称量	2	
六	数据记录与处理 (30分)	原始数据不用其他纸张记录	2	
		原始数据记录及时	2	
		原始数据不缺项	2	
		计算过程及结果正确(由于第一次错误影响到其他不再扣分)	10	
		有效数字位数保留正确或修约正确	4	
		测定结果精密度好:相对偏差≤0.2%,得满分;0.2%<相对偏差≤0.5%,得 6 分;0.5%<相对偏差≤1.0%,得 3 分;相对偏差>1.0%,不得分	10	
		实验数据如需修改,应将错误之处划线,保证修改前记录能够辨认,如未做到则扣 5 分		
七	文明操作结束工作 (15分)	结束后清洗仪器	5	
		废纸/废液不乱扔、乱倒	5	
		仪器摆放整齐	5	
总分/分			100	

模块名称	紫外-可见分光光度分析法		任务名称	任务一　维生素 B_{12} 注射液的含量测定	
姓名		组号	班级		日期

操作步骤	操作方法	数据记录
配制	1. 根据供试品规格,确定稀释倍数 D 2. 准确量取维生素 B_{12} 注射液待测样品(V),用水稀释制成每 1mL 中约含 $25\mu g$ 维生素 B_{12} 的待测溶液	规格: $D=$ _____ $V=$ _____ mL
样品测定	3. 提前 30min 开启紫外-可见分光光度计预热 4. 设置仪器参数:采用光度测量模式,设置检测波长 5. 空白校正:以水为参比,校正零点 6. 测定样品:将待测溶液装入比色皿中,测定其吸光度,平行测定三份,记录吸光度 A	仪器型号: 仪器状态: 波长 $=$ _____ nm 光程 $L=$ _____ cm $A_1=$ _____ $A_2=$ _____ $A_3=$ _____
结果计算	$C_{63}H_{88}CoN_{14}O_{14}P$ 的吸收系数($E_{1cm}^{1\%}$)为 207 计算维生素 B_{12} 注射液的含量 $$x=\frac{AD\times1000}{E_{1cm}^{1\%}L\times100\times\text{标示量}}\times100\%$$ 注意:标示量单位应换算为 mg/mL	$x_1=$ _____ % $x_2=$ _____ % $x_3=$ _____ % $\bar{x}=$ _____ %
	计算相对平均偏差 $$\bar{d}_r=\frac{\dfrac{1}{3}\times(|x_1-\bar{x}|+|x_2-\bar{x}|+|x_3-\bar{x}|)}{\bar{x}}\times100\%$$	$\bar{d}_r=$ _____
结束清场	关机,清洗实验器皿,整理实验台面	

序号	操作内容	考核内容	分值/分	得分/分
一	溶液配制 (25分)	稀释倍数计算正确	5	
		稀释过程设计正确	5	
		移液管使用规范	5	
		容量瓶使用规范	5	
		数据记录完整规范	5	
二	含量测定 (35分)	仪器预热	5	
		测定模式及波长设置正确	5	
		空白溶液选取正确	5	
		平行测定三份样品	5	
		比色皿使用规范	10	
		填写仪器使用记录	5	
三	数据处理 (30分)	原始数据齐全	5	
		含量计算过程及结果正确(由于第一次错误影响到其他不再扣分)	5	
		有效数字位数保留正确或修约正确	5	
		相对平均偏差计算过程及结果正确	5	
		测定结果相对平均偏差≤0.5%	5	
		实验数据如需修改,应将错误之处划线,保证修改前记录能够辨认,如未做到则扣5分	5	
四	文明操作结束工作 (10分)	对紫外-可见分光光度计清洁、断电、防尘	5	
		废纸/废液不乱扔、乱倒,玻璃仪器摆放整齐	5	
总分/分			100	

模块名称	紫外-可见分光光度分析法		任务名称	任务二　邻二氮菲法测定试样中微量的铁		
姓名		组号		班级		日期	

操作步骤	操作方法	数据记录
开机	1. 打开仪器电源开关,预热	仪器型号: 仪器状态:
工作曲线溶液的配制	2. 铁标准使用液 $20\mu g/mL$;精密量取 25mL 铁储备液至 250mL 容量瓶中,用纯化水稀释至刻度并摇匀 3. 移取 $20\mu g/mL$ 的铁标准使用液 0.00mL、2.00mL、4.00mL、6.00mL、8.00mL、10.00mL 于 50mL 容量瓶中(编号),加入 1mL 抗坏血酸(100g/L)溶液,摇匀,再加入 5mL HAc-NaAc 缓冲溶液、2mL 邻二氮菲溶液,摇匀。用水稀释至刻度,摇匀,放置 15min	
确定测量波长	4. 用 1cm 比色皿,以空白溶液为参比,在 440～560nm 范围内测定 4 号溶液的吸光度,并作吸收曲线,从曲线上确定最大吸收波长 λ_{max} 作为定量测定时的测量波长	$\lambda_{max} =$ _____ nm
工作曲线的绘制	5. 在 λ_{max} 下用 1cm 比色皿,以相同参比溶液测定各工作曲线溶液的吸光度,以浓度为横坐标、吸光度值为纵坐标绘制工作曲线	回归方程:_____ 回归系数 r:_____
样品溶液的配制	6. 根据工作曲线的浓度范围以及待测液的浓度范围,确定待测液的稀释倍数 D 7. 利用现有实验条件设计稀释过程,对待测液进行稀释,并按工作曲线相同方法进行显色处理	$D =$ _____ 稀释记录:
样品测定	8. 在与工作曲线相同的测定条件下,测定样品稀释溶液的吸光度,平行测定三份	$A_1 =$ _____ $A_2 =$ _____ $A_3 =$ _____
数据处理	9. 在工作曲线上查得样品稀释溶液的浓度 ρ	$\rho_1 =$ _____ $\mu g/mL$ $\rho_2 =$ _____ $\mu g/mL$ $\rho_3 =$ _____ $\mu g/mL$ $\bar{\rho} =$ _____ $\mu g/mL$

数据处理	10. 根据待测液的稀释倍数,求出待测液中铁的含量 ρ_0 $$\rho_0(\mu g/mL) = \rho D$$	$\rho_0 = $ _____ $\mu g/mL$
	11. 计算测定结果的精密度(相对极差) $$相对极差(\%) = \frac{\rho_{max} - \rho_{min}}{\bar{\rho}} \times 100\%$$	相对极差 = _____
结束清场	关机,清洗实验器皿,整理实验台面	

绘制吸收曲线的数据记录

波长/nm	440	450	460	470	480	490	500	510	520	530	540	550	560
吸光度 A													

绘制工作曲线的数据记录

序号	1	2	3	4	5	6
铁标准使用液体积/mL	0.00	2.00	4.00	6.00	8.00	10.00
浓度/($\mu g/mL$)						
吸光度 A						

附工作曲线

任务评价单

模块名称	紫外-可见分光光度分析法		任务名称	任务二 邻二氮菲法测定试样中微量的铁		
姓名			组号	班级	日期	
序号	操作内容	考核内容			分值/分	得分/分
一	工作曲线溶液的配制（20分）	移取标准使用液体积正确			5	
		移液管（吸量管）使用规范			5	
		容量瓶使用规范			5	
		缓冲液、还原剂及显色剂加入正确			3	
		易混用容器做好标记			2	
二	测定最大吸收波长（15分）	仪器提前预热			2	
		选择适当浓度的溶液进行光谱扫描			2	
		空白溶液选取准确			2	
		测定模式及扫描波长范围设置正确			4	
		最大吸收波长判断准确			2	
		比色皿使用规范			3	
三	工作曲线的绘制（10分）	波长设置正确			3	
		空白溶液选取准确			3	
		比色皿配对操作正确，配对结果符合规定（吸光度差值＜0.005）			4	
四	配制并测定样品溶液（20分）	稀释倍数确定适宜（浓度在工作曲线范围内）			5	
		稀释过程准确			5	
		与工作曲线溶液的处理一致			5	
		平行配制并测定三份			3	
		数据记录及时、准确			2	
五	数据结果（25分）	实验数据如需修改，应将错误之处划线，保证修改前记录能够辨认，如未做到则扣3分			3	
		待测液中铁含量计算准确			5	
		精密度计算准确			4	
		有效数字修约准确			3	
		工作曲线线性好，r 值大于 0.9998			5	
		精密度好，相对极差小于 2.0%（如假平行则扣除 5 分）			5	
六	文明操作结束工作（10分）	对紫外-可见分光光度计清洁、断电、防尘			5	
		废纸/废液不乱扔、乱倒，玻璃仪器摆放整齐			5	
总分/分					100	

模块名称	电化学分析法		任务名称	任务一 葡萄糖氯化钠注射液的 pH 检查	
姓名		组号	班级		日期
操作步骤	操作方法				数据记录
酸度计的准备	1.将电极夹固定在电极架上,安装电极,检查复合电极是否完好 2.打开酸度计电源,预热 30min 3.选择仪器测量方式为"pH"方式				仪器型号:
试液配制	4.配置供试液,取 100mL 供试液置于烧杯中 5.配制邻苯二甲酸氢钾标准缓冲液和混合磷酸盐标准缓冲液,取适量分别置于烧杯中				供试品名称: 批号: 生产厂家: 规格: 标准缓冲液名称及 pH:
仪器校准	6.测定供试液、标准缓冲液温度,调节"温度"补偿器,使仪器显示的温度与供试液温度一致 7.从电极保护液中取出电极,用纯化水清洗电极并用滤纸轻轻吸干 8.将电极浸入 pH＝6.86 缓冲液,按"定位"按钮使仪器显示 pH 值与缓冲液在该温度下的 pH 值一致 9.将电极从 pH＝6.86 缓冲液中取出,用纯化水洗净并用滤纸轻轻吸干,再将电极浸入 pH＝4.01 缓冲液,按"斜率"按钮使仪器显示 pH 值与缓冲液在该温度下的 pH 值一致 10.完成一个循环的校准后,应重复校准 2～3 次				$t =$ _____ ℃
测定并记录	11.从 pH＝4.01 缓冲液中取出电极,用纯化水和供试液依次冲洗电极后,将电极浸入供试液中,轻摇溶液使其均匀,待显示值稳定不变后读数并记录 12.平行测定两次				$pH_1 =$ _____ $pH_2 =$ _____ $\overline{pH} =$ _____
结果判定	本品 pH 应为 3.5～5.5				是□　　　否□
结束清场	清洗实验器皿,还原仪器,关闭电源,整理实验台面				

任务评价单

序号	操作内容	考核内容	分值/分	得分/分
一	酸度计的准备(15分)	使用前,应检查复合电极是否完好	5	
		使用前,酸度计应预热到规定时间	10	
二	选择并配制标准缓冲液(20分)	依据标准缓冲液的选择原则,选取合适的校准用缓冲液	10	
		正确配制标准缓冲液	10	
三	仪器校准(30分)	电极从保护液中取出后,不用时应浸泡在纯化水中	2	
		测定不同溶液时,应清洗电极	2	
		电极清洗后要用滤纸吸干	2	
		正确使用温度补偿器	5	
		正确校准酸度计并完成超过1个的校准循环	10	
		仪器示值与标准缓冲液规定值的差值应不大于0.02pH单位	5	
		电极头不得触碰烧杯内壁	2	
		测量过程中电极内应无气泡	2	
四	测定(15分)	平行测定两次	10	
		两次pH读数的差值应不超过0.1	5	
五	数据记录与处理(10分)	原始数据记录及时	5	
		计算时有效数字位数保留正确或修约正确	5	
		实验数据如需修改,应将错误之处划线,保证修改前记录能够辨认,如未做到,扣5分		
六	文明操作结束工作(10分)	结束后关机,清洗电极,擦干电极后应保存在电极保护液中	4	
		废纸/废液不乱扔、乱倒	3	
		仪器摆放整齐	3	
总分/分			100	

模块名称	电化学分析法		任务名称	任务二 磺胺嘧啶的含量测定	
姓名		组号	班级	日期	
操作步骤	操作方法			数据记录	
安装仪器	1.按永停滴定仪说明书安装仪器			仪器型号：	
NaNO$_2$滴定液的配制及标定	2.称取 3.6g NaNO$_2$,以及 0.05g 无水 Na$_2$CO$_3$,加水溶解成 500mL,混匀,置玻璃塞的棕色玻璃瓶中,备用 3.称取在 120℃ 干燥至恒重的基准对氨基苯磺酸约 0.5g,精密称定 4.加水 30mL,加浓氨试液 3mL,基准物质溶解后,加盐酸(1→2)20mL 5.在上述烧杯内放入搅拌子,并置于电磁搅拌器上,插入铂电极,将滴定管尖端插入液面下约 2/3 处,设置好仪器参数,打开搅拌器 6.在 30℃ 以下用 NaNO$_2$ 滴定液迅速滴定,至近终点时,将滴定管尖端提出液面,用少量水洗涤尖端,洗液并入溶液中,继续缓缓滴定,用永停滴定仪指示终点,记录消耗本滴定液的体积 V 7.平行测定三次,计算本滴定液的浓度			$m_{对氨基苯磺酸1}=$ _____ g $m_{对氨基苯磺酸2}=$ _____ g $m_{对氨基苯磺酸3}=$ _____ g $V_1=$ _____ mL $V_2=$ _____ mL $V_3=$ _____ mL	
磺胺嘧啶的含量测定	8.称取 0.5g 磺胺嘧啶试样溶于 15mL 盐酸溶液(1→2),完全溶解后,再加入 40mL 水及 2g KBr,置电磁搅拌器上,搅拌使其溶解,然后关闭搅拌器 9.插入铂电极,将滴定管尖端插入液面下约 2/3 处,设置好仪器参数,打开搅拌器 10.用 NaNO$_2$ 滴定液迅速滴定,至近终点时,将滴定管尖端提出液面,用少量水洗涤尖端,洗液并入溶液中,继续缓缓滴定,用永停滴定仪指示终点,记录消耗本滴定液的体积 V' 11.同时用外指示剂淀粉-KI 试纸确定终点,并将两种确定终点的方法加以比较 12.平行测定三次,计算供试品含量			$m_{s1}=$ _____ g $m_{s2}=$ _____ g $m_{s3}=$ _____ g $V_1'=$ _____ mL $V_2'=$ _____ mL $V_3'=$ _____ mL	
结果计算	计算 NaNO$_2$ 滴定液的浓度（$M_{对氨基苯磺酸}=$ 173.19g/mol) 计算公式：$c_{NaNO_2}=\dfrac{m_{对氨基苯磺酸}\times10^3}{M_{对氨基苯磺酸}V_{NaNO_2}}$			$c_1=$ _____ mol/L $c_2=$ _____ mol/L $c_3=$ _____ mol/L $\bar{c}=$ _____ mol/L	

结果计算	计算相对平均偏差 $$\bar{d}_r = \frac{\frac{1}{3} \times (|c_1 - \bar{c}| + |c_2 - \bar{c}| + |c_3 - \bar{c}|)}{\bar{c}} \times 100\%$$	$\bar{d}_r = $ _____
	计算磺胺嘧啶试样的含量 $w(\%)$ （$M_{磺胺嘧啶} = 250.3 \mathrm{g/mol}$） $$w = \frac{c_{NaNO_2} V'_{NaNO_2} M_{磺胺嘧啶} \times 10^{-3}}{m_s} \times 100\%$$	$w_1 = $ _____ % $w_2 = $ _____ % $w_3 = $ _____ % $\bar{w} = $ _____ %
	计算相对平均偏差 $$\bar{d}_r = \frac{\frac{1}{3} \times (|w_1 - \bar{w}| + |w_2 - \bar{w}| + |w_3 - \bar{w}|)}{\bar{w}} \times 100\%$$	$\bar{d}_r = $ _____
结果判定	按干燥品计算，本品 $C_{10}H_{10}N_4O_2S$ 含量应不少于 99.0%。（《中国药典》）	是□ 否□
结束清场	清洗实验器皿，还原仪器，关闭电源，整理实验台面	

任务评价单

模块名称	电化学分析法		任务名称	任务二 磺胺嘧啶的含量测定		
姓名		组号		班级	日期	

序号	操作内容	考核内容	分值/分	得分/分
一	称量(15分)	检查天平水平	1	
		清洁天平内室	1	
		不撒落样品	1	
		称量范围≤±5%,得满分;±5%<称量范围≤±10%,得一半分;称量范围>±10%,不得分	10	
		填写天平使用记录	2	
二	溶液配制(10分)	试样完全溶解,不得溅失	5	
		不漏加试剂	5	
三	标定和滴定(30分)	调节合适的仪器参数	3	
		指针调到零	3	
		检查滴定管不漏液,且洗涤干净,水滴不挂壁	3	
		滴定管用滴定液润洗2~3次	3	
		装液后将管内气泡排出	3	
		确定电极是否需要预处理	3	
		调节搅拌速度,以不产生气泡为宜	3	
		滴定开始时需快速滴定,近终点时需慢滴	3	
		滴定时,滴定管尖端插入液面下约2/3处;近终点时,把滴定管的尖端提出液面,并用少量蒸馏水冲洗	3	
		正确判断终点	3	
四	数据记录与处理(30分)	原始数据不用其他纸张记录	2	
		原始数据记录及时	2	
		原始数据不缺项	2	
		计算过程及结果正确(由于第一次错误影响到其他不再扣分)	10	
		有效数字位数保留正确或修约正确	4	
		相对平均偏差≤1.0%	10	
		实验数据如需修改,应将错误之处划线,保证修改前记录能够辨认,如未做到则扣5分		
五	文明操作结束工作(15分)	结束后清洗仪器	5	
		废纸/废液不乱扔、乱倒	5	
		仪器摆放整齐	5	
总分/分			100	

任务实施单

模块名称	经典液相色谱分析法	任务名称	任务一 薄层色谱法鉴别中药材金银花
姓名	组号	班级	日期

操作步骤	操作方法	数据记录
配制供试品溶液	1. 称取供试品粉末 0.2g 2. 加甲醇 5mL,放置 12h 3. 过滤,取滤液作为供试品溶液	$m_{供} = $ _____ g
配制对照品溶液	4. 另称取绿原酸对照品适量 5. 用甲醇制成每 1mL 含 1mg 的溶液,作为对照品溶液	$m_{对} = $ _____ g $V_{对} = $ _____ mL
配制展开剂	6. 分别量取一定量的乙酸丁酯、甲酸、水,体积比为 7∶2.5∶2.5,混合均匀。展开剂配好后如果浑浊不清,不能立即使用。应转移入分液漏斗中,待其静置分层澄清后再取体积大的一层进行展开 7. 取适量展开剂置于双槽展开杠的一侧进行预饱和	$V_{乙酸丁酯} = $ _____ mL $V_{甲酸} = $ _____ mL $V_{水} = $ _____ mL
薄层板的活化	8. 薄层板于 110℃烘箱活化 30 min 9. 放于干燥器内冷却至室温	吸附剂: 规格:
点样	10. 在距薄层板底端 1～1.5cm 处画一条起始线,两个点样点距离不小于 8mm,用铅笔轻轻标出点样位置,注意距离薄层板边缘不少于 1.5cm 11. 分别以不同的毛细管用供试液 10～20μL 和对照液 10μL 分次点样,边点边吹干,圆点直径应不大于 4mm	点样量 供试液:_____μL 对照液:_____μL
饱和	12. 将点好的板置展开缸中(不要浸入展开剂)饱和 15min	
展开	13. 将点样一端浸入展开剂 0.3～0.5cm,切勿把样点浸入展开剂 14. 待展开剂在薄层板移行 7～10cm 后取出 15. 迅速用铅笔标记展开剂前沿	展开距离_____cm
显色与检视	16. 溶剂自然挥干,或用吹风机吹干 17. 在紫外灯(365nm)下定位描点	
色谱示意图	18. 绘制色谱示意图,并将供试品溶液所显斑点的位置与对照品溶液的斑点比较,计算 R_f 值	$R_f = $ _____
结果判定	供试品色谱中,在与对照品色谱相应的位置上,显相同颜色的荧光斑点	是□　　否□
结束清场	清洗实验器皿,回收展开剂,整理实验台面	

任务评价单

序号	操作内容	考核内容	分值/分	得分/分
一	金银花和绿原酸的称量（15分）	检查天平水平，清洁天平内室，不撒落样品	3	
		称量范围≤±10%	10	
		填写天平使用记录	2	
二	配制薄层色谱分析用溶液（10分）	按规定浓度配制供试品溶液和对照品溶液	5	
		正确估算展开剂用量，展开剂中溶剂比例正确，混合均匀，无分层，不得直接在展开缸内配液	5	
三	薄层板的活化（4分）	使用前将薄层板放置110℃烘箱活化30 min	2	
		从烘箱取出的薄层板应放置干燥器中冷却，不得直接放置实验台面	2	
四	点样（6分）	铅笔标记薄层板要轻，薄层板无损伤	2	
		点样位置正确，圆点直径不超过4mm	2	
		点样用的毛细管不交叉使用	2	
五	饱和（4分）	展开前薄层板置于展开缸内预饱和	2	
		预饱和时薄层板不得接触展开剂	2	
六	展开（10分）	放置薄层板和展开剂液面平行	2	
		展开剂液面高度低于样点	2	
		展开过程应密闭	2	
		展开剂前沿不超过薄层板上端	2	
		展开剂每次展开后，都需要更换，不能重复使用	2	
七	显色与检视（6分）	达到适当展距后迅速用铅笔标记展开剂前沿	2	
		薄层板干燥后检视	2	
		选择在紫外灯365nm波长下定位描点	2	
八	数据记录与处理（30分）	原始数据不用其他纸张记录	2	
		原始数据记录及时	2	
		原始数据不缺项	2	
		绘制色谱示意图，斑点清晰完整且完全分离，无拖尾和边缘效应	10	
		R_f值计算过程及结果正确	10	
		有效数字位数保留正确或修约正确	4	
		实验数据如需修改，应将错误之处划线，保证修改前记录能够辨认，如未做到则扣5分		
九	文明操作结束工作（15分）	结束后清洗仪器	5	
		废纸/废液不乱扔、乱倒	5	
		仪器摆放整齐	5	
总分/分			100	

任务实施单

模块名称	经典液相色谱分析法		任务名称	任务二　纸色谱法分离分析混合氨基酸	
姓名		组号	班级		日期
操作步骤	操作方法			数据记录	

操作步骤	操作方法	数据记录
配制展开剂	1.分别量取一定量的正丁醇、冰醋酸和水,体积比为 4∶1∶1,混合均匀 2.展开剂配好后如果浑浊不清,不能立即使用。应转移入分液漏斗中,待其静置分层澄清后再取体积大的一层进行展开	$V_{正丁醇} = \underline{\hspace{2cm}}$ mL $V_{冰醋酸} = \underline{\hspace{2cm}}$ mL $V_{水} = \underline{\hspace{2cm}}$ mL
饱和	3.量取 10mL 展开剂倒入小培养皿中,盖上盖子饱和 15min	
点样	4.取直径稍大于小培养皿的圆形滤纸,在距离滤纸中心 1cm 处均匀标记 4 个点 5.在圆心处打一个小圆孔,另用滤纸条卷成卷,以能插入到圆形滤纸的小孔为宜 6.用供试液(点两份)及脯氨酸、羟脯氨酸对照液各 10μL 点样,圆点直径应不大于 4mm 7.分次点样,每次用吹风机吹干样点	点样量 供试液:_____μL 脯氨酸对照液:_____μL 羟脯氨酸对照液:_____μL
展开	8.将小培养皿放入大培养皿中 9.将做好的滤纸卷插入圆形滤纸的圆孔,将其放入小培养皿,使滤纸卷浸入展开剂 10.合上大培养皿上盖,展开	
显色与检视	11.待溶剂前沿展开至距滤纸中心约 6cm 处,取出圆形滤纸,立即用铅笔标出溶剂前沿的位置 12.吹干后,在其表面均匀喷茚三酮显色剂 13.再用吹风机吹干至显色	展开距离:_____cm
结果判定	14.绘制色谱示意图,并将供试品溶液所显斑点的位置与对照品溶液的斑点比较,计算 R_f 值	$R_f = \underline{\hspace{2cm}}$
结束清场	清洗实验器皿,回收展开剂,整理实验台面	

任务评价单

序号	操作内容	考核内容	分值/分	得分/分
一	配制分析用溶液（5分）	正确估算展开剂用量，展开剂中溶剂比例正确，混合均匀，无分层，不得直接在展开缸内配液	5	
二	饱和（2分）	展开剂须在展开缸内预饱和15min	2	
三	点样（16分）	制作的圆形滤纸大小合适，滤纸卷与中心圆孔匹配	4	
		铅笔标记滤纸要轻，滤纸无损伤	4	
		点样位置正确，圆点直径不超过4mm	4	
		点样用的毛细管不交叉使用	4	
四	展开（16分）	圆形滤纸不得浸没于展开剂中	4	
		展开过程应密闭	4	
		展开剂前沿不超过滤纸上端	4	
		展开剂每次展开后，都需要更换，不能重复使用	4	
五	显色与检视（16分）	达到适当展距后迅速用铅笔标记展开剂前沿	4	
		晾干滤纸再显色	4	
		茚三酮溶液现用现配	4	
		如用烘箱或电炉加热，切勿温度过高，烤成黑色	4	
六	数据记录与处理（30分）	原始数据不用其他纸张记录	2	
		原始数据记录及时	2	
		原始数据不缺项	2	
		色谱图中斑点清晰完整且完全分离，无拖尾现象	10	
		R_f 值计算过程及结果正确	10	
		有效数字位数保留正确或修约正确	4	
		实验数据如需修改，应将错误之处划线，保证修改前记录能够辨认，如未做到则扣5分		
七	文明操作结束工作（15分）	结束后清洗仪器	5	
		废纸/废液不乱扔、乱倒	5	
		仪器摆放整齐	5	
总分/分			100	

任务实施单

岗课赛证融通专项任务				任务一　样品金属组分镍含量的测定			
姓名		组号		班级		日期	
操作步骤	操作方法						

操作步骤	操作方法
准备工作	1.熟悉操作环境,针对健康、安全和环境保护内容,写出相应措施 2.配制盐酸溶液:正确计算浓盐酸体积,准确量取,配制 100mL 盐酸溶液(质量分数为 20%)
标定 EDTA 滴定液	3.减量法称取 1.5gZnO→100mL 烧杯→少量纯化水润湿→加 20mL 酸(20%)→搅拌→氧化锌完全溶解→定量转移至 250mL 容量瓶(体积记为 V_2)→用水定容→摇匀备用 4.精密量取 25.00mL 上述溶液(体积记为 V_1)→250mL 锥形瓶→加 75mL 纯化水→滴加氨水溶液(10%)将溶液 pH 值调至 7~8(恰析出沉淀)→加 10mL 氨-氯化铵缓冲溶液(pH≈10)→加适量铬黑 T 指示剂 5.待标定的 EDTA 滴定液→滴定管→排气泡→调零 6.滴定至溶液由紫色→纯蓝色,记录消耗滴定液体积 V_3 7.平行测定 3 次,同时做空白实验,记录空白值 V_0
样品分析	8.精密称取约 3.0g 镍样品(记为 m_s)→加 70mL 水→加 10mL 氨-氯化铵缓冲溶液(pH≈10)→加 0.2g 紫脲酸铵指示剂 9.用 EDTA 滴定液滴定至溶液呈蓝紫色,记录消耗滴定液体积 V_4 10.平行测定 3 次
数据处理	11.标定结果:使用以下公式计算 c_{EDTA},单位 mol/L,取 3 次测定结果的算术平均值作为最终结果,结果保留 4 位有效数字。($M_{ZnO}=81.408$g/mol) $$c_{EDTA}=\frac{m_{ZnO}\times\dfrac{V_1}{V_2}\times1000}{(V_3-V_0)\times M_{ZnO}}$$ 12.样品测定结果:使用以下公式计算溶液样品中镍的含量 ρ,单位 g/kg。取 3 次测定结果的算术平均值作为最终结果,结果保留 4 位有效数字。($M_{Ni}=58.69$g/mol) $$\rho=\frac{c_{EDTA}V_4 M_{Ni}}{m_s\times1000}\times1000$$ 13.误差分析:对标定结果和样品测定结果的精密度进行计算,以相对极差 A(%)表示,结果精确至小数点后 2 位。计算公式如下: $$A=\frac{X_{最大值}-X_{最小值}}{\overline{X}}\times100\%$$
结束清场	清洗实验器皿,整理实验台面

【任务报告】 1. 配制 100mL 盐酸溶液（质量分数为 20%），计算浓盐酸体积。

2. 填写标定记录并进行结果计算和误差分析

（1）填写标定记录

项目	1	2	3
m_{ZnO}/g			
滴定管初读数/mL			
滴定管终读数/mL			
滴定消耗 EDTA 体积/mL			
体积校正值/mL			
溶液温度/℃			
温度补正值/(mL/L)			
溶液温度校正值/mL			
实际消耗 EDTA 体积 V_3/mL			
空白消耗 EDTA 体积 V_0/mL			
$c_{EDTA}/(mol/L)$			
$\overline{c}_{EDTA}/(mol/L)$			
相对极差/%			

（2）计算实际消耗 EDTA 体积

（3）结果计算

（4）误差分析

3. 填写样品测定记录并进行结果计算和误差分析

(1) 填写样品测定记录

项目	1	2	3
镍样品质量 m_s/g			
滴定管初读数/mL			
滴定管终读数/mL			
滴定消耗 EDTA 体积/mL			
体积校正值/mL			
溶液温度/℃			
温度补正值/(mL/L)			
溶液温度校正值/mL			
实际消耗 EDTA 体积 V_4/mL			
c_{EDTA}/(mol/L)			
ρ/(g/kg)			
$\bar{\rho}$/(g/kg)			
相对极差/%			

(2) 计算实际消耗 EDTA 体积

(3) 结果计算

(4) 误差分析

任务评价单

岗课赛证融通专项任务				任务一 样品金属组分镍含量的测定		
姓名		组号		班级	日期	
序号	操作内容	考核内容			分值/分	得分/分
一	实验准备 （18分）	熟悉现场健康、安全和环境保护内容,全过程穿戴个人防护用品			3	
		全过程无破碎玻璃器皿			3	
		对于易混用玻璃器皿,应贴标签区分			3	
		工作场所全过程干净整洁,无试剂溢出和撒落			3	
		盐酸溶液的配制:如果浓盐酸体积计算和量取错误,或者未用酸入水的稀释方式,则扣除所有分数			3	
		在专用容器中处理废物			3	
二	实验操作（36分）	氧化锌基准物质的称量:规范操作			3	
		氧化锌基准物质准确称量:称量范围≤±5%,得满分;±5%＜称量范围≤±10%,得一半分;称量范围＞±10%,不得分			3	
		锌标准溶液:配制,规范操作			3	
		锌标准溶液:移取,规范操作			3	
		乙二胺四乙酸二钠溶液标定和空白实验:滴定,规范操作			3	
		乙二胺四乙酸二钠溶液标定:体积识读,规范操作			3	
		乙二胺四乙酸二钠溶液标定:滴定终点,纯蓝色			3	
		样品分析:样品溶液称取,规范操作,消耗滴定液体积不应超出 20～50mL 范围			3	
		样品分析:滴定,规范操作			3	
		样品分析:滴定终点正确			3	
		原始数据记录:原始数据记录不及时,或用其他纸张记录,则扣一半分;不规范改正数据,或缺项,则扣一半分			3	
		工作场所组织和管理:工作场所状况良好。试剂、量具、器皿始终在适当的位置。使用了有效组织工作场所的方法			3	
三	结果报告 （46分）	计算:应正确进行滴定管体积校正、温度校正			4	
		有效数字保留与修约正确			2	

序号	操作内容	考核内容	分值/分	得分/分
三	结果报告 （46分）	乙二胺四乙酸二钠标准溶液浓度标定结果精密度： 相对极差≤0.2%,得满分;0.2%＜相对极差≤0.5%,得6分;0.5%＜相对极差≤1.0%,得3分;相对极差＞1.0%,不得分	10	
		乙二胺四乙酸二钠标准溶液浓度标定结果准确度： ｜相对误差｜≤0.10%,得满分;0.10%＜｜相对误差｜≤0.20%,得8分;0.20%＜｜相对误差｜≤0.30%,得6分;0.30%＜｜相对误差｜≤0.40%,得4分;0.40%＜｜相对误差｜≤0.50%,得2分;｜相对误差｜＞0.50%,或未平行标定3次,或精密度未得分,均不得分	10	
		样品浓度测定结果精密度:相对极差≤0.2%,得满分;0.2%＜相对极差≤0.5%,得6分;0.5%＜相对极差≤1.0%,得3分;相对极差＞1.0%,不得分	10	
		样品浓度测定结果准确度：｜相对误差｜≤0.10%,得满分;0.10%＜｜相对误差｜≤0.20%,得8分;0.20%＜｜相对误差｜≤0.30%,得6分;0.30%＜｜相对误差｜≤0.40%,得4分;0.40%＜｜相对误差｜≤0.50%,得2分;｜相对误差｜＞0.50%,或未平行标定3次,或精密度未得分,均不得分	10	
总分/分			100	

岗课赛证融通专项任务				任务二	测定硫酸亚铁铵产品的纯度
姓名		组号	班级		日期

操作步骤	操作方法	数据记录
准备工作	1.打开仪器电源开关,预热 2.制备除氧水:将去离子水注入 1000mL 的烧杯中,煮沸 20min,立即转移至 5000mL 试剂瓶,加塞密封,冷却至室温,备用	仪器型号:_____ 仪器状态:_____
标准曲线 溶液配制	3.铁(Ⅱ)离子标准溶液(50mg/mL):准确移取 12.5mL 铁(Ⅱ)离子储备溶液注入 250mL 容量瓶中,加入一定体积的 3mol/L 硫酸溶液,用除氧水稀释至刻度,摇匀 4.用吸量管分别准确移取 0.0mL、1.0mL、2.0mL、3.0mL、4.0mL、5.0mL、6.0mL 的铁(Ⅱ)离子标准溶液(50mg/mL)至一组 7 个 100mL 容量瓶中(编号),然后加入 10mL 的缓冲试剂混合溶液,用除氧水稀释至刻度,摇匀、静置 10min 得到标准曲线 1~7 号溶液	
确定测量 波长	5.以相同方式制备不含铁(Ⅱ)离子的溶液为空白溶液(即标准曲线 1 号溶液),任取一份已显色的铁(Ⅱ)离子标准曲线溶液经光谱扫描确定最大吸收波长 λ_{max}	$\lambda_{max} =$ _____ nm
标准曲线 绘制	6.在最大吸收波长处,测定各铁(Ⅱ)离子标准曲线溶液的吸光度。以浓度为横坐标,以相应的吸光度为纵坐标绘制标准曲线	回归方程:_____ 回归系数 r:_____
样品溶液 配制	7.称取 0.7020g 硫酸亚铁铵样品,溶解于适量 3mol/L 硫酸中,转入 100mL 容量瓶,定容至刻度 8.将上述样品溶液准确稀释 500 倍,按照标准曲线溶液同法处理,平行配制三份	称样量 $m_1 =$ _____ g $m_2 =$ _____ g $m_3 =$ _____ g
样品测定	9.在与标准曲线相同测定条件下,测定三份待测溶液的吸光度 A	$A_1 =$ _____ $A_2 =$ _____ $A_3 =$ _____
数据处理	10.利用标准曲线得出待测溶液的浓度	$c_1 =$ _____ mg/mL $c_2 =$ _____ mg/mL $c_3 =$ _____ mg/mL

数据处理	11. 由浓度求出硫酸亚铁铵的纯度 $$纯度=\frac{c_x DVM_2}{mM_1}\times100\%$$ 式中　c_x——从标准曲线查得的待测溶液中铁浓度，mg/L； 　　　D——样品溶液的稀释倍数(500)； 　　　V——样品溶液定容后的体积，100mL； 　　　m——准确称取的样品质量，g； 　　　M_1——铁元素的摩尔质量，55.84g/mol； 　　　M_2——六水合硫酸亚铁铵的摩尔质量，391.97g/mol。	纯度$_1$ = ＿＿＿＿＿ % 纯度$_2$ = ＿＿＿＿＿ % 纯度$_3$ = ＿＿＿＿＿ % 纯度均值 = ＿＿＿＿＿ %
	12. 计算测定结果的精密度 $$相对极差=\frac{纯度_{最大}-纯度_{最小}}{纯度均值}\times100\%$$	相对极差 = ＿＿＿＿＿ %
结束清场	关机，清洗实验器皿，整理实验台面	

绘制吸收曲线的数据记录

波长/nm	440	450	460	470	480	490	500	510	520	530	540	550	560
吸光度 A													

绘制标准曲线的数据记录

序号	1	2	3	4	5	6	7
铁（Ⅱ）离子标准溶液体积/mL	0.00	1.00	2.00	3.00	4.00	5.00	6.00
浓度/(mg/mL)							
吸光度 A							

附标准曲线

任务评价单

岗课赛证融通专项任务					任务二　测定硫酸亚铁铵产品的纯度		
姓名			组号		班级	日期	
序号	操作内容	考核内容				分值/分	得分/分
一	标准曲线溶液配制（20分）	移取标准溶液体积正确				5	
		移液管（吸量管）使用规范				5	
		容量瓶使用规范				5	
		缓冲液、还原剂及显色剂加入正确				3	
		溶液做好标记				2	
二	确定测量波长（15分）	仪器提前预热				2	
		选择适当溶液进行吸收光谱扫描				2	
		空白溶液选取准确				2	
		测定模式及扫描波长范围设置正确				4	
		最大吸收波长判断准确				2	
		比色皿使用规范				3	
三	标准曲线绘制（10分）	波长设置正确				3	
		空白溶液选取准确				3	
		比色皿配对操作正确，配对结果符合规定（吸光度差值＜0.005）				4	
四	配制并测定样品溶液（20分）	称样范围准确（0.7015～0.7025g），天平使用规范				5	
		稀释过程设计并操作正确（稀释500倍）				5	
		与标准曲线溶液处理一致				5	
		平行配制并测定三份				3	
		数据记录及时准确，填写天平使用记录				2	
五	数据结果（25分）	实验数据如需修改，应将错误之处划线，保证修改前记录能够辨认，如未做到则扣3分				3	
		硫酸亚铁铵纯度计算准确				5	
		精密度计算准确				4	
		有效数字修约正确				3	
		标准曲线线性好，r 值大于0.9998				5	
		精密度好，相对极差小于2.0%（如假平行则扣除5分）				5	
六	文明操作结束工作（10分）	对分光光度计清洁、断电、防尘；天平清洁				5	
		废纸/废液不乱扔、不乱倒，玻璃仪器摆放整齐				5	
总分/分						100